VOLUNTEER MANAGEMENT

노인자원봉사실천론

이금룡 · 강은경 · 박준기 · 구재관
조봉실 · 이기백 · 이권일 · 박상욱 공저

학지사

서 문

이 책은 노인자원봉사활동에 대한 기획(plan)과 실행(do) 그리고 평가(see) 개념을 중심으로 하여 모두 5장으로 구성되어 있다. 이 책의 대상은 노인자원봉사활동이지만 plan-do-see의 과정에서 서술된 실천기술들은 모든 유형의 자원봉사활동에 적용할 수 있으며, 이론적인 측면보다는 실천기술적인 내용을 중심으로 설명하였다.

제1장에서는 노인자원봉사활동의 의미와 현황을 설명하고, 현재 노인복지관에서 실행되는 노인자원봉사활동들의 유형을 새로운 관점으로 분류하였다. 또한 봉사활동의 동기유형 및 동기성취도의 중요성을 살펴보고 이를 현장에서 어떻게 활용할 수 있는지 사례를 들어 제시하였다.

제2장은 프로그램 개발에 관한 것으로, 프로그램에 대한 이론적 정의와 더불어 현장 실무자들을 대상으로 한 설문결과를 토대로 프로그램 개발에 영향을 주는 요인들을 분석하여 설명하였다. 또한 서비스 마케팅의 서비스 개발 매트릭스 개념을 활용하여 노인자원봉사 프로그램의 개발유형을 제시하였다. 그리고 현장에서 어떻게 프로그램이 개발되고 수행되는지를 분석한 결과를 토대로 프로그램의 개발과정을 모형화한 Program-Organization 모형(P-O 모형)을 구체적인 사례와 함께 설명하였다. 이 책에서 가장 창의적인 개념이기도 한 P-O 모형은 실무자들이 프로그램 개

발과정을 쉽게 이해하고 스스로 프로그램을 개발할 수 있도록 도움을 줄 것이다.

제3장에서는 노인자원봉사단의 특성과 실무자들이 봉사단을 운영하면서 주의해야 할 사항들을 제시하였고, P-O 모형에 따라 노인자원봉사단을 어떻게 모집하고 운영할 것인지에 대한 사례와 가이드라인을 제시하였다. 특히, 운영주체에 따라 기관 주도형과 봉사자 주도형으로 구분하여 개념 및 특징, 장단점을 설명하였는데, 봉사자 주도형에 대한 개념정립과 운영전략은 향후 자원봉사 영역에서 '뜨거운 감자'로 부각될 것으로 예상된다. 또한 노인자원봉사단을 구성하고 운영하는 과정에서 지역사회 자원들과의 네트워크에 대한 필요성을 강조하고, 네트워킹을 위한 가이드라인을 제시하였다.

제4장에서는 봉사관리자의 역할과 함께 봉사활동 관리를 위한 기본적인 업무들을 운영규정, 업무설명서, 홍보와 모집, 면접과 배치, 교육 및 훈련 등 준비단계의 관리와 자원봉사자들과의 회의진행법, 갈등관리, 중도탈락, 인정과 보상 등 실행단계의 관리로 구분하여 설명하고 있다. 특히, 준비단계와 실행단계 모두에서 현장 실무자들에게 필요한 구체적인 매뉴얼과 사례를 제시함으로써 이해의 폭을 넓히고자 하였다.

제5장은 프로그램의 평가에 관한 것이다. 우선 실무자들의 설문결과를 바탕으로 현장에서 프로그램 평가가 원활히 이루어지지 않는 이유들을 살펴보았다. 평가의 목적이나 유형을 이론적인 관점에서 제시하면서 특히 과정평가와 성과평가를 구분하여 구체적인 사례를 통해 설명하였다. 평가방법은 질적 방법과 양적 방법으로 구분하여 설명하였으며, 질적 방법에 활용되는 관찰, 개별 인터뷰, 초점집단 인터뷰(FGI) 등은 구체적인 매뉴얼과 더불어 사례도 함께 제시하였다. 평가를 위한 측정에서는 현장에서 과정평가나 성과평가에 활용될 수 있는 다양한 척도와 질문지들을 제시하였으며, 구체적으로 이러한 척도나 설문지를 어떻게 분석하고 사업보고서에는 어

떻게 활용할 수 있는지를 제시함으로써 실무자들이 평가작업에 훨씬 더 손쉽게 다가갈 수 있도록 하였다.

노인자원봉사는 물론 모든 유형의 자원봉사관리자들이 이 책을 통해 기획과 실행 그리고 평가에 대한 인식을 확장시키고, 실천기술적인 면에서 유용하게 활용할 수 있을 것이라 생각한다. 또한 자원봉사를 공부하는 학부생 혹은 대학원생들에게도 자원봉사 현장의 모습, 새로운 이론과 개념, 그리고 평가에 관련된 표준화된 척도 등을 통해서 지적 자극과 영감을 줄 수 있을 것으로 확신한다.

마지막으로 이 책을 공동집필하는 과정에서 신세를 졌던 많은 분들에게 감사를 전한다. 우선 책의 집필계기를 마련해 주신 공동저자에게 감사하며, 인터뷰나 설문조사를 통해서 많은 영감과 현장의 목소리를 제공해 주셨던 실무자들께 진심 어린 감사의 말씀을 드린다. 서울시공동모금회와 한국노인복지관협회 주관으로 2007년부터 2009년까지 3년간 수행된 '지역사회변화를 유도하는 노인자원봉사사업'에 지원단으로 참여하면서 얻었던 경험들이 너무나도 소중한 자료로 이 책에 녹아들어 있다. 함께 지원단으로 활동했던 한정란, 전혜정, 박기훈 교수님, 한국노인복지관협회의 전혜원 대리를 비롯하여 협회와 서울시공동모금회 실무자 선생님들께 감사의 말씀을 드린다. 또한 이 책의 내용을 일일이 검토해 준 유은경 선생님에게 진심으로 감사드리며, 이 책의 출판을 흔쾌히 맡아 주신 학지사 김진환 사장님을 비롯한 직원 여러분들께 감사드린다.

2009년 9월

대표저자 이금룡

차 례

제4장 노인자원봉사관리

제5장 노인자원봉사 프로그램 평가

제 1 장

노인자원봉사

Senior Volunteering

젊은 세대에게 그저 받기만 하는 약한 모습으로 비쳤던 노인상이 점차 변화하고 있다. 때론 청년보다 더 젊은 열정을 가지고 활기 넘치는 노년을 살고자 하는 노인들도 차츰 늘어 가고 있다. 여행, 취미생활로 노년을 보낼 수도 있지만, 긴 세월 축적한 지혜와 지식을 나누며 봉사하는 삶은 자아실현과 성숙한 인격을 완성시키는 멋진 노후생활의 길일 수 있다.
노인들은 이웃이나 사회를 돕는 자원봉사를 통해 더 건강해지고, 더 보람되고, 더 행복해질 수 있을 것이다.

1. 노인자원봉사란 무엇인가

1) 자원봉사의 개념

자원봉사(voluntarism)라는 말은 '의지(will)'라는 의미의 라틴어인 'volo'에서 '자유의지'라는 의미의 'voluntas'로 어원이 변화되면서 오늘날에 이르렀다(김영호, 1997). 이러한 자원봉사는 타인과 제도의 강요에 의한 것이 아니라 자신의 자유의지를 바탕으로 자발적인 행동을 실천하는 것이다. Manser와 Cass는 자원봉사를 '공동선(common good)의 어떤 요소를 증진 혹은 촉진시키기 위한 자발적이고 개인적인 노력에 의해서 나타나는 활동'으로 정의하였으며, 자원봉사자들은 자원봉사활동을 통하여 다양한 사회생활의 과제를 학습하고, 공공사회에 유익한 사회적 역할과 활동에 참여하여, 개인의 자아실현을 가능하게 하고, 자발성을 향상시키며, 무보상성의 활동을 통하여 공공성을 체험함으로써 보다 나은 사회인으로 전인격적인 발전을 추구할 수 있다(김영민, 1996). 미국사회사업가협회(1977)에서는 자원봉사를 '개인, 집단, 지역사회에서 발생하는 다양한 문제를 예방, 통제, 개선하기 위하여 여러 조직이나 기관에서 아무런 보수 없이 자발적으로 수행하는 활동'이라고 규정하고 있다. 이상과 같이 여러 정의를 종합해 볼 때, 자원봉사란 '물질적 보상이나 대가를 요구하지 않고 개인의 자원을 제공하거나 능력을 활용함으로써 타인의 삶의 질을 향상시키고 사회의 발전을 추구하려는 자발적인 활동'이라고 할 수 있다.

자원봉사는 사회적인 면과 개인적인 면 모두에서 중요한 의의를 가진다. 사회적 측면에서 볼 때, 자원봉사는 사회적 자본(social capital)의 형성과정에서 매우 중요한 역할을 한다. OECD에서는 사회적 자본을 '공유된 규범이나 가치 그리고 상호 이해를 바탕으로 집단 내 혹은 집단 간의 협력을 원활하게 해 주는 네트워크'로 규정하고 있다. 원활한 네트워크의 형성은 지역사회에 대한 시민들의 소속감을 증대시키며, 신뢰를 바탕으로 한 관계형성으로 인해 거래 비용을 절감할 수 있고, 지역사회가 효과적이고 효율적으로 공동의 목표를 달성할 수 있는 역량을 갖게 한다. 즉, 사회적 자본은 상호 간의 지지와 신뢰의 네트워크로부터 지역사회의 가용한 자원들을 연결시킴으로써 사회발전에 공헌한다. 이런 점에서, 자발성에 의한 시민사회와의 연계(civic engagement)활동인 자원봉사활동은 사회적 자본의 매우 중요한 구성요소라고 할 수 있다.

개인적인 측면에서 자원봉사자는 타인의 삶의 질 개선과 지역사회 공동선을 위해 대가를 바라지 않고 자발적으로 자신의 자원을 활용함으로써 성숙한 인격을 형성하게 되고, 자기성장을 이루게 되며, 지역사회를 새롭게 이해하는 계기를 갖게 되며, 새로운 사회관계를 형성하는 동시에 넓은 시각과 다양한 경험을 쌓을 수 있다(한정란, 이금룡, 김동배, 원영희, 2001).

2) 노인자원봉사활동의 의의

노인자원봉사활동은 일반적으로 '노인을 위한 자원봉사활동'과 '노인에 의한 자원봉사활동'으로 구분되지만, 이 책에서는 '노인에 의한 자원봉사활동'에 초점을 두어 논의하고자 한다. 노인자원봉사활동은 노인이 자원봉사활동의 주체가 된다는 점에서 다른 연령집단의 자원봉사활동과는 구분되는데, 특히 노년기의 특성과 현대사회에서 노인의 위상과 관련하여 자원봉사활동이 노인들에게 어떠한 의미를 가지고 있는지를 살펴보고자 한다.

흔히 노년기를 '여가투성이'의 시기라고 한다. 일반적으로 여가라고 하는 것은, 삶을 유지하는 데 필수적으로 행해야 하는 생리적 필수시간(식사, 수면 등)과 노동시간 그리고 노동시간 이외의 의무시간 등을 제외한 나머지

시간이라고 정의할 수 있다(Parker, 1976). 이렇게 볼 때, 은퇴한 이후 노년기의 일상생활은 대부분이 여가의 시간이며, 결국 노년기를 여가생활의 시기로 보아도 크게 틀리지 않다. 평균수명의 연장과 조기퇴직으로 더욱 길어진 노년기를 어떻게 살아가느냐에 따라 노후 삶의 의미와 보람이 달라질 수 있기 때문에 은퇴 이후 일(job)이 사라진 일상생활에서 일거리(work)에 대한 관심이 점차 높아지고 있다. 최근 한국사회에서 학계나 노인복지정책 담당자 그리고 복지현장에서도 '성공적 노화' 개념에 대한 관심이 부쩍 늘고 있는 것도 알고 보면 바로 노년기의 일거리(work)에 관한 관심도가 높아졌기 때문이다. 어떻게 노년기를 보람 있고 성공적으로 보낼 것인가라는 질문은 결국 노년기에 어떠한 일거리들을 해야만 성공적이라고 할 수 있는가를 묻는 것이다. 미국의 노년학자인 Rowe와 Kahn(1997)은 그들의 성공적 노화 모델을 통해서 '적극적인 인생참여'를 그 해답으로 제시하고 있다. 물론 이를 위해서는 건강이나 인지능력, 친구관계나 사회적 관계, 자신에 대한 믿음 등이 바탕이 되어야 한다고 주장한다.

그렇다면 '적극적인 인생참여'는 어떠한 일거리(work)를 말하는가? 성공적 노화를 연구하는 많은 학자들은 '생산적 활동'을 통해 적극적인 인생참여가 가능하다고 말한다. 생산적 활동이란 '임금을 지급받는 것과는 무관하게 지역사회에 혜택을 줄 수 있는 재화나 서비스를 생산하는 행위'라고 정의한다(Caro & Bass, 1993). 즉, 성공적 노화에서 생산성은 가족, 이웃, 친구 그리고 지역사회와의 연계와 기여로 보고 있다. 이는 곧 사회적 자본(social capital)에서 의미하는 시민사회와의 연계(civic engagement)와 유사한 의미다. 이와 같이, 노년기의 자원봉사활동은 시민사회와의 공식적 혹은 비공식적인 연계를 통한 적극적인 인생참여를 유도함으로써 성공적 노화에 매우 중요한 역할을 한다고 볼 수 있다.

현대사회의 노인의 위상에 대해서는 다양한 설명들이 있지만, 노인들의 신체적, 심리적, 사회적 기능 약화 및 위축과 노인에 대한 사회의 부정적인 편견 등으로 인해 점차 주변화되고 사회적으로 배제되고 있다는 설명이 설득력을 가지고 있다. 하지만 전 세계적으로 고령화 현상을 맞이하면서 노인에 대한 사회적 관심과 노인의 적극적인 사회참여를 위한 정책수립 및 사회 시스템의 개선을 주장하는 이른바 '고령화의 주류화(mainstreaming aging)'가 2002년 '마드리드 고령화 국제행동계획'에서 제기되었고, 고령친화적 지역사회를 표방하는 'aging in place' 개념의 이론적 · 실천적 모형들이 서구의 학자들과 노인 관련 비영리단체들을 통해서 제시되고 있다(Hooyman & Kiyak, 2007). 고령친화적 지역사회의 개념에서도 노인들의 기본적인 욕구(음식, 주거, 의료, 안전)충족, 노약자들의 자립극대화, 신체적 · 정신적 건강과 안녕의 최적화 이외에도 노인들의 지역사회 참여를 중요한 구성요소로 제시하고 있다.

현재의 고령화의 주류화는 학자와 정책가들에 의해 이루어지고 있고, 고령친화적 지역사회는 비영리단체들과 학자들에 의해 기획되고 운영되고 있다. 노인을 위한 정책이자 환경이지만 이 과정에서 노인의 주체적인 참여와 역할이 배제되어 있다. 즉, 위에서 아래로 진행되는 이른바 top-down 방식의 정책이자 환경이다. 하지만 노인들이 시민사회와의 연계를 통해서 노인에 대한 지역사회 주민들의 인식을 개선시키고, 지역사회의 정책과 시스템에 직접적으로 관여하고 영향력을 행사하는, 이른바 아래에서 위로 진행되는 bottom-up 방식으로 고령친화적 지역사회 구축에 주체적인 역할을 담당함으로써 현대사회 노인의 부정적인 편견과 사회적 배제 및 주변화라는 사회적 위상을 노인 스스로가 해결하고 극복할 수 있다는 데 의미가 있다([그림 1-1] 참고).

노인자원봉사활동은 개인적 차원과 사회적 차원에서 각각 긍정적인 효과를 가지고 있다. 개인적 차원에서는 사회적 · 심리적 · 신체적 측면으로 구분하여 살펴볼 수 있다. 우선 사회적 측면으로는 퇴직 등으로 상실된 역할과 사회적 지위를 보충해 주고, 지역사회 속에서 새로운 인간관계를 형

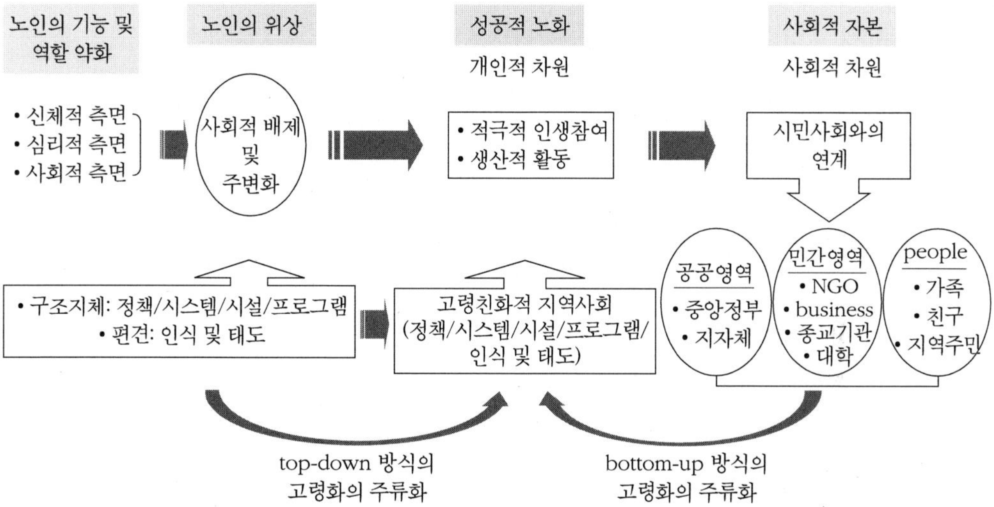

[그림 1-1] 성공적 노화와 사회적 자본 개념을 활용한 노인자원봉사활동의 의미와 방향

성하며, 가족과의 유대관계를 강화할 수 있다. 또한 봉사활동과 이를 위한 학습을 병행하는 봉사학습에 의해 개인의 역량이 강화되는 동시에 지역사회의 다양한 자원들과의 연계를 통해 사회적 관계를 형성함으로써 지역사회에 대한 관심과 이해가 증가된다. 한편, 심리적 측면으로는 자원봉사활동을 통해 노년기의 고독감과 소외가 감소되고, 자기유용성이 증가하며, 자아개념과 노년기 삶에 대한 긍정적인 태도를 견지함으로써 전반적인 삶의 만족도가 향상된다. 마지막으로, 신체적인 측면에서는 봉사활동을 통해 신체적 · 정신적 건강을 유지할 수 있게 한다.

사회적 차원에서는 노인자원봉사활동을 통한 지역사회와의 네트워크 구축으로 인해 노인들과 지역사회와의 신뢰와 이해 그리고 상호지지를 이끌어 냄으로써 사회통합을 이루기 위한 사회적 비용을 절감할 수 있으며, 지역사회 내 노인들의 유휴인력을 효과적이고 효율적으로 활용함으로써 사회적 생산성을 제고시키고, 지역사회 역량을 강화시킬 수 있다.

노인의 자원봉사활동 참여의 이득

사회의 이득

1. 평생 동안 축적하여 온 경험과 기술을 사회발전을 위해 계속 기여한다.
2. 노인의 경험과 기술이 사회의 유용한 자원이 된다.
3. 활발하게 활동하는 노인의 모습은 노인에 대한 편견을 해소하고 사회의 인식을 새롭게 한다.
4. 노인의 자원봉사활동 참여 모습을 통해 새로운 노인상을 정립한다.
5. 사회복지에 기여하고 국가의 사회복지비용을 절약해 준다.

노인 자신의 이득

1. 노인의 상실된 사회적 지위를 상당한 정도 회복시켜 준다.
2. 노인이 아직도 사회적으로 가치 있는 존재임을 확인시켜 준다.
3. 노인의 자아상을 긍정적으로 유지시켜 준다.
4. 노인의 신체적 · 정신적 건강을 유지시켜 준다.
5. 노인의 소외감과 고독감을 극복하는 데 도움이 된다.
6. 노인의 자기성장에 도움이 된다.
7. 노년기 생활목표를 세우는 데 도움이 된다.

노년학 이론을 근거로 살펴본 노인자원봉사

활동이론

활동이론(activity theory)은 사회적 활동의 참여가 높을수록 노인의 심리적 만족감 또는 생활만족도는 높다고 주장한다. 여기서 말하는 활동의 형태 중의 하나가 자원봉사활동일 것이다. 자원봉사활동에 참여하는 노인들은 외부로부터 활동에 대한 인정을 받게 되고, 이를 통해 자신이 사회에 도움이 되고 가치 있는 존재라는 긍정적인 자아상을 유지할 수 있으며, 이는 노인의 삶의 만족도에 영향을 주게 된다. 특히 활동이론에 따르면 퇴직으로 인하여 상실된 활동에 대치할 만한 다른 활동의 참여가 필요하게 된다고 하는데, 이의 해답이 자원봉사가 될 수 있다.

교환이론

교환이론(exchange theory)은 사회적 행동을 두 사람 간의 활동교환으로 설명한다. 상대편에게 매력적인 자원이 될 수 있는 새로운 기술, 지식을 습득하거나 또는 새로운 사회적 지위를 얻거나 자신을 부상시킴으로써 교환자원의 가치와 교환조건을 향상시킬 수 있다. 자원봉사를 통해 노인이 가지고 있는 자원을 사회에 환원함으로써 가지고 있는 지식과 기술을 사회에 도움이 될 수 있도록 제공하며, 활동에 대한 인정으로 보상을 받는다.

2. 한국노인의 자원봉사 참여실태

우리나라 노인자원봉사활동은 선진국들과 비교해 볼 때 그다지 활성화되지 못한 수준이다. 이는 우리 사회가 여전히 노인을 자원봉사를 하는 주체자이기보다는 자원봉사활동을 제공해야 할 대상자로 인식하고 있기 때문이라고 할 수 있다(고양곤, 모선희, 원영희, 이금룡, 2003).

노인자원봉사 참여율은 한국사회의 다른 연령층과 비교해 볼 때에도 현저히 저조한 비율을 보이고 있다. 60세 이상 노인의 자원봉사 참여율은

〈표 1-1〉 자원봉사 참여율(1991년, 1999년, 2003년, 2006년)

(단위: %)

연령대	1991	1999	2003	2006
전체	5.4	13.0	14.6	14.3
15~19세	3.7	33.8	52.4	59.5
20~29세	4.4	7.8	10.3	8.3
30~39세	5.9	13.2	11.6	10.2
40~49세	7.9	13.0	14.2	13.9
50~59세	6.1	10.8	12.2	12.4
60세 이상	3.8	6.7	6.7	6.5
65세 이상	–	5.4	5.6	5.3

자료: 통계청. 사회통계조사. 1991년, 1999년, 2003년, 2006년 재구성.

1991년 3.8%에서 1999년 6.7%로 증가하였으나, 2006년에는 오히려 6.5%로 감소하였다. 또한 65세 이상 노인들의 자원봉사 참여율도 2006년에는 5.3%로 1999년의 5.4%보다 0.1% 감소한 것으로 나타났다.

2004년 전국 노인생활실태 및 복지욕구조사(정경희 외, 2005)에 의하면 현재 자원봉사활동을 하고 있는 65세 이상 노인의 비율은 전체 조사대상 노인의 4%이고, 과거에 참여한 경험이 있는 노인이 10.7%, 자원봉사활동 경험이 전혀 없는 노인은 85.3%로 나타났다. 결국 한국사회의 65세 이상 노인들의 자원봉사 참여율은 2006년 현재 전체 노인의 5% 안팎에 머물고 있는 것으로 조사되었다. 미국의 경우 65세 이상 노인자원봉사 참여율이 2007년 현재 23.8%인 것에 비하면 매우 저조한 실정이다(Corporation for National & Community Service, 2009).

하지만 머지않아 우리나라에서도 노인자원봉사활동은 활성화될 것으로 전망하고 있다. 가치관과 행동양식을 포함한 전반적인 삶의 형태가 오늘날의 노인세대와는 다른 신세대 노인이 출현할 것이며, 이 시기는 2000년대에 50대였던 세대가 노년층으로 진입하는 2010년 이후로 예상된다(이금룡, 2006).

이전 노인 세대와 비교하여, 신세대 노인들은 교육수준과 경제수준의 향상으로 인해 시민의식과 자원봉사에 대한 관심이 훨씬 높을 것이다.

이와 함께, 노인자원봉사활동의 활성화를 위한 환경적인 '기회요인'들이 고령사회를 맞이하게 되는 한국사회에서 점차 부각되고 있다. 즉, 노인인구의 증가, 경제적으로 안정된 노인층의 증가, 노년기 여가시간의 증대, 노인의 교육 및 건강수준의 향상, 사회참여를 통해 삶의 보람을 찾으려는 노인들의 증가, 국가재정부담을 줄이는 동시에 사회적 통합을 이루려는 정부의 정책적 노인인력 활용, 지방자치 실시에 따른 지역주민으로서 노인의 지역사회 참여 증가, 전국적인 지역사회 중심의 자원봉사센터 설치 · 운영 등이 '기회요인'의 현상들이다.

우리나라 노인자원봉사활동은 초기엔 주로 대한노인회가 중심이 되어 경로당 중심의 환경정화운동, 노인회 지회 중심의 지역봉사활동과 청소년 선도지도, 노인회 연합회 중심의 도덕윤리 회복교육 등으로 이루어져 왔다. 현재는 서울시, 경기도 등 일부 지자체에서도 노인자원봉사 프로그램을 시행하고 있는데, 서울시에서는 1995년부터 노인들에게 지역사회봉사활동의 일환으로 환경감시할아버지봉사대, 자율방범할아버지봉사대를 운영하면서 노인복지기금에서 소액의 봉사료를 지급해 오고 있다. 서울시 각 구청에서도 교통할아버지 봉사활동, 골목할아버지 봉사활동, 공원관리 봉사활동, 할머니 사회봉사활동, 할아버지선생님 봉사활동을 실시하고 있다. 경기도에서도 4주 과정의 노인자원봉사학교를 열어 교육과정을 수료한 노인들이 거주지에 따라 담당 지역을 배정받아 자원봉사활동을 하고 있다. 이 밖에도 한국노인복지회, 한국노인의 전화, 적십자사, 은천노인상담소 등 각종 노인단체 및 기관에서도 소수이긴 하지만 일부 노인들이 노인을 대상으로 한 자원봉사활동에 참여하고 있다.

각 지역별로 설립된 노인복지관의 경우 대부분 노인봉사대를 조직하여 기관 내의 행사보조, 안내, 식당배식 및 업무보조, 사회교육 강사와 외부의 환경보호, 도시락 배달, 교육기관 봉사 등 여러 가지 자원봉사활동을 하고 있다(김형수 외, 2009). 이 외에도, 기관을 통하지 않고 개인 차원에서 봉사활동을 하는 노인들의 수도 점차 늘어 가는 추세이다. 1997년에 창립된 한국노년자원봉사회는 순수한 자원봉사활동뿐 아니라 구인, 구직, 노인신문 발행 등 광범위한 사업을 추진하고 있다. 대한은퇴자협회는 2002년 미국 은퇴자협회를 모델로 창립되었는데, 은퇴자들의 자원봉사를 통한 장년 이후의 지속적인 사회활동을 도모하는 것을 주목적으로 삼고, 자원봉사자들의 요구에 맞게 단순노력봉사에서부터 번역 및 통역, 교육봉사, 사진촬영과 같은 자원봉사자의 기술과 재능에 맞는 자원봉사 프로그램을 운영하고 있다.

하지만 2004년부터 노인일자리사업이 본격적으로 시작되면서 노인자원봉사활동은 급격히 위축되기 시작했다. 일선기관에서 이미 활성화된 자원봉사 영역을 노인일자리사업으로 대거 전환하는 사례도 발생하였다. 자연환경관리, 거리환경관리, 교통질서, 방범순찰, 소외계층(특히 노인)에 대한 돌봄 봉사활동 등 기존의 노력봉사활동 프로그램으로 운영되었던 것이 노인일자리사업의 '공익형'과 '복지형'으로 편입되면서 봉사활동을 하는 노인들은 물론 잠재적 노인봉사자들이 노인일자리사업에 우선적으로 지원하려는 경향이 증가하였다. 게다가 전문자원봉사활동 영역이었던 교육봉사활동마저도 노인일자리사업의 '교육형'으로 편입되어 실시됨으로써 노인자원봉사활동은 양적으로나 질적으로도 크게 위협받게 되었다.

이와 같이 노인복지 현장에서 노인자원봉사활동에 대한 위기감이 증대되는 과정에서, 2007년부터 서울시공동모금회가 지원하고 한국노인복지관협회가 주관하는 '지역사회 변화를 유도하는 노인자원봉사활동' 사업이 서울시 소재 노인복지관을 중심으로 3차년도 지속사업으로 실행되었으며, 보건복지가족부에서도 전문노인자원봉사 프로그램 지원사업, 전국노인자원봉사 대축제, 노인자원봉사 실무자 전문교육 등 노인자원봉사 활성화를 위한 예산지원이 2007년부터 본격적으로 이루어져 오고 있기 때문에 향후 노인자원봉사활동에 대한 양적 확산과 질적 개선이 기대된다.

3. 노인자원봉사활동의 영역 및 유형

노인자원봉사활동에 대한 영역을 우선적으로 기관의 독립적인 기획과 수행을 통한 봉사활동인지, 타 기관과의 연계를 통해 공동으로 봉사활동을 기획하고 실천하는 것인지에 따라 구분해 보았다. 일반적으로 복지관에서 수행되는 자원봉사활동은 모집이나 교육과정 등에서 지역사회 내 유관기관과의 연계를 통해서 자원들을 활용하고 있으며, 봉사활동의 대상인 수요처 개발에 있어서도 지역사회 유관기관과의 연계는 이루어지고 있다. 하지만 지역사회 문제 해결이나 환경 개선 등 지역사회의 공동선을 위하여 모집이나 교육 및 훈련과정에서의 상호 교류는 물론 자원봉사활동까지도 공동으로 수행되느냐에 따라서 기관 독립적 활동 영역과 기관 및 지역 간 연계를 통한 공동활동 영역으로 구분하였다. 아직까지는 대부분의 복지관이 기관 자체적으로 노인자원봉사활동을 운영하고 있는 것이 일반적이지만, 향후 지역사회 내 다른 기관이나 단체와의 연계를 통해 공동으로 봉사활동을 수행하는 방향이 모색될 것으로 예상되기 때문에 '기관 및 지역 간 연계를 통한 공동활동 영역'을 추가하였다.

기관 독립적 활동 영역은 다시 기관 이용자를 대상으로 하는 '관내 봉사활동 영역'과 기관 밖으로 나아가 지역사회를 대상으로 하는 '관외 봉사활동 영역'으로 구분된다. 기관 이용자를 대상으로 하는 관내 봉사활동은 다시 기관에서 수행하고 있는 사업에 활용되거나 연계되어 실행되는 봉사활동과 이와는 무관하게 독자적으로 실행되는 봉사활동으로 나누어진다.

또한 지역사회를 대상으로 하는 관외 봉사활동 영역은 기관의 기존사업에 활용하거나 연계하는 봉사활동, 대면적 봉사활동 그리고 비대면적 지역사회 봉사활동으로 세분화되는데, 대면적 봉사활동의 경우는 다시 봉사대상자가 이미 선정되어 있는 '표적 대상'의 봉사활동과 '불특정 다수를 대상'으로 하는 봉사활동으로 나눌 수 있다. 비대면적 지역사회 봉사활동이란 봉사 대상자가 있는 것이 아니고 자연보호, 문화재보존 그리고 교통질서확립 등과 같이 지역사회의 환경을 대상으로 하는 봉사활동을 의미한다.

이러한 봉사활동들을 전문적 활동유형과 비전문적 활동유형으로 다시 구분해 보았다. 전문적인 봉사활동은 봉사자들이 전문적인 지식, 기술, 경험 등을 바탕으로 하거나, 단순한 소양교육이 아닌 봉사활동을 하기 위해 전문적인 교육이 실시된 경우이며, 상대적인 개념으로 비전문적 봉사활동은 단순노력봉사와 같이 전문성을 요하지 않는 봉사활동을 의미한다.

〈표 1-2〉는 2006년 서울시 소재 26개 노인복지관에서 실시되고 있는 108개의 노인자원봉사 프로그램을 분석 대상으로 하였다. 분석결과에 의하면, 지역사회를 대상으로 하는 프로그램이 총 72개로 66.7%인 반면에, 기관 내에서 봉사활동을 하는 관내 활동은 36개(33.3%)로 거의 1/3 수준에 이르고 있었다.

2006년 현재 서울시 노인복지관에서 실행되고 있는 노인자원봉사활동을 분석해 보면, 대부분의 기관에서는 기관 이용자들을 대상으로 하는 비전문적 관내 봉사활동(안내도우미, 식당도우미, 환경미화/시설관리도우미, 행정보조도우미, 행사보조도우미 등)이 기본적으로 실행되고 있었다.

또한 기관의 기존사업에 활용하거나 연계하는 프로그램이 많이 실행되고 있다. 즉, 기관 이용자들을 대상으로 하는 관내 봉사활동 중에는 전문적인 봉사활동으로 사회교육 및 정보화 강사가 대표적이며, 비전문적 봉사활동으로는 이용상담도우미, 기능회복실도우미, 주간보호자원봉사 등이 있다. 지역사회를 대상으로 하는 관외 봉사 프로그램 중에는 경로당파견 노인강사(노인일자리 및 경로당 활성화사업), 동화구연 및 전통문화예절, 한문강사(노인일자리사업) 그리고 법률/재정/세무/의료/생활 등 전문상담(상담사업)을 담당하고 있었고, 비전문적 봉사활동으로는 간병, 세탁, 말벗, 밑반찬 및 도시락 배달 등 기존의 재가사업을 지원하고 있었다.

지역사회를 대상을 하는 관외 봉사활동 중에 불특정 다수를 대상으로 하는 봉사활동이 많았는데, 특히 '문화예술공연봉사단'이 그러하다. 반면에, 전문성을 가진 대면적 봉사활동이 아닌 지역사회를 대상으로 하는 비대면적 봉사활동 유형은 상대적으로 많지 않았다. 또한 봉사활동을 기획하고 수행하는 과정에서 지역사회 내의 유관기관들과의 연계활동(예, 컨소시엄이나 연합체 구축을 통한 공동기획 및 공동 봉사활동 수행)이 다소 미흡하게 이루어지고 있는 것으로 분석되었다.

〈표 1-2〉 노인자원봉사활동 영역 및 유형

<table>
<tr><th colspan="4">활동 영역</th><th>전문적 활동
유형사례</th><th>비전문적 활동
유형사례</th></tr>
<tr><td rowspan="6">기관 독립적
활동 영역</td><td rowspan="2">기관 이용자
대상의
관내 봉사</td><td colspan="2">독자적인
봉사활동</td><td>• 기자단
(기관행사 및 회원정보)
• 영상지원(기관 프로그램 및 행사에 관한 영상기록)</td><td>• 안내도우미
• 식당도우미
• 환경미화/시설관리도우미
• 행정/프로그램 보조도우미
• 행사보조도우미</td></tr>
<tr><td colspan="2">기관의 기존사업에
활용 및 연계</td><td>• 사회교육/정보화 강사
(사회교육)</td><td>• 이용상담도우미(상담)
• 기능회복실도우미
• 주간보호자원봉사</td></tr>
<tr><td rowspan="4">지역사회
대상의
관외 봉사</td><td colspan="2">기관의 기존사업에
활용 및 연계</td><td>• 경로당파견 노인강사
(경로당 활성화사업)
• 법률/재정/세무/의료/생활 등 전문상담(상담사업)
• 동화구연 및 전통문화예절/ 한문강사(노인일자리사업)</td><td>• 재가지원(간병/말벗/세탁/밑반찬 및 도시락 배달 등)</td></tr>
<tr><td rowspan="2">대면적
봉사활동</td><td>표적 대상</td><td>• 의료나눔네트워크(재가노인)
• 늘푸른웰빙봉사단(재가노인)
• 강사파견(어린이/청소년)</td><td>• 푸른교제(청소년)</td></tr>
<tr><td>불특정
다수 대상</td><td>• 문화공연봉사단
• 외국어봉사단
• 기자단(홍보/영상자료 제작)</td><td>• 복지관 홍보 캠페인
• 캠페인 봉사(장기기증 생명나눔봉사회)
• 지역사회조직화(지역행사 참여, 사회인식전환을 위한 캠페인)</td></tr>
<tr><td colspan="2">비대면적
지역사회 봉사활동</td><td>• 지역사회문화재 모니터링
(문화애호봉사회)
• 구의정활동 모니터링</td><td>• 교통봉사대활동
• 환경지키미봉사대</td></tr>
<tr><td rowspan="2">기관 및 지역 간
연계를 통한
공동활동 영역</td><td colspan="3">지역사회 내 타 기관/조직과의 연계</td><td>• 지역사회변화를 유도하는 노인자원봉사활동사업</td><td>–</td></tr>
<tr><td colspan="3">지역사회 간 타 기관/조직과의 연계</td><td>–</td><td>–</td></tr>
</table>

하지만 앞에서 언급한 바와 같이 2007년부터 3차년도 사업으로 실시된 서울시공동모금회와 한국노인복지관협회가 주관하는 '지역사회 변화를 유도하는 노인자원봉사활동'사업은 한국의 노인자원봉사활동에 중요한 전환점을 제공해 준다. 본 사업에서는 노인자원봉사자들이 자기주도적인 학습과 봉사활동을 통해서 지역사회에 참여함으로써 지역사회의 현안문제들을 해결하고, 긍정적인 변화를 유도하는 것을 목적으로 하는데, 이를 위해서는 단순히 봉사활동을 수행하기 위한 수요처의 범주를 벗어나 지역사회의 문제 인식과 해결방안 모색, 교육과정의 교류 등 지역사회 자원들을 동원하고, 지역사회 문제 해결을 위해 지역사회 유관기관들과의 공동기획 및 실천을 수행함으로써 기존의 노인자원봉사활동과의 차별성을 보여 주고 있다.

4. 자원봉사활동의 주체로서의 노인

노인자원봉사가 다른 연령층의 자원봉사와 차별적인 것은 무엇일까? 노인자원봉사만 따로 놓고 보는 것이 오히려 연령차별적 접근은 아닐까? 라고 생각하는 사람도 있을 수 있다. 하지만 노인자원봉사자는 능력, 취미, 특성에 맞는 활동과 관리가 필요하다. 특히 노인자원봉사자에게 있어 임파워링을 하기 위하여 노인이 가지고 있는 강점을 찾고 이를 부각시킬 수 있는 노인적합 프로그램을 개발하는 것 그리고 노인이 소속감을 가지고 활동할 수 있도록 하는 것, 노인이 자원봉사활동이라는 새로운 경험을 잘 받아들일 수 있도록 교육과 준비를 통해 적응할 수 있도록 돕는 것, 노인들이 자율성을 가지고 지역사회에 참여하고 지역사회를 이끌어 나갈 수 있는 리더로까지 성장시키는 것은 아주 중요한 일이다.

특히 노인자원봉사관리자는 노인자원봉사자를 서비스를 제공해 주는 대상으로 인식하기보다는 함께 지역사회를 변화시키는 파트너로 보아야 한다. 일단 봉사자가 대부분 고령이므로 신체적으로 부담이 되는 활동은 하기 어렵다. 노인이 되면 겪게 되는 네 가지 고통으로 흔히 질병, 빈곤, 고독감, 역할상실을 이야기한다. 하지만 이러한 네 가지 고통은 자원봉사활동에 참여함으로써 상당 부분 극복할 수 있다. 자원봉사활동에 참여하는 사람이 그렇지 않은 사람에 비해 장수한다는 결과는 이미 널리 알려진 사실이며, 테레사 효과라는 말까지 등장했다. 테레사 효과는 마더 테레사의 생전 봉사활동 모습을 사진으로 보기만 해도 면역력이 증가한다는 연구결과를 근거로 만들어진 말이다. 그만큼 봉사활동이 건강과 큰 연관이 있음은 노인들에게 충분한 동기를 제공할 것이다. 또한 자원봉사활동을 통해 다양한 인간관계를 맺게 됨으로 인해 고독감이나 외로움을 느끼지 못하며, 오히려 세대교류와 통합할 수 있는 기회를 가지게 된다. 무엇보다도 자신이 할 수 있는 역할을 봉사활동의 업무를 통해 부여받게 됨으로써 상실된 역할을 재정립하고 책임감 있게 활동에 임하게 된다. 그리고 빈곤의 경우는 봉사활동을 통해 극복하기 어렵기는 하겠으나, 실제 봉사활동을 시작하여 이를 계기로 취업을 하게 되는 사례가 종종 있기도 하다.

5. 노인자원봉사 동기

노인자원봉사에서 노인들의 자원봉사 이유, 즉 동기를 파악하는 것은 자원봉사 관리를 위해 매우 중요하다. 동기란 목표 지향적인 행동을 유발하도록 지시하고 유인하며 격려함으로써 행동을 촉진시키도록 자극하고 고무하는 내적 상태라고 말할 수 있다. 이와 같은 동기는 인간행동의 에너지, 방향 및 지속성을 설명해 주는 개념으로 이해할 수 있다(김영호 외, 2007). 특히 자원봉사활동에 대해서는 전통적으로 이타적 동기와 이기적 동기 등으로 크게 구분되어 설명되고 있다.

이번 장에서는 노인자원봉사활동에 대한 동기유형을 연구한 이금룡(1999)의 동기유형 분류와, 자원봉사활동의 동기를 심리적 기능 접근의 여섯 가지 유형으로 분류한 Clary와 Snyder(1999)의 자원봉사기능척도(Volunteer Function Inventory: VFI)를 중심으로 설명하겠다.

1) 이금룡의 노인자원봉사 동기유형 분류

노인들의 봉사 참여 동기는 '목적 지향적 동기'와 '수단 지향적 동기' 그리고 '종교적 동기'로 나눌 수 있다(이금룡, 1999). '목적 지향적 동기'란 봉사활동에 참여하는 자체가 목적인 경우이다. 다시 말하면, 봉사활동 안에서 본질적이고 내재적인 의미를 실현하고 추구하는 것이다. '수단 지향적 동기'는 봉사활동 자체가 목적이 아니라 다른 목적을 위한 수단을 제공해 주기 때문에 봉사활동에 참여하는 경우이다. '종교적 동기'는 종교적인 신념이나 가르침에 의한 동기를 의미한다.

(1) 목적 지향적 동기

목적 지향적 동기에는 '보람 추구형', '가치 추구형' 그리고 '재미 추구형'이 있다. 보람 추구형의 참여동기는 봉사자가 보람된 일을 하고 싶다는 욕구와 함께 특정 봉사 프로그램이 이를 충족시켜 줄 수 있다고 느낄 때 발생한다. 사실 거의 모든 봉사활동이 사회적으로 보람된 일로서 인정되기 때문에 보람 추구형의 봉사자들은 봉사활동의 선택의 폭이 매우 넓다. 기존 연구에서 밝혀진 동기 이유 중 보람 추구형에 해당되는 것으로 '남을 위해서 무엇인가 도움이 되기 위해서', '순수한 사회봉사', '나보다 불우한 사람들을 도와주기 위해서' 등이 있다. '가치 추구형'은 봉사활동이 가지고 있는 중요성이 자기의 가치관과 부합할 경우에 유발되는 동기다. 즉, 특정 봉사활동이 사회적으로 가치 있는 일이라고 느낄 때 참여하고자 하는 동기가 발생하는 경우이다. '가치 있는 일이기 때문에', '그 일은 누군가는 해야 하기에', '사회적으로 중요한 일이기 때문에', '사회발전에 일익을 담당하기 위해서' 등의 이유가 가치 추구형에 속한다. 마지막으로 '재미 추구형'의 참여동기가 있다. 즐길 수 있는 봉사활동에 참여하고자 하는 것이 주요 동기다. 여기서 봉사자는 흥미로운 봉사활동을 원하고 있고, 봉사 프로그램이 얼마나 봉사자들에게 즐거움을 줄 수 있는지가 관건이다. '여가시간 활용', '프로그램에 흥미를 느껴서', '봉사하는 것이 즐거워서', '사교를 위해서', '무료함을 달래기 위해서' 등이 여기에 포함된다.

(2) 수단 지향적 동기

수단 지향적 동기는 '자아실현 추구형', '사회적 보상 추구형', '물질적 보상 추구형' 등으로 나눌 수 있다. 자아실현 추구형은 자기개발과 자아실현을 봉사활동을 통해서 이루고자 하는 동기를 가지고 있다. '새로운 기술과 경험을 축적하기 위해서', '자기개발을 위해서', '자신의 지식과 기술을 활용하기 위하여' 등이 여기서 속하는 참여 이유들이다. 사회적 보상 추구형은 봉사활동을 통해 여러 가지 사회적 보상을 기대하는 경우다. '새로운 직장을 얻기 위해', '이 분야에 취업해서 일할 수 있을지를 알기 위해', '봉사경력이 필요해서', '인맥형성을 위해서', '자신의 사회적 지명도를 높이기 위해서' 등의 참여 이유가 사회적 보상 추구형에서 보이는 동기다. 마지막으로 물질적 보상 추구형이 있다. 봉사활동을 통해 얻어지는 경제적 보상이 주요 참여 동기다. '세금을 줄이기 위해서', '봉사활동비를 받기 위해서' 등이 참여 이유가 된다.

(3) 종교적 동기

종교적 신념 또한 자원봉사활동의 중요한 참여 동기다. 자원봉사활동의 많은 부분이 종교단체나 종교인들에 의해 이루어지고 있는 것은 동서양의 공통된 현상이다. 한경혜(1999)는 종교가 이타적 가치와 행동을 권장하고 있고, 봉사활동이 종교단체의 일상적인 생활의 한 부분이기 때문에 자연히 종교인들의 자원봉사율이 높다고 설명하고 있다. 이와 같은 종교적 동기는 목적 지향적 동기나 수단 지향적 동기를 설명하는 개념과는 다른 관점에서 설명되어야 할 것이다. 봉사활동이 제공할 수 있는 여러 유형의 기능(보람, 가치, 재미, 자아실현, 사회적 보상 그리고 물질적 보상)과는 무관한 참여 동기를 가지기 때문에 '종교적 동기'는 다른 차원으로 분류되어야 할 것이다.

종합해 보면, 이금룡(1999)은 자원봉사의 참여 동기를 기존의 연구결과를 바탕으로 하여 목적 지향적, 수단 지향적 그리고 종교 지향적 동기로 분류하였다. 다양한 동기들을 세 가지 개념적 유형으로 분류하는 과정에서 상당히 포괄적이거나 애매모호한 경우가 발생할 수도 있고, 심지어는 세 가지 동기유형에 포함되지 않는 참여 동기도 있을 수 있다. 그럼에도 불구하고 이러한 작업은 봉사자들을 유인할 수 있는 봉사활동 프로그램을 개발하는 작업에 편리성을 제공한다. 우리가 간과하기 쉬운 것은 봉사자의 참여 동기가 단지 한 가지만은 아니라는 것이다. 예를 들면, 재미를 추구하는 동시에 물질적 보상을 바라는 봉사자도 있을 수 있고, 보람 있는 일을 추구하면서도 사회적 보상을 바랄 수도 있을 것이다. 이와 같이 점차 다양해지고 중복성을 띠고 있는 봉사자의 동기를 파악하고 이를 만족시키는 봉사 프로그램을 만들기 위해서는 개념적인 지표가 필요하다. 개별적인 동기를 일일이 고려하기보다는 개념적 유형에 의한 동기분석이 작업을 훨씬 간편하게 해 줄 것이다.

2) 자원봉사 동기에 대한 심리적 기능 접근

자원봉사활동의 동기에 대해 다양한 연구들이 있지만, 기능적 접근(functional approach)은 지역사회를 위한 자원봉사활동(서비스)을 수행하게 하는(혹은 기능하게 하는) 동기에 대한 심리학적 접근방법이다. Clary와 Snyder(1999)는 이러한 자원봉사 동기에 대해 '자원봉사기능척도(Volunteer Functions Inventory: VFI)'를 개발하였다. VFI는 다음과 같이 여섯 가지 하위개념으로 구성된다. i) 중요한 가치를 표현하는 것, ii) 세상과 사람을 이해하는 것, iii) 자신을 긍정적으로 강화시키는 것, iv) 죄책감이나 부정적인 감정으로부터 자신을 보호하는 것, v) 사회적 준거집단과 어울리는 것 그리고 vi) 기술이나 기회 등 경력을 쌓는 것이다. 기능적 접근 관점에서는 자원봉사자들이 특정 동기를 위해 봉사활동을 추구하려고 하지만, 만약 이러한 동기를 충족시키지 못할 경우 궁극적으로는 봉사활동을 지속하지 않는다고 주장한다.

(1) 봉사활동 동기유형 및 동기성취도에 대한 이론적 배경

① 전제조건

i) 사람들은 의도적이며, 계획적이고, 목표 지향적이다

- 자원봉사자들은 개인의 중요한 목적을 만족하기 위해 자원봉사활동을 한다.

ii) 사람들은 서로 다른 이유와 동기에 의해서 유사한 활동을 수행한다

- 동일한 기관에서 동일한 자원봉사활동을 실행하고 있는 자원봉사자들이라 하더라도 서로 다른 이유와 동기를 가지고 봉사활동을 한다.

iii) 한 가지 행위에 대해서도 여러 가지 욕구나 목적을 달성하려는 동기

들을 가지고 있다

- 자원봉사자는 하나의 특정한 봉사활동이라도 그것을 통해서 두 개 이상의 다양한 동기를 충족시키려는 의도를 가질 수 있다.

iv) 주어진 환경에 따라서 개인의 욕구와 목적이 달성되고 충족되는 정도가 달라진다

- 봉사활동의 환경(예, 자율적인 환경 vs 수동적 환경)은 봉사자의 동기충족 정도에 영향을 미치며, 이는 결국 자원봉사자의 만족도와 지속적인 봉사활동 여부에도 영향을 준다.

② 자원봉사에 대한 동기

i) 가치기능

사람들은 인류애라든지 소외계층에 대한 도움 등과 같이 중요한 가치에 대한 표현이나 행동실천을 위해 자원봉사활동을 한다.

ii) 이해기능

봉사자들은 세상을 좀 더 배우거나 혹은 활용되지 않았던 개인의 기술이나 능력을 펼치기 위해 봉사활동을 하고자 한다.

iii) 강화기능

봉사활동을 통해서 심리적으로 성장하거나 자기계발을 추구하고자 한다.

iv) 경력기능

봉사자들은 봉사활동을 통해서 자신의 경력과 관련된 경험을 쌓는 것을 목적으로 한다.

v) 사회적 기능

봉사활동을 통해서 개인의 사회적 관계를 강화시키는 것을 목적으로

한다.

vi) **방어기능**

봉사활동을 통해서 죄책감 같은 부정적인 감정을 해소하거나 개인의 문제를 처리하려는 목적을 가지고 있다.

이금룡의 자원봉사 동기유형 분류는 노인봉사자를 대상으로 한 것인 반면에, 자원봉사기능척도(VFI)는 모든 연령대를 포함하기 때문에 동기유형에 있어서 유사성과 차별성이 발생한다. 〈표 1-3〉에서 제시된 바와 같이, 이금룡의 동기유형 분류에서의 '보람추구', '가치추구', '재미추구', '자아실현', '사회적 보상' 등은 각각 자원봉사기능척도에서의 '방어', '가치 및 이해', '사회성', '강화' 그리고 '경력' 등과 유사한 의미를 가지고 있는 반면에, 이금룡의 동기유형 분류에 포함된 '경제적 보상'과 '종교적 신념'은 자원봉사기능척도에서 다루지 않고 있다. 현장에서 실무자가 노인자원봉사자들의 동기유형을 파악하고자 할 때, 경제적 보상이나 종교적 신념에 대해서는 인터뷰를 통해서 확인하거나, 기존의 자원봉사기능척도(VFI)에 경제적 보상(예, 활동비를 받기 위해서)과 종교적 신념(예, 나의 종교적 신념을 위하여) 항목을 추가하여 분석할 수도 있다.

〈표 1-3〉 자원봉사 동기유형 비교

이금룡의 동기유형 분류		자원봉사기능척도(VFI)에 의한 동기유형 분류
목적 지향성	보람추구	방어
	가치추구	가치/이해
	재미추구	사회성
수단 지향성	자아실현	강화
	사회적 보상	경력
	경제적 보상	*
종교 지향성	종교적 신념	*

(2) 자원봉사기능척도 설문지와 현장에서의 활용

① VFI 설문지

I. 봉사활동 동기: 봉사활동 시작 시점에 실시

봉사자 이름 ____________________

※ 아래의 문항들은 귀하가 자원봉사활동을 하게 된 이유에 대한 질문들입니다.
각 문항에 대하여 자신의 상황에 얼마나 적절한지, 혹은 얼마나 중요하게 생각하는지에 따라 1점에서 7점 중에서 해당되는 점수를 써 주시면 감사하겠습니다.

(예시)

	①	②	③	④	⑤	⑥	⑦
나의 상황과…	전혀 맞지 않음	맞지 않음	그다지 맞지 않음	보통	조금 맞음	맞음	매우 맞음
내 생각에는…	전혀 중요하지 않음	상당히 중요하지 않음	약간 중요하지 않음	보통	약간 중요함	상당히 중요함	매우 중요함

	설문내용	점수 1점↔7점
1	내가 하고 싶어 하는 일을 시작하는 데 봉사활동이 도움이 된다.	
2	내 친구들은 자원봉사활동을 한다.	
3	나보다 좀 더 불행한 사람들을 걱정하고 염려하는 편이다.	
4	나와 친한 사람들은 내가 자원봉사활동을 하기 원한다.	
5	봉사활동은 내가 중요하다는 느낌을 갖게 한다.	
6	내가 아는 사람들은 지역사회를 위한 봉사활동에 공통적으로 관심을 가지고 있다.	
7	봉사활동은 내가 가지고 있었던 부정적인 감정들을 잊게 해 준다.	
8	나는 내가 봉사했던 대상자들에 대해 진심으로 걱정한다.	
9	봉사활동을 하면서 나는 외로움을 덜 느낀다.	
10	봉사활동을 통해서 내 경력에 도움을 주는 사람과 새롭게 교제할 수 있다.	
11	봉사활동을 통해서 내가 다른 사람들보다 좀 더 행복하게 살고 있다는 미안함을 덜 수 있다.	

12	봉사활동을 통해 내가 현재 하고 있는 일을 좀 더 이해할 수 있다.	
13	봉사활동은 나의 자긍심을 향상시킨다.	
14	봉사활동은 세상을 새로운 시각으로 바라볼 수 있게 한다.	
15	봉사활동은 다양한 경력들을 경험할 수 있게 한다.	
16	나는 도움이 필요한 사람들에게 동정심을 느낀다.	
17	나와 가까운 사람들은 지역사회 봉사활동에 대해 높게 평가한다.	
18	나는 직접적인 봉사활동의 실천 경험을 통해 많이 배운다.	
19	나는 다른 사람들을 돕는다는 것이 매우 중요한 일이라고 생각한다.	
20	봉사활동은 나의 개인적인 문제들을 해결해 나가는 데 도움을 준다.	
21	봉사활동은 나의 직업에서 성공할 수 있게 도움을 준다.	
22	나에게 의미 있는 것이라면 그것을 위해 무엇인가를 할 수 있다.	
23	봉사활동은 내가 잘 알고 있는 사람들에게 매우 중요한 활동이다.	
24	봉사활동은 내 자신의 문제들로부터 벗어날 수 있는 중요한 탈출구다.	
25	봉사활동을 통해서 나는 다양한 사람들에게 어떻게 처신해야 하는지를 배울 수 있다.	
26	봉사활동은 내가 부족한 사람이라는 것을 느끼게 한다.	
27	봉사활동은 내 자신에 대해 더 좋은 느낌을 갖게 한다.	
28	봉사활동은 내 이력서를 더욱 보기 좋게 한다.	
29	봉사활동은 새로운 친구를 사귈 수 있는 좋은 방법이다.	
30	봉사활동을 통해 나의 강점을 발견할 수 있다.	

II. 봉사활동 성취도: 봉사활동 종결 시점에 실시

봉사자 이름 ____________________

※ 아래의 문항들은 귀하가 최근에 끝내신 자원봉사활동에 대해 느끼신 것에 관한 질문입니다.

각 문항에 대하여 귀하께서 얼마나 동의하시는지를 아래에 제시된 것과 같이 1점에서 7점 중에서 해당되는 점수를 써 주시면 감사하겠습니다.

(예시)

	①	②	③	④	⑤	⑥	⑦
내 생각에는…	전혀 그렇지 않음	그렇지 않음	그다지 그렇지 않음	보통	조금 그러함	그러함	매우 그러함

	설문내용	점수 1점↔7점
31	이번 봉사활동을 하면서, 내 일에 도움을 줄 수 있는 사람과 새로운 교류를 하게 되었다.	
32	나와 잘 알고 지내는 사람들은 내가 이곳에서 봉사활동을 했다는 것을 알고 있다.	
33	내가 진심으로 걱정했던 사람들은 나의 봉사활동을 통해서 도움을 받았다.	
34	이번 봉사활동을 하면서 내 자신을 더욱 긍정적으로 생각하게 되었다.	
35	이번 봉사활동을 통해 내 자신의 문제들에서 벗어날 수 있었다.	
36	이곳에서의 봉사활동을 통해 나는 다양한 사람들에게 어떻게 처신해야 하는지를 알 수 있게 되었다.	
37	이번 봉사활동을 통해 내가 선택할 수 있는 경력들을 탐색할 수 있는 경험을 가지게 되었다.	
38	내 친구들은 내가 이곳에서 봉사활동을 했다는 것을 알고 있다.	
39	이번 봉사활동을 통해서 내가 하고자 하는 일을 할 수 있게 되었다.	
40	이번에 이곳에서 봉사활동을 하면서 나의 자긍심은 향상되었다.	
41	이번 봉사활동을 통해 내 자신의 문제점들에 대해 적응할 수 있게 되었다.	
42	이곳에서 봉사활동을 하면서 현재 내가 하고 있는 일을 이해하는 데 도움이 되었다.	
43	나는 이번 봉사활동을 즐기면서 하였다.	
44	이곳의 봉사활동은 나를 개인적으로 충족시켰다.	
45	이곳에서 했던 봉사활동은 정말로 가치있는 일이었다.	
46	이번 봉사활동으로 나는 지대한 공헌을 했다고 생각한다.	
47	나는 이번 봉사활동을 아주 잘 실행하였다.	
	향후 귀하는 기회가 되면 이번과 유사한 봉사활동을 하실 의향이 있으십니까? ___(1) 할 의향이 전혀 없다 ___(2) 할 의향이 그다지 있지 않다 ___(3) 그저 그렇다 ___(4) 할 의향이 있다 ___(5) 할 의향이 매우 있다	

② VFI 설문지 점수계산

동기문항에 대한 점수계산

VFI 경력	문항	1	10	15	21	28	
	점수	__ +	__ +	__ +	__ +	__ =	_____(합계)
VFI 사회성	문항	2	4	6	17	23	
	점수	__ +	__ +	__ +	__ +	__ =	_____(합계)
VFI 가치	문항	3	8	16	19	22	
	점수	__ +	__ +	__ +	__ +	__ =	_____(합계)
VFI 이해	문항	12	14	18	25	30	
	점수	__ +	__ +	__ +	__ +	__ =	_____(합계)
VFI 강화	문항	5	13	26	27	29	
	점수	__ +	__ +	__ +	__ +	__ =	_____(합계)
VFI 방어	문항	7	9	11	20	24	
	점수	__ +	__ +	__ +	__ +	__ =	_____(합계)

동기성취도 문항에 대한 점수계산

성취도 경력	문항	31	37				
	점수	__ +	__ =	_____(합계)			
성취도 사회성	문항	32	38				
	점수	__ +	__ =	_____(합계)			
성취도 가치	문항	33	39				
	점수	__ +	__ =	_____(합계)			
성취도 강화	문항	34	40				
	점수	__ +	__ =	_____(합계)			
성취도 방어	문항	35	41				
	점수	__ +	__ =	_____(합계)			
성취도 이해	문항	36	42				
	점수	__ +	__ =	_____(합계)			
만족도	문항	43	44	45	46	47	
	점수	__ +	__ +	__ +	__ +	__ =	_____(합계)

1. 가치기능(values function) 사람들은 인류애라든지 소외 계층에 대한 도움 등과 같이 중요한 가치에 대한 표현이나 행동실천을 위해 자원봉사활동을 한다.	2. 이해기능(understanding function) 봉사자들은 세상을 좀 더 배우거나 혹은 활용되지 않았던 기술이나 개인의 능력들을 펼치기 위해 봉사활동을 하고자 한다.	3. 강화기능(enhancement function) 봉사활동을 통해서 심리적으로 성장하거나 자기계발을 추구하고자 한다.
4. 경력기능(career function) 봉사자들은 봉사활동을 통해서 자신의 경력과 관련된 경험을 쌓는 것을 목적으로 한다.	5. 사회적 기능(social function) 봉사활동을 통해서 개인의 사회적 관계를 강화시키는 것을 목적으로 한다.	6. 방어기능(protective function) 봉사활동을 통해서 죄책감과 같은 부정적인 감정을 해소하거나 개인의 문제를 처리하려는 목적을 가지고 있다.

③ VFI 설문지 활용

i) 설문결과를 봉사자에게 알려 줌으로써 스스로의 동기를 확인시킨다

동기문항에 대한 설문과 설문지 점수계산은 봉사활동 이전에 실시하며, 설문을 실시할 때 봉사자의 이름을 함께 적도록 한다(봉사활동 종결 시 동기성취도 설문을 다시 실시해서 점수결과를 비교해야 함). 점수계산은 설문 직후에 그 결과를 즉각적으로 노인자원봉사자들에게 알려 준다. 이때 여섯 유형의 동기에 대해 자세히 설명해 줌으로써 봉사자 스스로가 자신의 동기부여에 확신을 갖도록 한다. 실무자는 설문지와 설문지 점수계산 결과지를 수거하여 통계처리와 봉사활동 종결 시점에서 실시해야 하는 동기성취도 설문과의 비교를 위해 보관한다.

ii) 여섯 가지 유형의 개별 동기항목들을 분석하여 봉사활동 운영에 반영한다

설문결과를 통계 처리하여 여섯 가지 동기 유형별로 평균값을 구한 다음, 높은 평균 점수를 보인 동기유형들을 고려하여 교육과정이나 봉사활동

에 반영한다. 예를 들면, 가치 영역에서 높은 점수를 보인 경우, 봉사자들을 대상으로 현재 수행 중인 봉사활동이 얼마나 가치 있는 일인지에 대한 인식을 제고시킬 필요가 있으며, 강화 영역에서 높은 점수를 보인 경우에는 봉사자들의 자기계발과정을 강조하는 교육 프로그램을 기획하고, 이해 영역의 경우는 자신의 지식이나 기술 등 경험을 봉사활동에 십분 활용할 수 있도록 프로그램을 기획해야 한다.

iii) 봉사활동 종결 시 동기성취도 설문을 실시하고 이를 봉사자들에게 알려 준다

봉사활동이 종결되는 시점에 동기성취도 설문을 실시하고, 이에 대한 점수계산 결과를 봉사활동 시작 시점에 실시했던 동기유형 점수계산 결과와 비교하여 봉사자들에게 알려 준다. 이 과정에서 점수가 높은 동기유형들이 얼마나 성취되었는지 순위 간 비교를 통해서 알아본다.

A노인봉사자의 경우, '가치'가 가장 높은 동기였으며, 그다음으로 '이해', '강화'인 반면에, '사회성'이 가장 낮은 동기로 나타났다. 한편, '이해'의 경우 2순위의 동기점수에 동기성취도에서도 2순위를 차지함으로써 이에 대한 동기는 잘 충족되었음을 알 수 있다. '강화'도 동기에서 3위, 성취도에서 1위를 나타냄으로써 긍정적으로 평가할 수 있으나, '가치'의 경

〈표 1-4〉 A봉사자의 동기와 동기성취도 점수 및 순위 비교

영역	봉사동기 점수	순위	봉사동기성취도 점수	순위	봉사동기와 성취도와의 순위 차이
경력	27	5	10	4	1
사회성	25	6	12	2	4
가치	34	1	8	5	−4
이해	32	2	12	2	0
강화	31	3	13	1	2
방어	29	4	7	6	−2

우 동기에서는 1순위로 강한 동기를 가지고 있었지만, 이에 대한 성취도는 5순위로 매우 낮게 나타남으로써 A노인자원봉사자에게는 '가치'에 대한 동기유형이 가장 미흡하게 충족되었다는 것을 알 수 있다.

iv) 봉사활동 동기와 동기성취도에 대한 설문결과를 토대로 봉사활동 프로그램에 대한 전반적인 분석을 실시한다

동기와 동기성취도에 대해 노인자원봉사자들의 설문결과를 토대로 프로그램 전반에 대한 분석을 실시한다. 이에 대한 자세한 내용은 다음과 같다.

전반적인 동기유형 및 동기성취도 분석

- 조사 대상 노인들의 봉사활동에 대한 동기가 무엇인지를 위에서 제시한 여섯 가지 동기유형으로 분석하고, 이에 대한 동기성취도를 비교하여, ○○○사업에 참여한 노인들이 자신들의 봉사활동 동기를 어느 정도 성취하였는지를 살펴보고자 함
- 〈표 1-5〉에 따르면, ○○○사업에 참여한 노인자원봉사자들의 봉사동기로는 '가치'(5.71)가 가장 높았고, 그 다음으로는 '이해'(5.69) 그리고 '강화'(5.65) 등의 순으로 나타났다. 반면에, 가장 낮게 나타난 동기는 '사회성'(5.24)이었으며, '경력'(5.26)과 '방어'(5.34)의 순으로 나타남

〈표 1-5〉 봉사활동 동기유형과 봉사활동 후 동기성취도의 비교(7점 척도)

유형	봉사동기 평균(표준편차)	순위	봉사동기성취도 평균(표준편차)	순위	동기와 동기성취도와의 순위 차이 및 평균차이	
경력	5.26(1.02)	5	5.19(1.17)	4	1	0.07
사회성	5.24(1.00)	6	5.34(1.35)	3	3	−0.1
가치	5.71(0.86)	1	5.09(1.30)	5	−4	0.62
이해	5.69(0.96)	2	5.50(1.15)	2	0	0.19
강화	5.65(0.91)	3	5.59(1.16)	1	2	0.06
방어	5.34(0.98)	4	4.98(1.29)	6	−2	0.36
전체평균	5.48		5.28			

- 즉, ○○○사업 참여 노인들은 이타심을 바탕으로 한 자원봉사활동의 가치를 인식하고 이를 실천에 옮기고자 하는 동기(가치)가 가장 강했으며, 자신의 경험과 기술 · 지식 등을 사회를 위해 활용하고자 하는 동기(이해)도 강하게 작용한 것으로 나타남. 또한 봉사활동을 통해 심리적으로 성장하거나 자기계발을 추구하고자 하는 동기(강화)도 상대적으로 높게 나타남
- 반면에 봉사활동을 통해 개인의 사회적 관계를 강화시키려는 동기(사회성)는 오히려 가장 낮게 조사되었으며, 경력을 쌓기 위해서라든지(경력) 아니면 죄책감이나 부정적인 감정을 해소하기 위한 동기(방어)는 상대적으로 낮은 것으로 조사되었음
- 하지만 이러한 결과는 상대적이며, 모든 동기항목들이 7점 척도 중에서 5점 이상의 긍정적인 점수를 보이고 있음
- 봉사활동을 수행한 이후, 자신들의 봉사동기를 어느 정도 성취했는지를 살펴보면, '강화'(5.59)가 가장 높은 성취도를 보인 동기유형이었으며, 그다음으로는 '이해'(5.50), '사회성'(5.34) 등이었음
- 가장 낮은 동기성취도를 보인 유형은 '방어'(4.98)로 조사되었고, 그다음으로는 '가치'

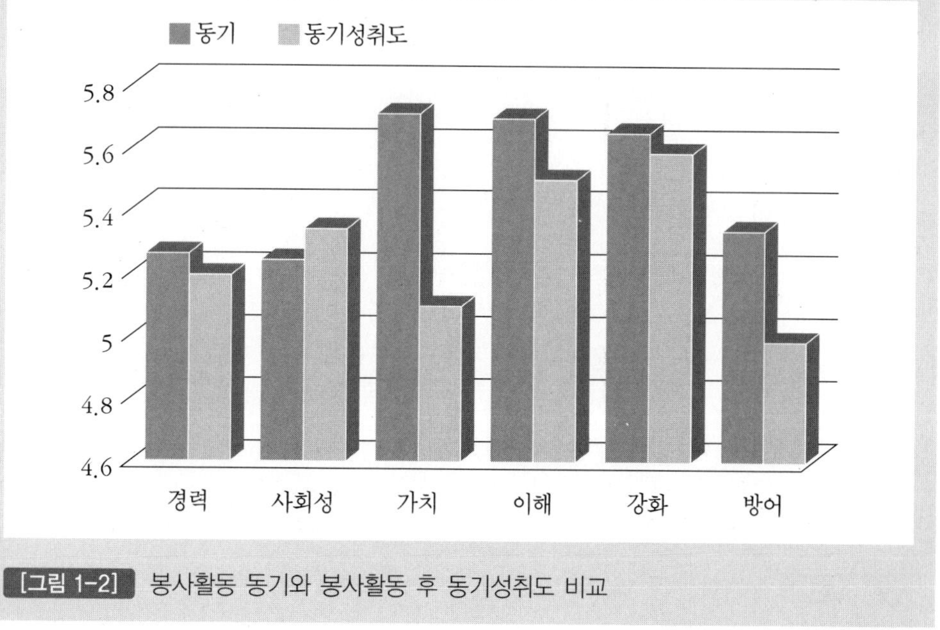

[그림 1-2] 봉사활동 동기와 봉사활동 후 동기성취도 비교

(5.09) 그리고 '경력'(5.19) 등으로 나타남

- 동기와 동기성취도와의 차이를 비교해 보면, 순위상으로 가장 차이를 많이 보이는 동기 유형은 '가치'로서 가장 높은 봉사활동의 동기였음에도 불구하고 다섯 번째의 성취도를 나타내고 있음. 평균값의 차이에서도 가장 큰 차이를 보이고 있음(0.62)
- 반면에 가장 부합되는 동기성취도를 나타낸 것은 '이해'로서 두 번째로 높은 동기와 성취도를 보였음
- [그림 1-3]은 동기와 동기성취도를 각각 X축과 Y축으로 하여, 각 축의 평균값(중간값 4가 아님)을 교차점으로 한 4사분면으로 구성한 후에 여섯 개의 동기유형별로 각각 동기와 성취도의 점수들을 바탕으로 4사분면 위에 구성하였음
- I사분면의 경우, 봉사동기도 높고 이에 대한 성취도 또한 높은 동기유형으로 매우 바람직한 상황이며, II사분면의 경우 동기가 상대적으로 낮음에도 불구하고 이에 대한 성취도는 높게 나타난 경우로 성취도가 높은 것은 바람직하지만, 최초의 동기에 비해 필요 이상의 결과를 보여 준 것으로 해석됨. III사분면은 동기도 낮고 성취도 또한 낮게 나타난 경우로

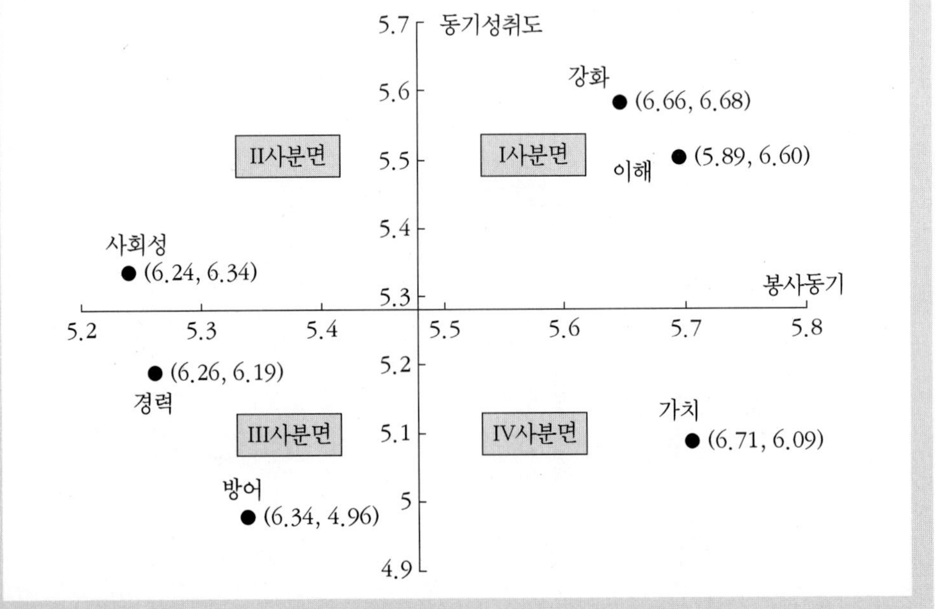

[그림 1-3] 봉사활동 동기와 봉사활동 후 동기성취도와의 IPA 모형

서 봉사활동 실무자들이 크게 관심을 갖지 않아도 무방한 항목들임. 마지막으로 IV사분면은 봉사자들의 동기는 상대적으로 높지만 이에 대한 성취도가 최초의 동기를 충족시키지 못하는 경우로서 봉사자들의 봉사활동 만족도와 지속적인 봉사활동에 부정적인 영향을 미칠 가능성이 높기 때문에 이에 대한 개선 노력이 필요한 사항임

- [그림 1-3]에 따르면, ○○○사업을 통해서 노인자원봉사자들의 동기를 충족시켜 준 동기유형은 '강화'와 '이해'로 나타남. 즉, 상대적으로 높은 점수를 보인 두 유형에 대한 노인봉사자들의 성취도 또한 높게 나타남(I사분면)
- 반면에 노인자원봉사자들에게서 높게 나타난 동기인 '가치'의 경우는, 상대적으로 매우 낮은 성취도를 보였으므로 향후 봉사활동을 기획하고 운영하는 데 있어서 참여 노인들의 '가치'동기를 충족시킬 수 있는 방안이 개선되어야 함
- 한편, 참여 노인들이 그다지 강한 동기를 가지고 있지 않았던 '사회성'의 경우는 동기 성취도가 상대적으로 높게 나타났음. 일반적으로 봉사활동이 단체로 구성되어 있고, 특히 자조적인 교육을 강조하는 본 ○○○사업의 특성이 더하여져서 사회성에서의 만족도 혹은 성취도가 의도한 동기와는 달리 높게 나타난 것으로 사료됨
- '경력'의 경우는 노인자원봉사활동에서 일반적으로 낮게 나타나는 동기유형임. 청소년이나 젊은 사람들의 경우, 자원봉사활동을 통해 경험을 쌓고 취업과 연계되는 네트워크를 형성하는 수단으로 자원봉사활동을 수행하는 경우가 많은 반면에, 은퇴 이후의 노년기에 새로운 경력을 쌓거나 취업을 위한 경력 만들기에 해당되는 '경력' 동기유형은 상대적으로 낮을 뿐만 아니라 성취도에서도 낮게 나타나는 것은 자연스러운 현상임
- '방어'의 경우는 죄책감이나 부정적인 감정을 해소하기 위한 동기를 의미하는데, 이 역시 일반적으로 그다지 높은 동기로 나타나지 않으며 그 성취도 또한 높지 않은 것은 자연스러운 현상으로 판단됨
- 결론적으로, 본 ○○○사업은 지역사회 문제해결을 위해 자기주도적인 모임을 통해 학습하고 이를 실천하는 것을 골자로 하기 때문에 '강화'와 '이해'에 해당되는 동기유형에서는 매우 바람직한 상황으로 나타나고 있는 반면에, 자원봉사활동의 본질과 관련된 '가치'의 영역에서는 참여 노인들의 높은 동기에도 불구하고 이를 충족시키지 못하고 있는 것으로 조사되었으므로 이에 대한 개선방안이 요구됨

제 2 장

노인자원봉사 프로그램 개발

Senior Volunteering Program Development

한국의 노인자원봉사 참여율이 저조한 요인은 여러 가지가 있겠지만, 그중 노인들이 참여할 만한 프로그램의 부재도 주요한 원인으로 지적되고 있다. 참여를 하고 싶어도 할 만한 활동이 없는 것이다. 특히 노인들의 강점을 살린 노인자원봉사 프로그램 개발은 노인자원봉사 활성화에 있어 반드시 필요한 과제다.

노인자원봉사 프로그램을 개발해 본 관리자라면, 프로그램을 개발하는 당시의 상황과 여러 조건들의 패턴이 다양하며 그때마다 프로그램 개발의 진행과정이나 접근방법, 전략이 달라진다는 것을 느껴 보았을 것이다.

이번 장에서는 노인자원봉사 프로그램을 개발하는 전략을 수립하고 그 방법을 찾음에 있어 Program-Organization 모형을 함께 다루어 본다.

1. 프로그램이란 무엇인가

프로그램이란 '특정 목표를 성취하기 위한 활동들의 집합'이라고 정의할 수 있다(정무성, 정진모, 2001). 특히 사회복지 프로그램은 사람들이 원조를 받는 활동들로 구성된다. 사회복지 프로그램은 사회의 구성원들에 대한 원조를 제공함으로써 사회의 욕구를 충족시킴과 동시에 사회복지사들에게는 성취감과 만족감을 주는 수단이 되기도 한다. 프로그램이라는 용어는 우리가 쉽게 접할 수 있고 또한 많이 사용되는 것이지만 명확한 정의를 내리기란 쉽지 않은 개념이다.

이는 프로그램이라는 것이 때로는 정책과 혼용되기도 하고, 때로는 실천이나 서비스와 유사한 의미로 사용되기도 하기 때문이다. 일반적으로 프로그램은 조직이나 기관을 전제로 하며 그곳에서 추진되는 사업 또는 프로젝트를 이르는 것으로 알려져 있으며, 그래서 프로그램은 조직의 목적달성을 위한 수단 혹은 활동체계로 이해할 수 있는 것이다(황성철, 2005). 하지만 프로그램 이외에도 정책, 실천, 서비스 등과 같은 것들도 조직의 목적을 달성하기 위한 노력의 형태로 볼 수 있기 때문에 프로그램과의 명확한 개념 구분이 힘들어진다.

Barker(1999)는 사회복지사전에서 프로그램을 "해야 할 일에 관한 계획과 지침"이라 하였으며, Rapp과 Poertner(1992)는 프로그램을 "하나의 목적달성을 위한 여러 활동의 집합체"로 정의하였고, Patti(1988)는 프로그램을 "조직의 설립이념 또는 사명을 충족시키기 위해서 서비스 기술이 클라이언트 집단에 적용되는 활동이 이루어지는 체계"로 정의하고 있다. 또한 Royse와 동료들은(2006)은 "특정한 목표달성을 위한 조직화된 활동의 체계"로 프로그램을 정의하고, 프로그램은 궁극적으로 프로그램의 대상이나 참여자에게 영향을 주기 위한 개입이나 서비스를 의미한다고 하였다. 이상에서 언급된 여러 학자들의 정의들을 종합해 보면 프로그램을 조직의 특정한 목적이나 목표를 달성하기 위한 활동으로 이해하는 전체적인 경향을 볼 수 있다.

1) 프로그램 기획

프로그램 기획이란 프로그램의 목적 설정에서부터 실행, 평가에 이르기까지 일련의 합리적인 결정과 내용을 고안하는 과정이라고 할 수 있다(정민정, 강우진, 문혜숙, 김옥녀, 2003). 즉, 프로그램을 기획하기 위해서는 기관의 미션과 비전 그리고 역량을 바탕으로 기관 외부의 환경들을 고려하여 가장 적절하고 실현 가능한 범주 내에서 프로그램 목적이 설정되고 이에 관련된 대상집단이 선정되어야 한다. 또한 이러한 목적을 달성하기 위한 효과적이고 효율적인 실천전략(활동)을 수립하고, 프로그램 운영과정과 성과에 대한 바람직한 평가방법을 제시할 수 있어야 한다.

(1) 기관의 사명선언서

기관의 사명이란 기관이 존재하는 철학적 근거 이유를 의미한다. 일반적으로 모든 기관의 사명선언은 성문화되어 있으며, 기관에서 실행하는 모든 프로그램들을 기획하는 데 있어서 이념적인 토대와 한계범위를 제시한다. 이와 같이, 기관의 사명선언서는 기관 종사자들이 어떤 목적을 가지고 일을 수행해야 하는지에 대한 명확한 방향성을 제시해 줄 뿐만 아니라, 기관의 성공에 영향을 미치는 다양한 이해관계자들의 이해와 지지를 도모할 수 있게 한다. 또한 기관의 사명은 기관의 사업과 프로그램을 평가하는 데 있어서 궁극적인 지향점과 준거틀을 제시해 준다.

(2) 기관의 목적 혹은 비전

기관의 목적 혹은 비전(agency goal or vision)이란 기관의 사명선언서의 가치를 따르고 실행함으로써 나타난 결과로서, 기관이 성취하고자 하는 바람직한 상태를 의미한다. 비록 측정될 수는 없지만, 기관의 모든 프로그램의 방향성과 서비스 범위를 제시하는 데에는, 다음과 같은 네 가지의 특성이 포함되어야 한다. i) 직면하고 있는 사회문제를 다루어야 한다. ii) 서비스되어야 할 대상 고객집단이 명시되어야 한다. iii) 대상 고객집단의 바람직한 변화방향이 제시되어야 한다. iv) 고객집단의 변화를 유도하는 방법이 제시되어야 한다.

[그림 2-1]은 프로그램의 정의를 바탕으로 기획방향을 모형화한 것이다. 프로그램의 기획(plan), 실행(do) 그리고 평가(see)의 과정에서 견지해야 할 점은 기관의 미션과 비전 달성에 프로그램이 얼마나 기여하고 있는가이다. 하지만 기존의 사례연구를 통해서 살펴본 현장에서는 노인자원봉사 프로그램의 plan-do-see 과정이 복지관의 미션 및 비전과는 무관하게 진행되고 있었다. 특히, 기획(Plan)과 평가(see)단계에서 이러한 경향이 확연히 두드러졌다. 일부 기관들은 미션 및 비전이 정립되어 있지 않거나 혹은 형식상으로 정립되어 있다 하더라도 기관 구성원들이 이를 인식하지 못하거나 공감하지 못하고 있는 경우가 있었다. 결국, 기관의 미션과 비전에

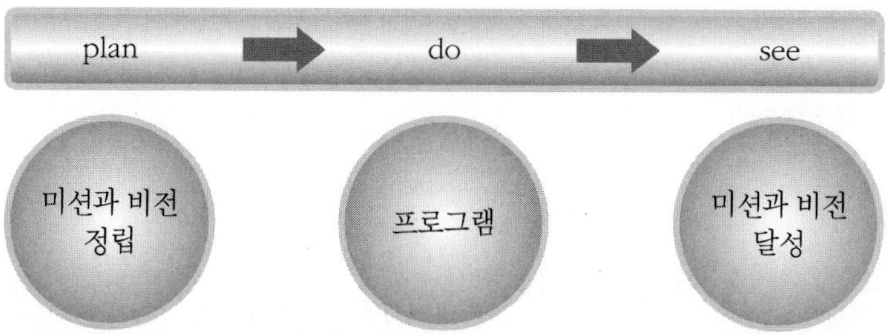

[그림 2-1] 프로그램 기획방향에 대한 모형

근거하여 장기적인 관점에서 프로그램이 기획되고 평가되기보다는 기존의 노인자원봉사 프로그램을 되풀이하여 실행하거나 즉흥적이고 트렌드 위주의 발상에 의해 기획되고 있는 경우가 많았다. 당연히 평가과정에서도 기관의 비전과 관련된 큰 그림에 대한 평가는 이루어지지 않고 있었으며, 일부 국한된 프로그램 결과에 대한 평가에만 치중되어 있거나 이조차도 평가되지 않은 프로그램들도 있었다.

(3) 프로그램의 목적

프로그램 목적(program goal)은 기관의 미션 달성을 위한 논리적 · 실천적 과정을 포함하고 있어야 한다. 프로그램의 목적은 직접적으로 측정할 수 있는 것은 아니며, 단지 기관의 미션 가치를 기초로 하여 프로그램이 따라야 할 실천적인 방향제시의 역할을 한다. 프로그램의 목적은 다음과 같은 네 가지 특성들이 포함되어야 한다.

- 프로그램과 관련된 사회문제를 분석하고 밝혀야 한다.
- 사회문제와 관련된 대상 집단이 있어야 한다.
- 프로그램 실행으로 인해 기대되는 대상집단의 바람직한 상태가 설명되어야 한다.
- 바람직한 상태를 어떻게 달성할 것인지에 대한 방법이 설명되어야 한다.

(4) 프로그램의 목표

프로그램 서비스가 제공된 이후에 프로그램 고객들에게 나타나는 기대된 변화 혹은 의도된 결과로 정의되며, 이는 프로그램 목적의 측정 가능한 지표(indicator)이기도 하다. 일반적으로 프로그램의 목표(program objectives)

는 지식(knowledge), 감성(affect) 그리고 행동(behavior) 등 세 가지 영역에서 다루어지고 있다.

① 지식 중점 목표

일반적으로 교육 프로그램에서 많이 활용되는데, 특정한 영역에 대한 고객들의 지식을 증가시키는 데 그 목적이 있다. 예를 들면, 자원봉사 경험이 없는 노인들을 대상으로 자원봉사활동에 대한 교육을 통해 이해와 지식을 향상시키는 것을 목표로 하는 교육 프로그램이 이러한 경우라고 할 수 있다.

② 감성 중점 목표

감성 중점의 프로그램 목표는 주로 고객들의 감정이나 다른 사람이나 대상에 대한 인식 또는 태도의 변화에 중점을 두고 있다. 예를 들면, 노년기에 접어들면서 역할상실을 경험한 노인들을 대상으로 노인자원봉사 프로그램을 통해서 자아존중감을 향상시키고자 하거나, 청소년과 노인들이 함께 하는 자원봉사활동을 통해 세대 간의 폭넓은 이해와 상호 긍정적인 태도를 갖고자 하는 경우다.

③ 행동 중심적 목표

많은 프로그램들이 개인이나 집단의 행동을 변화시키기 위해 실행되고 있다. 예를 들면, 노년기 치매예방을 위한 프로그램의 경우, 치매 관련 대상(예, 노인 및 주부)을 중심으로 영양관리와 건강행위, 가족구성원 간의 소통 등 행동적인 변화를 통해서 치매예방을 도모하는 경우다.

노인자원봉사 프로그램 기획에 대한 사전 자가진단

※ 본인이 판단하기에 곧 실행될 노인자원봉사활동 프로그램이 성공적으로 운영될 확률이 얼마나 된다고 생각하십니까? (%)

A는 '충분히 이루어지고 있다'는 의미, B는 '비교적 높은 인식을 가지고 있다'는 의미이며, C는 '어느 정도의 진전은 있으나 조금 미미할 경우', 마지막으로 D의 경우는 '전혀 이루어지지 못했거나 시작조차 못 하고 있는 경우'다. A의 경우 100점, B의 경우 67점, C는 33점, D는 0점으로 처리한다. A로 체크된 문항 수와 A의 점수(100점)를 곱하고, B로 체크된 문항 수와 B의 점수(67)를 곱하고, 같은 방법으로 C와 D의 총 점수를 구한 후에 전체 문항 수로 나누게 되면, 성공확률이 나온다.

	A	B	C	D	영역별 성공률
담당 기관의 자원봉사활동에 대한 정책평가					
1. 기관의 미션에 근거해 볼 때 노인자원봉사활동은 어느 정도인가?					( )%
2. 자원봉사활동 운영을 위한 인적자원(실무자)과 기관의 경제적, 행정적 지원은 적절한가?					
3. 자원봉사 프로그램을 수행하는 데 필요한 적절한 시간을 담당직원에게 제공하고 있는가?					
4. 자원봉사자에 대한 보험가입 및 사고처리 대책을 위한 정책이 마련되어 있는가?					
5. 자원봉사자에 대한 적절한 인정제도가 마련되어 있는가?					
노인자원봉사자의 파악과 담당자의 능력평가					
6. 자원봉사자의 모집이나 면접에서 자원봉사자의 욕구를 충분히 고려하였는가?					( )%
7. 담당자는 자원봉사자 활용방법과 활동분야에 대해 숙지하고 있는가?					
8. 담당자는 자원봉사자의 동기와 욕구에 대하여 바르게 인식하고 대응할 준비가 되어 있는가?					
9. 담당자는 자원봉사자들을 관리하기 위한 전문적인 교육 및 훈련을 받았는가?					

봉사 프로그램 개발 및 계획 평가					
10. 노인봉사자들이 프로그램 개발과정에 참여하였나?					( )%
11. 지역사회 문제 해결을 위한 방침으로 사전조사를 철저히 하였나?					
12. 프로그램과 서비스가 지역사회의 욕구에 부합할 수 있도록 해당분야의 전문가나 전문단체가 함께 참여하여 기획하였는가?					
13. 노인봉사자들의 능력과 기술 및 경험 등을 고려해 볼 때 수행해 내기에 적합한 활동인가?					
14. 지역사회의 욕구가 분명한 프로그램인가?					
담당기관의 지역사회와의 연계 평가					
15. 지역사회 내에서 네트워크 할 수 있는 단체나 자원에 대해 잘 파악하고 있는가?					( )%
16. 다른 기관과의 연대와 협력을 통해 새로운 경험과 사례, 다양한 자원에 대한 정보를 수집하고 있는가?					
17. 지역사회 문제 해결을 돕는 연계활동에 있어서 우리 기관이 중요한 역할을 하고 있는가?					
실행단계 : 평가기준에 대한 평가					
18. 계획, 모니터링, 평가 등에서 자문위원이나 외부 전문가의 활용도는 적절한가?					( )%
19. 봉사자들이 봉사 프로그램의 목적과 내용에 대해 철저히 숙지하고 있는가?					
20. 적절한 수혜대상(지역사회)을 선정하였는가?					
21. 노인봉사자와 지역사회를 모두 만족시킬 수 있는가?					
22. 평가 시스템이 향후 프로그램을 기획하고 개발하는 데 활용되는가?					
결과평가척도에 대한 평가					
23. 자원봉사자, 관리자, 수혜대상별 평가계획이 세워져 있는가?					( )%
24. 자원봉사실적과 성과가 산출되는가?					
25. 자원봉사자 및 수혜대상의 만족도를 측정할 수 있는 평가도구가 있는가?					
26. 실행과정에 있어서의 문제점이나 중도탈락의 원인을 파악할 수 있는 항목이 포함되었는가?					
27. 비용효율성과 효과성 대한 평가가 가능한가?					
항목수 합계					
성공확률☞ [A항목 수( )×100 + B항목 수( )×67 + C항목 수( )×33 + D항목 수( )×0] ÷ 27(종항목 수) = ( )%					

성공확률 평가

- 80% 이상: 매우 잘 기획된 프로그램입니다.
- 79~70%: 비교적 잘 기획되었지만, 부분적으로 보완이 필요합니다. 영역별 성공확률을 다시 한 번 체크하십시오.
- 69~60%: 조금만 더 수정하시면 비교적 무난하게 프로그램을 진행할 수 있습니다.
- 59~50%: 이대로 실행하면 만족스러운 결과를 얻기가 어렵습니다.
- 49% 이하: 전면적으로 프로그램을 다시 기획하시는 것이 좋을 듯합니다.

2. 프로그램 개발에 영향을 주는 요인들

프로그램 개발에 영향을 주는 요인은 크게 기관, 지역사회, 자원봉사자 그리고 실무담당자 등으로 구분할 수 있다([그림 2-2] 참고). 기관 내부 요인으로는 기관의 비전(기관정책, 기관장의 의지 등), 예산 그리고 담당자의 업무량 등이 있으며, 지역사회 요인으로는 지역사회 자원들과의 연계, 지역사회문제의 인식 그리고 지역사회 잠재적 노인자원봉사자들에 대한 정

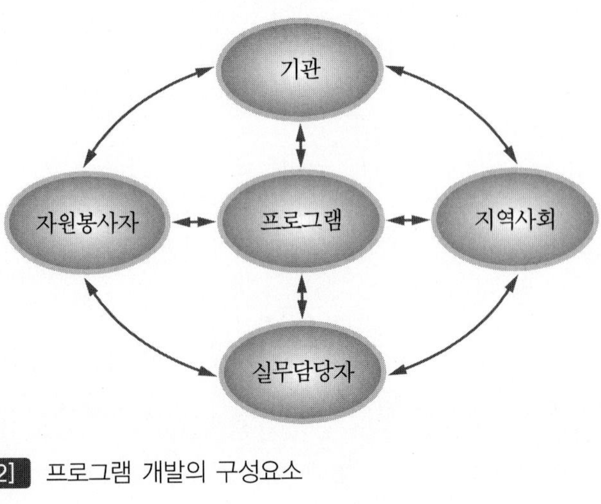

[그림 2-2] 프로그램 개발의 구성요소

보 등이 있다. 프로그램 개발을 위해서는 노인자원봉사자들의 욕구(Needs)를 파악할 필요가 있다. 마지막으로는 실무담당자의 개인적 역량과 사업에 대한 태도가 프로그램 개발에 있어서 중요한 요소로 작용한다.

2006년 전국의 노인종합복지관과 자원봉사센터 담당자들을 대상으로 한 설문조사결과에 따르면, 노인자원봉사 프로그램 개발 시 가장 중요한 요인은 '참여 대상 노인의 욕구파악'(40.8%)이었고, 그 다음으로는 '지역사회 자원들과의 연계'(24.5%)라고 응답했다(〈표 2-1〉 참고).

노인자원봉사 프로그램 개발 시 가장 어려운 부분으로 노인복지관 실무

〈표 2-1〉 프로그램 개발에 관한 실무자 설문조사 결과

문항	내용	노인복지관 (%)	자원봉사센터 (%)	전체 (%)
노인자원봉사 프로그램 개발 시 가장 중요한 부분	• 지역사회 문제에 대한 인식	5(15.6)	1(5.9)	6(12.2)
	• 기관정책 및 기관장 의지	2(6.3)	2(11.8)	4(8.2)
	• 참여 대상 노인 욕구 파악	13(40.6)	7(41.2)	20(40.8)
	• 지역사회 자원 연계	6(18.8)	6(35.3)	12(24.5)
	• 실무자 역량	1(3.1)	1(5.9)	2(4.1)
	• 예산문제	–	–	
	• 기관 내의 필요성	4(12.5)	–	4(8.2)
	• 기타	1(3.1)	–	1(2.0)
노인자원봉사 프로그램 개발 시 가장 어려운 부분	• 지역사회 문제에 대한 인식	5(15.2)	2(11.8)	7(14.0)
	• 기관의 욕구	2(6.1)	3(17.7)	5(10.0)
	• 참여 대상 노인 욕구 파악	15(45.5)	2(11.8)	17(34.0)
	• 지역사회 자원 연계	7(21.2)	5(29.4)	12(24.0)
	• 실무자 역량	2(6.1)	1(5.9)	3(6.0)
	• 기관정책 및 기관장의 의지	–	1(5.9)	1(2.0)
	• 예산문제	2(6.1)	3(17.7)	5(10.0)
노인자원봉사 프로그램을 개발하지 못하는 이유	• 프로그램 개발방법을 몰라서	–	–	–
	• 프로그램 개발 필요성을 못 느껴	–	2(15.4)	2(5.9)
	• 관리자 업무과다	10(47.6)	6(46.2)	16(47.1)
	• 기관 여건이 안 돼서	5(23.8)	5(38.5)	10(29.4)
	• 기타	6(28.6)	–	6(17.7)

자는 '참여 대상 노인들의 욕구 파악'(45.5%), 자원봉사센터 담당자는 '지역사회 연계문제'(29.4%)라고 응답하였다. 노인자원봉사 프로그램을 개발하지 못하는 이유로는 두 집단 모두 '관리자의 과다업무'(47.1%)라고 응답하였다. '기관 여건이 여의치 않아서'(29.4%)라는 응답도 높은 비율을 차지하였다. 하지만 실무담당자의 역량에 해당되는 '프로그램 개발방법을 몰라서'라는 항목에 대해서는 전체 응답자가 긍정적인 응답을 보이지 않았다. 즉, 실무자들은 프로그램 개발방법은 다 알고 있지만, 업무과다와 기관의 여건에 의해서 프로그램을 개발하지 못하는 것으로 응답하였다.

사례: 노인자원봉사 실무자 인터뷰

노인자원봉사관리 실무 1년 미만 또는 5년 이상의 실무자들과의 인터뷰 결과, 실무자들의 공통적인 의견은 자원봉사에 대한 지속적인 교육을 통한 동기제공 및 활동에 대한 책임감을 고취하도록 하는 것이 노인자원봉사 프로그램 성공의 지름길이라고 하였다.

또한 잠재적 노인봉사자들에게 어떻게 정보를 제공하고 자원봉사현장으로 이끌어 내느냐 하는 점이 가장 고민된다는 의견이었다. 하지만 의외로 자원봉사관리에 실제 활용되고 있는 자원은 자신의 경험에 거의 의존하고 있었다.

프로그램에 영향을 주는 요인들을 좀 더 세분화하여 총 11개의 문항으로 구성한 후에, 서울시공동모금회 연구사업의 일환으로 2006년 11월 20일에 실행된 실무자 워크숍 참여자들(응답한 실무자 총 23명)을 대상으로 분석한 결과가 〈표 2-2〉에 나타나 있다. 현재 상태에 대한 평가에 있어서 '실무자의 과다한 업무의 개선'(5.39)이 가장 높게 나타났는데, 이는 〈표 2-1〉에서 프로그램을 개발하지 못하는 가장 중요한 이유와 일치하고 있다.

그다음으로는 '기관의 비전에 비추어 자원봉사활동이 차지하는 비중이

〈표 2-2〉 **프로그램 개발에 대한 중요도-실행도 분석 자료**(실무자 대상)

설문문항	현재 상태에 대한 평가 (A)	P/G개발의 중요성 (B)	차이 B-A
① 기관의 비전에 비추어 자원봉사활동이 차지하는 비중이 높아야 함	5.35	6.13	0.78
② 자원봉사 프로그램 개발에 대해 기관장의 의지가 높아야 함	4.96	5.83	0.87
③ 자원봉사활동을 위한 예산이 높게 책정되어야 함	4.30	5.26	0.96
④ 참여대상 노인들에 대한 욕구들을 파악해야 함	4.84	6.13	1.29
⑤ 자원봉사활동을 위한 지역사회의 자원(단체 및 기관)들과 연계해야 함	4.52	5.96	1.44
⑥ 자원봉사 프로그램 개발을 위해서는 실무자의 역량이 필요함	5.00	5.96	0.96
⑦ 자원봉사 프로그램 개발을 위한 실무자의 적극적인 태도가 필요함	4.96	6.17	1.21
⑧ 프로그램 개발을 위해서는 지역사회의 문제점들을 인식해야 함	4.70	6.04	1.34
⑨ 프로그램 개발에 저해요인인 실무자의 과다한 업무량이 개선되어야 함	5.39	6.13	0.74
⑩ 프로그램 개발에 대한 적절한 교육 및 훈련이 제공되어야 함	4.91	6.26	1.35
⑪ 노인자원봉사 프로그램이 여러 부서에서 개별 담당자들에 의해 실시되며 이를 통합 · 관리할 수 있는 시스템이 갖추어져야 함	4.65	6.17	1.52

높다’(5.35)로 응답함으로써, 현장 실무자들은 노인복지관에서의 노인자원봉사활동은 기관의 비전에 기여하고 있는 것으로 생각하고 있었다. 또한 ‘실무자의 역량’에 대해서 평균 5.00의 상대적으로 높은 점수를 제시함으로써 실무자의 역량에 대해서는 그다지 문제 삼지 않았다. 이와 같이 기관의 비전이나 실무자의 역량이 프로그램 개발에 저해요인으로 그다지 중요하게 인식되지 않고 있는 것은 〈표 2-2〉에서도 잘 나타나 있다.

반면에, 현재 상태의 평가에서 낮은 점수를 보인 항목으로는 '예산'(4.30), '지역사회 자원과의 연계'(4.52) 그리고 '기관 내 봉사 프로그램을 통합 · 관리할 수 있는 시스템 미흡'(4.65)으로 나타났다. 특히 기관 내 봉사활동에 대한 통합과 관리 시스템의 미비점은 사례연구를 통해서도 여실히 드러났는데, 다양한 봉사활동이 다양한 부서에서 자체적으로 실행되고 있으며, 이러한 봉사활동에 대한 통합적인 관리는 거의 이루어지지 않고 있었다.

항목에 대한 중요성에서는 거의 모든 항목에서 평균 6점 이상의 높은 점수를 보여 주었는데, 가장 높은 점수를 나타낸 항목은 '프로그램 개발을 위한 교육 및 훈련 제공'(6.26)으로 나타나 현장 실무자들의 전문적인 교육에 대한 욕구가 여실히 드러나고 있었다. 이러한 결과는 실무자의 역량은 현재 상태에서는 상대적으로 높은 점수(5.00)를 나타내었고, 프로그램 개발에 있어서는 상대적으로 중요성이 떨어지는 점수(5.96)로 응답했음에도 불구하고, 실무자들을 대상으로 한 교육 및 훈련이 프로그램 개발에 있어서 매우 중요한 요인(6.26)임에도 현실적으로 잘 이루어지지 못하는 것으로 응답하였다(4.91). 특이한 점은 '예산'(5.26)이 프로그램 개발에 있어서 가장 낮은 점수를 보였다는 것이다. 이는 현재 상태의 평가에서도 가장 열악한 항목으로 지적되었다. 결국, 현장에서 노인자원봉사 프로그램을 개발하는 데 있어서 예산문제가 다른 요인들에 비해 상대적으로 열악한 편이지만, 개발과정에 있어서 이보다 다른 요인들이 더 중요하다고 인식하고 있었다.

중요도와 실행도(현재 상태의 평가)의 차이를 살펴보면, '기관 내 봉사 프로그램을 통합 · 관리할 수 있는 시스템 미흡'(1.52)이 가장 큰 차이를 보였고, 그다음으로 '지역사회 자원 연계'(1.44), '프로그램 개발을 위한 교육 및 훈련'(1.35), '지역사회 문제에 대한 인식'(1.34) 그리고 '참여 노인에 대한 욕구 파악'(1.29) 등으로 나타났다.

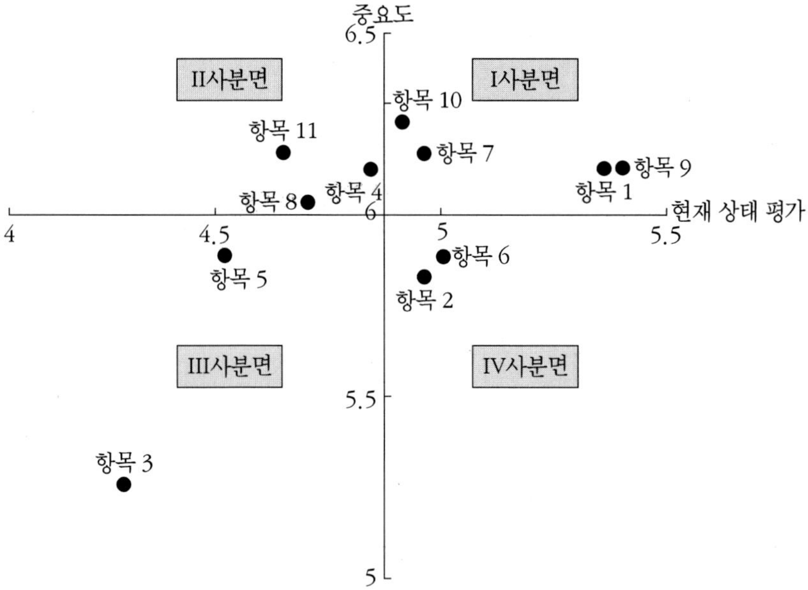

[그림 2-3] 프로그램 개발요인에 대한 중요도-실행도 분석모형

[그림 2-3]은 프로그램 개발에 영향을 미치는 요인들을 개별항목별로 중요도-실행도 분석(importance-performance analysis: IPA)을 통해 나타낸 결과를 보여 주고 있다. I사분면의 경우, 중요한 만큼 현재 상태의 평가에 있어 상대적으로 평균 이상의 높은 점수를 보이는 항목은 '과다한 업무량 개선'(항목 9), '기관 비중이 높음'(항목 1), '실무자의 적극적인 태도'(항목 7) 그리고 '개발을 위한 교육 및 훈련'(항목 10) 등으로 나타났다. 특히 실무자들을 대상으로 '프로그램 개발을 위한 교육 및 훈련'은 가장 중요하게 인식하는 요인인 동시에 현재 상태에서 상대적으로 다른 요인들에 비해 실행이 잘되고 있는 항목으로 평가되었다.

가장 개선되어야 할 항목들이 II사분면에 제시되어 있다. 즉, 중요하게 인식하고 있는 반면에 실행에 있어서는 상대적으로 미진한 항목은 '개별적인 프로그램 진행을 통합 · 관리할 수 있는 시스템'(항목 11), '참여 대상 노인들의 욕구 파악'(항목 4) 그리고 '지역사회에 대한 문제 인식'(항목 8) 등으로 나타났다.

중요도에 비해 실행 정도가 상대적으로 높은 항목들이 Ⅳ사분면에 제시되어 있는데, '기관장의 의지'(항목 2)와 '실무자의 역량'(항목 6)으로 나타났다. 즉, 노인자원봉사활동에 대한 기관장들의 의지는 실무자들에게 충분히 인지되어 있으나 다른 요인들에 비해 상대적으로 중요한 의미를 갖지 못하는 것으로 분석되며, 실무자들은 자신의 역량에 대해서는 프로그램 개발에 있어서 매우 중요한 요인이 아님에도 불구하고 충분한 역량을 갖추고 있는 것으로 인식하고 있었다.

마지막으로 프로그램 개발에 있어서 그다지 중요하지도 않고, 현재 상태에서도 그다지 실행되지 않는 항목으로 '예산책정'(항목 3)이 두드러지게 나타났고, '지역사회 자원의 연계'(항목 5)도 실행 정도가 많이 떨어져 있지만, 다른 요인들에 비해 상대적으로 중요도에서도 낮은 점수를 보여주었다. 전국 노인복지관과 자원봉사센터 실무자를 대상으로 실시한 〈표 2-2〉의 결과에서는 '지역사회 자원 연계'가 프로그램을 개발하는 데 매우 중요한 것으로 나타났고, 개발과정에서 어려운 부분으로 높은 비율을 보여 줌으로써 서울시 노인복지관 실무자의 인식과는 상이한 결과를 보여주고 있다.

워크숍 참가 실무자를 대상을 한 설문조사의 경우, 강사의 강의 이후에 설문조사가 실시되었고, 워크숍을 주관한 강사의 의도가 프로그램 개발에 있어서 전문성과 지역사회 문제 해결을 강조하였으며, 노인복지관 사례연구에서 발견된 자원봉사활동 통합관리 시스템의 미흡이 자원봉사활동의 운영 및 관리에 큰 영향을 미치는 것으로 설명한 것을 감안한다면, 워크숍의 교육내용이 실무자 설문결과에 영향을 미쳤을 것이라고 추측할 수 있다. 그럼에도 불구하고, 향후 현장에서 노인자원봉사활동의 활성화를 위해 기관에서는 노인자원봉사활동을 총괄할 수 있는 시스템을 구축하고, 실무자들은 노인봉사자들의 욕구 및 동기 파악과 지역사회의 문제를 인식하고 이를 해결하기 위한 방안으로 노인자원봉사 프로그램을 개발하는 노력을 기울여야 할 것이며, 노인복지분야와 자원봉사분야의 관련협회에서는 노인자원봉사 프로그램 개발 및 운영관리, 지역사회 자원 개발 및 연계방안에 대한 전문적인 교육기회를 마련해야 할 것이다.

3. 프로그램 개발의 유형

노인자원봉사 프로그램 개발유형을 기관의 입장과 노인자원봉사 영역으로 구분하여 인식할 필요가 있다. 즉, 프로그램 개발을 통해 이에 참여하는 노인봉사자들의 다양한 동기와 욕구를 충족시키는 동시에, 지역사회 문제를 해결함으로써 기관의 비전을 달성할 수 있는 win-win의 전략이 그 목적이라고 할 수 있다. 이러한 인식은 프로그램 개발이 누구를 위한 것인가에 대한 질문에 적절하게 대답할 수 있게 한다. 개별기관에서 실행하고 있는 프로그램의 대상자는 그 지역사회의 노인들이기 때문에 노인자원봉사 영역에서는 이미 실행되고 있는 프로그램이지만, 그 기관에서 처음으로 도입하게 된다면, 그 기관이 있는 지역사회 노인들에게는 새로운 프로그램으로 인식될 것이다.

노인자원봉사영역에서도 새로운 프로그램의 개발을 요구하고 있는 시점에서 기관의 입장과 노인자원봉사영역을 모두 아우르는 matrix 모형이 프로그램 개발 유형을 분류하는 데 유용하게 활용될 것으로 사료된다.[1)]

1) [그림 2-4]의 matrix 모형은 서비스 마케팅에서 활용되고 있는 기업/시장 서비스 matrix 모형을 재구성한 것이다.

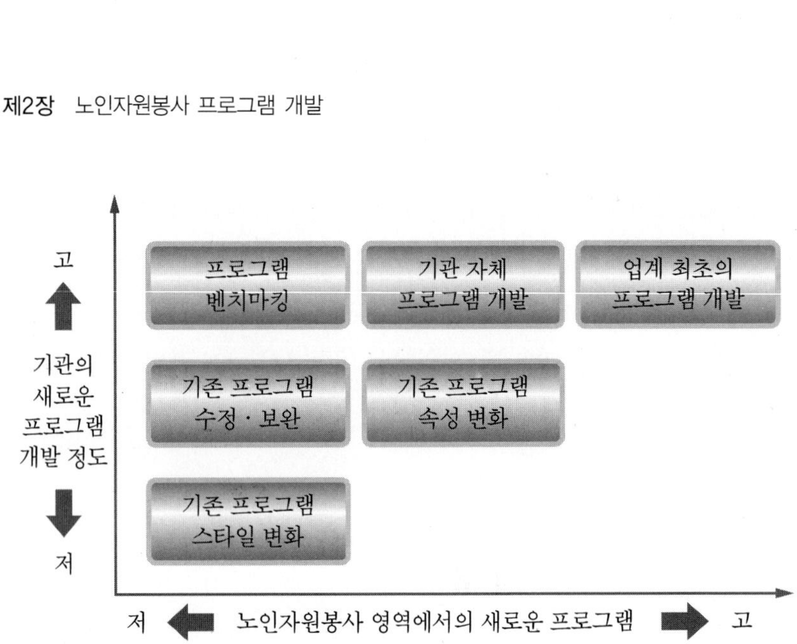

[그림 2-4] 기관/노인자원봉사 영역 matrix에 의한 프로그램 개발유형 모형

1) 기존 프로그램의 스타일 변화

기관 내에서 기존에 실행되고 있는 프로그램의 사업명이나 봉사자들의 유니폼 등을 바꾸는 등 미미한 변화를 시도함으로써 프로그램의 스타일을 변화시키는 것이다.

2) 기존 프로그램의 수정 · 보완

기관 내 기존 프로그램의 내용은 변화시키지 않은 상태에서 운영 및 실행방법에 변화를 주는 것이다. 예를 들어, 봉사시간을 연장하거나, 봉사대상을 확대하거나, 교육시기를 조정하는 등 기존 프로그램의 기본적인 내용을 변화시키지 않고, 형태적 변화를 시도하는 것을 말한다.

3) 프로그램 벤치마킹

타 기관이나 타 연령층에서 실행되고 있는 봉사 프로그램을 벤치마킹하여 기관에서 수용하는 것이다. 즉, 노인자원봉사 영역에서는 새로운 프로그램이 아니지만, 기관에서는 새롭게 여겨지는 프로그램을 시도하는 것이다.

4) 기존 프로그램의 속성변화

기관에서 수행하고 있는 기존 프로그램의 내용을 변화시키는 것이다. 기관의 여건이나 참여하고 있는 봉사자들의 욕구와 특성에 따라서, 혹은 봉사대상자나 지역사회의 상황에 따라 기존 프로그램의 기본적인 틀을 유지하면서 새로운 내용을 추가하거나 연계함으로써 프로그램을 개발하는 것이다.

5) 기관 자체의 프로그램 개발

기관 자체적으로 프로그램을 개발하는 것으로, 기관 및 지역사회의 특성을 고려하고, 참여하는 노인봉사자들의 욕구와 know-how를 반영하였지만, 타 기관에서 실시하고 있는 프로그램과 크게 차별화되지 못한 경우다. 이 경우는 프로그램 벤치마킹과는 차이가 있다. 노인자원봉사 영역에서는 비교적 새로운 프로그램이지만, 유사한 프로그램들이 존재한다.

6) 업계 최초의 프로그램 개발

기관 자체에서 개발한 프로그램으로서 새로운 유형의 봉사활동 프로그램이며, 프로그램의 수행방법에 있어서도 기존의 것과 확연히 차별화가 되는 것이 이른바 업계 최초로 개발된 프로그램이다.

이상 여섯 개의 프로그램 개발유형을 소개하였다. 현실적으로 이 유형들이 명확히 구분되지 않는 경우도 있겠지만, 프로그램 개발에 대한 인식이나 개발전략에 있어서는 유용하게 활용할 수 있다. 비교적 신생 복지관이거나 예산이나 실무자의 역량 등에서 상대적으로 열악한 복지관의 경우 노인복지 영역에서는 새로운 프로그램이 아니지만, '기존 프로그램의 수정 · 보완'이나 '기존 프로그램의 속성 추가' 혹은 '프로그램 벤치마킹'을 통해서 기관의 지역사회 노인들에게 새로운 프로그램을 제공할 수 있을 것이다. 반면에, 기관의 미션과 비전에 따라, 혹은 기관장의 의지에 따라 노인자원봉사 프로그램에 높은 비중을 두고 있는 기관의 경우, '기관 자체의 프로그램을 개발'하거나 '업계 최초의 프로그램 개발'을 시도할 수 있을 것이다.

4. Program-Organization 모형에 따른 프로그램 개발과정

1) P-O 모형의 개념

경험적 근거와 실무자 논의과정에서 프로그램의 개발에서 가장 축이 되는 것은 바로 프로그램 유무와 봉사조직의 존재 유무이다. 이를 기준으로 구성된 Program-Organization 모형(이하 P-O 모형)을 살펴보고자 한다.

I사분면은 노인자원봉사자들이 공식적인 조직을 구성하여, 자원봉사 프로그램을 실행하고 있는 경우로서, 최종적으로 도달해야 할 목표 지점이기도 하다.

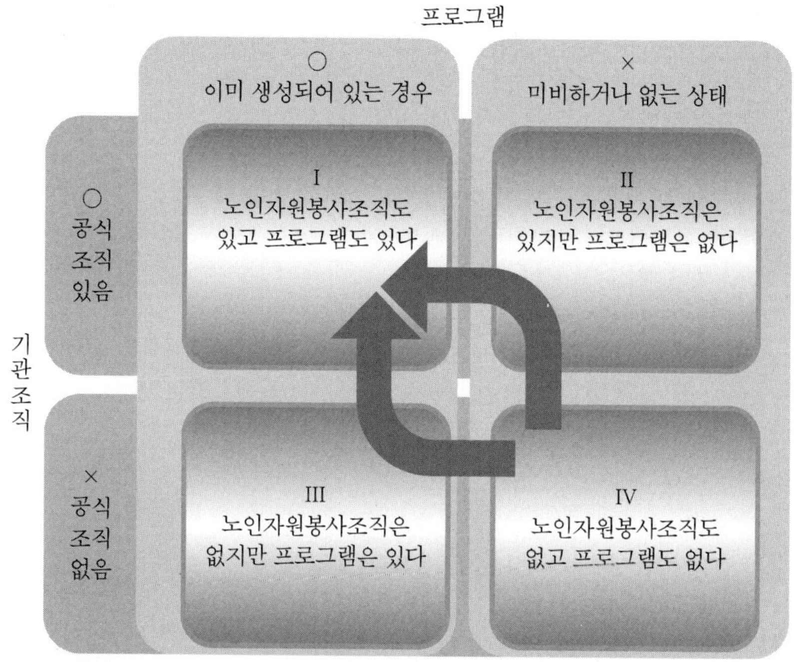

[그림 2-5] Program-Organization 모형 및 전개과정

사례: 조직 O / 프로그램 O → 체계적인 관리 및 지원으로 성장해 나가도록 함

E봉사단은 60~70대 노인들로 구성되어 매일 아침 번잡한 교차로에서 교통정리활동을 10년 이상 지속해 온 노인봉사단이다. 이 봉사단은 기존에 10명의 회원들로 조직이 이미 구성되어 있었으며 교통정리활동이라는 프로그램을 실시하고 있었다. 즉, 조직과 프로그램이 모두 존재하고 있었던 것이다.

하지만 이 봉사단은 자원봉사활동에 대한 기록을 남긴다든지 활동 중에 위험에 대비하여 상해보험에 가입하는 등의 자원봉사활동관리가 전혀 이루어지지 않고 있었다. 또한 자원봉사활동을 그렇게 오랫동안 지속해 왔음에도 자원봉사교육을 단 한 번도 받은 적이 없다고 하였다.

따라서 P센터에서는 이 봉사단 회원들의 활동시간을 기록 · 관리할 수 있도록 활동일지양식을 제공하였고, 이를 토대로 봉사활동인증서를 배부하고 봉사자 개인실적관리도 해 주었다. 자원봉사자 상해보험 가입혜택을 받음으로써 위험한 도로 위에서 활동하는 데 있어 심리적인 부담을 덜게 하였고, 장기간 봉사활동을 실시해 온 봉사단 대표에게 표창추천을 의뢰함으로써 활동에 대한 인정과 격려의 기회를 부여하였다. 또한 자원봉사자 교육을 제공하여 활동에 대한 동기를 강화하는 등의 지원을 실시하였다.

이 사례에서 알 수 있듯이 봉사단이 구성되어 있고 프로그램이 있다 하여 완전하게 운영되는 것은 아니다. 특히 노인자원봉사단의 경우는 봉사활동관리와 관련해서는 정보를 접하기 어려우므로 이에 대한 적극적인 지원이 필요하다. 10년간 같은 장소에서 같은 활동을 변함없이 해 오던 E봉사단의 회원은 자원봉사자교육을 받은 이후 기존활동 이외에 다른 활동에까지 참여영역의 폭을 넓혀 활동하는 등 P센터의 다양한 지원은 봉사단에 새로운 정보 및 시각을 부여하여 봉사자 개개인이 성장하는 데까지 영향을 주었다.

II사분면의 경우는 봉사할 노인들이 조직으로 구성되어 있지만, 어떠한 프로그램으로 봉사활동을 해야 할지 결정이 되지 않은 상태다.

사례: 조직 O / 프로그램 X → 욕구와 강점을 파악하여 접근

G동우회는 퇴직공무원의 친목단체로 특별한 사회봉사활동을 실시하고 있지는 않다.

이들은 대부분 행정업무를 수행해 오던 공무원들로 다양한 봉사활동에 참여한다면 많은 능력을 발휘해 낼 수 있는 잠재력을 가진 집단이며, 공무원연금혜택으로 인해 봉사활동을 하는 데 있어 경제적인 부담을 덜 가질 것으로 예상하였다. 이들 조직에 맞는 자원봉사활동 프로그램을 제안하거나 설계해 준다면 이들 집단은 자원봉사활동에 참여할 수 있을 것으로 생각되었다. 따라서 이 조직의 대표에게 연락을 취해 만났다. 동우회의 봉사활동 참여에 대해 의견을 나누었고 결론은 동우회에서 도움을 줄 프로그램을 찾아 달라는 것이었다.

하지만 이들 조직구성원들에 대한 파악이 되지 않아 욕구조사를 진행하였고, 이를 토대로 행정업무 지원이라는, 이들이 잘할 수 있는 활동 프로그램을 실시하기로 하였다.

조직이 있는데 프로그램이 없는 경우는 조직의 특성에 맞는 봉사 프로그램을 개발하거나 끊임없이 새로운 활동거리를 가지고 접근해 보는 시도가 중요하다. 모든 조직은 활동에 참여할 수 있다라는 가능성을 가지고 끊임없이 요청해야 한다.

Ⅲ사분면은 봉사 프로그램은 이미 결정되어 있지만, 이를 실행할 노인봉사자들을 아직 모집하지 못한 상태다.

사례: 조직 X / 프로그램 O → 조직의 구성

P센터에는 관공서나 중소기업무역업무 및 국제행사의 통번역을 요청받는 등 외국어자원봉사에 대한 수요가 많았다. 이에 외국어번역능력이 있는 노인자원봉사자 1~2명을 섭외하여 수요에 대처하였고, 이들 노인들이 이미 언어적으로 준비된 상태인 것을 알게 되었다. 이에 외국어능력을 보유한 노인들을 중심으로 봉사단을 구성하였다.

프로그램은 이미 존재되어 있는 상태로 우선적으로는 개별적 활동 중인 1~2명씩을 Tea 모임 등을 통해 소그룹화하고 점차 조직으로 발전시켜 나가 조직구성에 성공한 예다.

Ⅳ사분면은 아직은 봉사 프로그램을 마련하지도, 봉사할 노인들을 모집하지도 않는 상태다. 결국, Ⅰ사분면이 노인자원봉사활동의 완성된 모습이라면, Ⅳ사분면은 노인자원봉사활동을 전개하기 위한 최초의 상태라고 할 수 있다.

사례: 조직 X / 프로그램 X → 사회와 노인의 욕구에 근거한 봉사 프로그램 개발과 조직화

최근 전국적으로 장묘문화가 매장문화에서 화장문화로 변화해야 한다는 운동이 적극적으로 펼쳐지고 있다. P센터에서는 이러한 운동이 해당 지역사회에서도 필요하다고 판단했고, 이를 노인들이 주체가 되어 하는 것이 바람직하고 적합하다고 생각을 했다. 이러한 생각을 근거로 바로 프로그램을 개발하기보다는 전문 강사를 초청하여 장묘와 관련된 특강을 개최하였다. 특강에 참여했던 노인들은 자연스럽게 동기부여가 되었으며, 이 가운데 적극적인 모습을 보이던 몇몇 분이 나서게 되어 노인자원봉사단이 신규로 조직되었다.

이 경우는 사회적 필요성과 함께 이슈가 부각이 되어 조직화하기에 유리하였으며, 일방적인 욕구에 의해 개발된 프로그램이라기보다 상호 간의 욕구가 맞물려 프로그램이 개발된 사례다.

이러한 유형분류에 따르면, 프로그램의 개발은 크게 두 가지 방향으로 전개될 수 있을 것이다.

우선 최초의 출발점인 IV사분면에서 시작하여 구체적인 봉사 프로그램 없이 노인자원봉사자들을 우선적으로 모집하고(IV사분면에서 II사분면으로), 모집된 노인자원봉사자들을 바탕으로 프로그램을 개발하거나, 기존의 노인단체나 조직이 봉사 프로그램을 요청하여 프로그램을 개발할 경우(II사분면에서 I사분면으로)가 있다. 예를 들면, 기업체 내에 조직된 자원봉사대나 퇴직자들로 구성된 자원봉사단체로서 자원봉사를 하고 싶은데 무엇을 해야 할지 몰라 기관에게 자원봉사를 의뢰해 올 경우 등이다. IV사분면 · II사분면 · I사분면으로 전개되는 유형이다(O · P 과정).

다른 전개유형으로는, IV사분면에서 출발하여 우선 노인자원봉사 프로그램을 개발한 후에, 노인자원봉사자들을 모집하거나, 이에 적합한 노인단체 및 조직들에게 프로그램을 인계하는 방법이 있다. 즉, IV사분면 · III사분면 · I사분면으로 전개되는 유형이다(P · O 과정).

2) P-O 모형에 따른 프로그램 개발과정

(1) P · O형 프로그램 개발과정

- 기관 내 기존 프로그램을 그대로 수용해서 봉사자를 모집한다.
- 기관 내 기존 프로그램의 수정 · 보완(시간 연장, 봉사활동의 대상 확대 등)을 통해 봉사자를 모집한다.
- 기관 내 기존 프로그램에 새로운 속성을 추가하여 프로그램을 개발하고 봉사자를 모집한다.
- 타 기관, 타 연령층의 봉사 프로그램을 벤치마킹하여 기관에 새롭게 도입한 후 봉사자를 모집한다.
- 기관 및 지역사회의 특성, 지역사회의 중점 이슈 등을 고려하여 프로그램을 새롭게 개발하고 봉사자를 모집한다(SWOT 분석 활용).

전략 포인트

SWOT 분석이란?

SWOT 분석이란 경영학에서 주로 사용되는 용어로 주로 기업이 새로운 사업에 진출할 때 그 경쟁력을 기업 내부에서 강점(strengths)과 약점(weakness)으로, 외부환경에서 기회요인(opportunities)과 위협요인(threats)으로 분석하는 방법이다. 즉, 조직의 강점을 활용하거나 약점을 보완하여 기회요인을 극대화하고 위협요인을 극소화하는 미래전략 대안을 개발하고자 하는 기본 수단으로 활용된다.

SWOT 분석을 통한 지역사회 환경 분석

- 지역사회 문제들 중 공론화되는 사회적 이슈(트렌드)들을 중심으로 검토
- 지역의 특성을 가장 잘 살릴 수 있는 지역사회 이슈들을 중심으로 검토
- 경쟁기관의 프로그램 실행 여부 검토
- 대체 서비스의 가능성 여부 검토
- 기관의 규모와 역할 및 기능에 적합한 이슈들을 검토

지역사회 복지관의 SWOT 분석

외부환경 분석		내부여건 분석	
기회요인	위협요인	강점요인	약점요인
• 신규 복지 서비스 대상 집단 등장 • 복지 서비스 대상의 급속한 성장 • 복지 서비스의 보편화 • 침체경기 반전/실질 소득의 상승 • 새로운 복지정책의 입안 • 지역주민의 복지 욕구 증가 • • •	• 신규 복지관의 등장 • 유사 복지 서비스의 범람 • 복지 서비스 요구의 축소 • 불리한 정책/법규의 등장 • 지역주민의 감소 • 복지 서비스 수혜자의 욕구 변화 • • •	• 신개념 복지 서비스 개발능력/경험 • 차별화된 복지 서비스 제공 능력 • 의사결정 주체의 전략경영능력 • 저렴한 복지 서비스 제공원가 • 복지관 구성원 간의 친밀한 유대관계 • 지역사회에 대한 밀착성 • • •	• 복지관 전략/관리 부재 • 시설/서비스 낙후 • 신규 프로그램 개발 능력 미흡 • 협소한 복지 서비스 • 지역사회에서의 취약한 이미지 • 기부금 조달 메커니즘의 부재 • R&D 관련 투자 부족 • • •

• SWOT 분석의 궁극적인 목적은 세분화된 관련요인을 바탕으로 통찰력을 발휘하여 시사점을 도출하는 것임

	strengths • • •	weaknesses • • •
opportunities • • •	SO 전략 (공격/활성화 전략)	WO 전략 (국면전환 전략)
treats • • •	ST 전략 (다각화/위험분산 전략)	WT 전략 (방어/합리화 전략)

→ 전략방향 및 실행 과제도출

1. 공격/활성화 전략(SO 전략)
   • 강점을 활용하여 기회를 살린다.

- 기회를 살리기 위한 강점을 발굴한다.

2. 국면전환 전략(WO 전략)
   - 약점을 보완하여 기회를 살린다.
   - 약점을 강점으로 전환하여 기회를 살린다.
   - 기회를 살릴 수 없는 약점은 무시한다.
   - 약점에 해당하는 능력을 필요로 하는 기회요인은 무시한다.
3. 다각화/위험분산 전략(ST 전략)
   - 강점을 활용하여 위협요인을 회피한다.
   - 위협을 회피하기 위한 강점을 발굴한다.
4. 방어/합리화 전략(WT 전략)
   - 약점을 보완하여 위협을 회피한다.
   - 약점을 보완할 수 없고, 위협을 회피할 수 없다면 정면대결 또는 철수 중 하나를 선택한다.

(2) O · P형 프로그램 개발과정

- 불특정 다수를 대상으로 모집하고 이들을 대상으로 해서 프로그램을 개발한다.
- 복지관 이용노인의 특성(사회교육 P/G, 정보화 P/G 등)을 반영하여 프로그램을 개발한다.
- 기존의 봉사동아리에서 봉사자들의 특성을 반영하여 새로운 속성을 프로그램에 추가한다.
- 복지관 이용노인들의 특성을 분석하여 새롭게 봉사활동을 위한 봉사조직을 구성하고, 이들을 대상으로 한 프로그램을 개발한다(STP 전략).
- 지역사회 노인들을 세분화하여 그들의 특성에 맞는 프로그램을 개발하고, 이들을 대상으로 모집한다(STP 전략).

전략 포인트

STP 전략(segmentation, targeting, & positioning)

- 잠재적인 노인자원봉사자들을 세분화하고(segmentation), 이를 근거로 가장 적절한 대상집단을 우선적으로 선정하여(targeting), 이들 집단이 가지고 있는 욕구와 기능, 경험 등을 파악한 후 자원봉사 프로그램을 개발함(positioning)
- 이미 욕구를 가진 집단의 요청에서 출발할 수도 있지만, 기관의 특성화나 차별화를 위해 기관이 대상집단(잠재적 노인자원봉사자)을 주도적으로 선정한 후에, 이들의 욕구와 경험 등을 충분히 반영하여 지역사회 문제 해결을 위한 자원봉사 프로그램을 개발하는 것이 바람직함
- STP 전략을 수행하기 위해서는 지역사회의 노인인적자원에 대한 정보를 파악하고 있어야 함
- 전문직 퇴직자 중심의 전문적인 노인자원봉사 프로그램 개발을 유도

5. 노인자원봉사 프로그램 개발을 위한 접근과 연계

먼저 노인자원봉사 프로그램을 개발하기 위해서는 지역사회를 기반으로 하여야 한다는 점을 전제로 하고, 이를 위해서는 노인자원봉사활동의 장(場)이 되는 지역사회에 대한 연구가 필요할 것이다. 즉, 지역사회가 가지고 있는 사회문제에 대해 연구하고 이를 해결하기 위한 과정에서 노인자원봉사자들의 역할이 무엇인가를 찾아가는 접근방법이 있을 수 있다.

두 번째로는, 지역사회 내 각 단체 및 기관들은 노인자원봉사활동의 수요처인 동시에 동반자다. 다시 말하면, 이들 기관 및 단체들이 현재 필요한 봉사활동이 무엇인지를 알아내어 이들을 위해 노인들이 봉사활동을 한다면, 지역사회단체들은 노인자원봉사활동의 수요처가 되는 것이다. 또한 이들 단체들이 현재 실행하고 있는 봉사활동과 함께 연계하여 노인들이 봉사

활동을 한다면 동반자로서의 역할을 할 수 있다.

이러한 접근방법 이전에 있어야 할 과정은, 지역사회의 잠재적 노인봉사자들에 관한 정보이다. 즉, 지역사회에는 어떠한 노인들이 거주하고 있는지에 대한 정보가 필요하다. 그리고 이들 집단을 특성별로 세분화(예를 들면, 지역사회 일반 노인, 기관 이용 노인, 전문직 퇴직자 노인)하여 그들의 능력과 경험, 욕구 등에 관한 자료를 수집해야 할 것이다.

이와 같이 수집된 지역사회 노인들에 대한 인적 자원 정보는 지역의 사회문제에 관한 연구 및 지역사회단체와의 연계과정에서 노인자원봉사 프로그램 개발의 중요한 자원으로 이용될 수 있다.

지금부터, 지역사회의 잠재적 노인봉사자들을 파악하는 작업을 설명하고, 이러한 작업이 지역의 사회문제에 관한 연구와 지역사회단체들과의 연계과정을 통해 어떻게 노인자원봉사 프로그램 개발로 이어질 수 있는지를 설명하고자 한다.

[그림 2-6] 노인자원봉사 프로그램 개발을 위한 전략적 개념

1) 지역사회 노인인적자원 정보 파악하기

마케팅이란 사람들의 특별한 욕구를 알아내어 이에 상응하는 상품과 서비스를 개발하여 그 욕구를 충족시키고, 사람들에게 그 상품에 대해서 알리며, 적당한 시기와 장소를 고려하여 적절한 가격으로 그 상품을 공급하는 일련의 행위를 일컫는다. 이제는 이러한 마케팅의 원리를 노인자원봉사 프로그램 개발에 응용해야 할 필요가 있다. 현재 노인자원봉사활동은 봉사 프로그램을 미리 정해 놓고 봉사자를 모집하는 형식이 일반적이다. 물론, 면접과 업무배치 과정을 통해 봉사자의 동기와 기술 및 적성을 파악하고 이에 적절한 업무와 연결시키는 과정이 있지만, 근본적으로 봉사자의 동기와 욕구를 기존의 봉사 프로그램에 맞추는 한계를 지니고 있다.

미국의 경우에도 소수민족의 자원봉사 참여율이 낮은 편인데, 왜냐하면 자원봉사라는 의미가 존재하지 않아 낯설거나 심지어는 부정적인 의미를 갖고 있는 문화권이 있으며, 소수민족 중 상당수가 저소득층이므로 경제적 사정이 허락하지 않는 경우가 많기 때문이다. 이러한 특징들은 한국 노인의 자원봉사 참여율이 낮은 이유와 맥락을 같이하고 있다. 이들 소수민족을 대상으로 자원봉사활동을 권유할 경우, 일반 자원봉사자들의 모집방법과는 다르게 이들 집단만이 가지고 있는 독특한 욕구를 충분히 고려하는 노력이 필요하다. Lynch(1990)는 다민족 사회에서 자원봉사자를 모집할 때에는 채용하고자 계획하고 있는 소수민족을 확정하고, 자원봉사활동에 참여하는 그들의 동기를 분석하며, 흥미를 촉구시키고 욕구를 충족시켜 주기 위해 설계된 자원봉사자의 직무를 개발할 것을 제안하고 있다.

노인자원봉사활동에 있어서 공급자는 결국 지역사회 노인들이다. 그렇다면 지역사회의 노인들의 일반적인 특성을 파악하는 것(know-who)이 필요하고, 이들이 지역사회 어디에 있는지(know-where) 그리고 이들이 할 수 있는 능력과 경험은 무엇인지(know-how) 그리고 이들이 무엇을 하고자 하는지(know-needs)에 대한 노인인적자원 정보(the information of elderly human resources in the community)를 파악하는 작업이 필요하다.

(1) know-who(누구인가: 대상 노인들의 특성 및 세분화)

지역사회의 예비 노인자원봉사자들을 파악하기 이전에 고려해야 할 점은, 이들 노인들을 세분화할 필요가 있다는 것이다. 세분화란 비슷한 특성을 가진 잠재적 소비자(예비 노인 자원봉사자)를 기준으로 몇 개의 범주로 분류하는 것이다. 자원봉사활동과 관련하여 지역사회 노인들을 세분화하는 기준은 성별, 건강상태, 결혼상태, 주거지역별, 지리적 접근성 등 다양한 방법이 있을 수 있지만, 이 책에서는 기관의 대상 노인들에 대한 지리적, 기술적 접근성(accessability)에 근거한 모집방법과 봉사활동의 공급자인 노인들의 전문성을 고려하여 기관 이용 노인집단 그리고 전문직 퇴직자 집단, 지역사회 일반 노인집단 등으로 나누어 보았다.

① 기관 이용 노인

노인자원봉사 프로그램을 운영하는 해당기관을 이용하는 노인들로서, 접근성에 있어서는 최적의 조건을 가지고 있다. 일반적으로 노인 관련 기관에서는 접근성의 용이함 때문에 주로 기관 이용 노인들을 중심으로 여러 가지 봉사활동을 실천하고 있다. 이들 노인이 가지고 있는 전문성의 정도는 최고의 전문 인력부터 단순한 노력봉사까지 가능하다. 하지만 질적으로나 양적으로 전문직 은퇴자 집단의 인적자원에 비해 훨씬 미약하며, 봉사 프로그램을 개발하는 데 있어서 전문성을 요하고 다수의 봉사인원이 필요한 단일 봉사 프로그램을 수행하기에는 무리가 있다.

② 전문직 퇴직자 노인집단

서구 노인들의 경우를 보더라도, 교육수준이 높고, 경제적 수입이 많고, 퇴직 전 직업이 사무직 혹은 전문직이었던 중·상류층의 노인들이 자원봉사활동에 더 적극적으로 참여하는 경향을 보이고 있다는 사실을 주목해 볼 때, 누구에게 봉사활동을 권유하느냐 하는 것도 중요한 관건이다. 한국사회의 노인자원봉사 활성화를 위한 단초를 마련하기 위해서는 먼저 친목회 수준에 머물러 있는 전문직 퇴직자들을 대상으로 자원봉사활동이 활성화되어야 한다. 전문직 퇴직자를 중심으로 하는 노인자원봉사활동의 이점은 다음과 같다.

첫째, 일반적인 노인과는 달리 이들은 높은 교육수준과 생활경험을 갖고 있으며 자원봉사활동에 대한 관심과 욕구가 크다. 실제로 자원봉사활동 경험이 없는 노인들을 대상으로 한 연구에서는 향후 자원봉사활동을 할 의지가 있는가에 대한 질문에 전문직 퇴직자들이 일반 노인들보다 훨씬 높은 비율로 긍정적인 응답을 하였다. 기존의 연구에 의하면, 자원봉사를 하지 않은 이유 중 가장 높은 비율을 보여 주는 것은 '아무도 요청하지 않아서'와 '어떻게 해야 하는지를 몰라서'다(이금룡, 1999). 이러한 사실에 비추어 볼 때, 전문직 퇴직자들은 자원봉사활동에 대해 상대적으로 높은 관심과 동기를 가지고 있음에도 불구하고 외부로부터의 요청이 없었거나, 자체적으로 자원봉사활동을 실행하는 데 따르는 어려움 때문에 자원봉사활동에 참여하지 못한 부분도 무시할 수는 없을 것이다.

둘째, 전문직 퇴직자들이 가지고 있는 지식과 기술 그리고 경험을 바탕으로 전문적인 봉사활동을 전개해 나갈 수 있다. 기존의 노인자원봉사활동은 노인복지관 회원 위주의 주로 단순 노력봉사활동이 많은 비중을 차지하고 있다. 실제로 지역사회단체 관련자와 만나서 노인자원봉사활동에 대한 의견을 나누어 보면, 자원봉사자로서 노인의 이미지는 단순한 노력봉사활동에 머무르거나, 오히려 노인자원봉사자들을 대상으로 봉사를 해야 한다는 편견이 많았다. 다시 말하면, 노인자원봉사활동은 전문성이 떨어지는데다가 노인에 대한 부정적인 이미지로 인해 오히려 부담이 될 것이라는 것이다. 하지만 전문성을 갖춘 퇴직자들에 대해 설명하고 나서는 이들의 태도가 바뀌는 것을 볼 수 있었다. 즉, 봉사활동의 수요창출에 있어서 봉사자가 지니는 전문성은 중요한 역할을 하며 이러한 전문성을 갖춘 집단이 바로 전문직 퇴직자들인 것이다.

셋째, 전문직 퇴직자들은 그들만의 조직을 갖추고 있다. 즉, 전국적인 조직망을 가지고 있거나 지역별로 정기적인 모임을 자체적으로 가지고 있다. 대한경우회(경찰공무원 퇴직자 모임)의 경우, 전국적인 조직망을 갖추고 있으며, 서울시에는 31개의 지회가 있어서 한 달에 한 번 정도 정기모임을 가지고 있다. 이들은 또 단체 내에서 매달 발행하는 '경우신문'이라는 것이 있어서, 자원봉사활동에 대한 홍보 및 모집의 결정적인 역할을 수행할 수 있을 것으로 보인다. 이와 같이, 자원봉사활동의 전문성과 다양성을 도모하기 위해서는 지역사회에 있는 전문직 퇴직자 단체를 대상으로 하는 전략이 필요할 것이다.

③ 지역사회 일반 노인

기관 이용 노인과 전문직 퇴직자 노인을 제외한 나머지 지역사회의 일반 노인들에 대해서도 봉사활동 프로그램을 개발하는 데 있어서 관심을 기울여야 할 것이다. 하지만 프로그램 개발을 위해서는 지역사회 일반 노인들을 다시 세분화하는 전략이 필요하다. 이때에는 활동내용뿐 아니라 대상의 선정 또한 중요하다. 예를 들면, 빈곤층 노인들을 대상으로 활동비를 지급하는 봉사 프로그램 개발일 경우, 대상 노인은 지역사회의 빈곤층 노인들이 될 것이다. 이와 같이 대상 노인들을 계층별, 성별, 연령별, 지역별 등으로 세분화하여 표적집단(target group)을 선정하고 자원봉사활동에 참여하는 그들의 동기를 분석하고, 흥미와 욕구를 충족시켜 주기 위한 자원봉사 프로그램을 개발해야 할 것이다.

(2) know-where(어디에 있는가)

지역사회의 잠재적 노인자원봉사자에 대한 세분화 작업이 완성되면, 이들이 어디에 거주하고 있는지, 어디에서 만날 수 있는지에 대한 조사가 필요하다.

① 지역적 분포 조사

어느 지역에 어떠한 노인들이 많이 거주하고 있는지를 파악할 필요가 있다. 특정 지역의 노인 거주 비율이 어떠하며, 이들 노인들의 사회 · 인구학적 특성(나이, 성별, 경제상태, 결혼상태, 주거상태 등)에 관한 정보를 알아야 할 것이다. 이러한 자료는 특히 지역사회 일반 노인을 대상으로 프로그램을 개발하거나 모집할 때 필요한 정보다.

② 사회활동 장소 조사

- 사교모임 장소(전문직 은퇴자 집단의 월례모임 장소)
- 여가활동 장소(노인복지관, 노인정, 노인대학, 공원 등 위락시설)
- 종교활동 장소(교회, 사찰 등)

(3) know-how(어떠한 경험, 기술, 능력을 가지고 있는가)

잠재적 노인자원봉사자들이 가지고 있는 기술과 능력 그리고 경험을 바탕으로 봉사 프로그램을 개발하기 위해서는 이들이 할 수 있는 일이 무엇인지에 대한 조사가 필요하다. 편의상 '전문 영역'과 '일반 영역'으로 나누어 각 영역에 해당되는 다양한 기술과 기능, 지식 등을 파악하는 것이 용이

하다. '전문 영역'이란 법률자문, 의료봉사, 통·번역봉사, 전문상담, 학습지도 등 전문적인 지식을 바탕으로 하는 봉사활동과 문화·예술활동이나 생활체육활동과 같이 기능적 전문성을 요하는 봉사활동 그리고 이·미용기술, 미장기술, 페인트기술, 목공기술 등 기술직 경험을 활용하는 영역까지 다양하다. 한편, '일반 영역'은 교통정리, 환경보호활동, 청소, 식사배급 및 도시락배달, 행사안내 및 행정업무보조, 목욕봉사, 차량봉사 등 단순한 노력봉사로 수행되는 봉사활동이다.

전문직 은퇴자 집단의 경우, 그들이 봉사할 수 있는 전문 봉사 프로그램이 어느 정도 드러나 있지만, 기관 이용 노인이나 지역사회 일반 노인들의 경우, 표적집단(target group)을 선정하고, 관찰, 면담, 설문작업 등의 방법을 사용하여 그들의 know-how를 조사할 수 있다.

(4) know-needs(어떠한 욕구·동기를 가지고 있는가)

앞장에서 설명한 Clary와 Snyder(1999)의 자원봉사활동을 수행(혹은 기능)하게 하는 여섯 가지 동기유형을 활용할 수 있다. 즉, 자원봉사 동기유형을 표준화된 척도로 개발한 '자원봉사기능척도(Volunteer Functions Inventory: VFI)'를 활용할 수 있다. 봉사활동에 대한 동기를 연구한 다른 이론이나 관점과는 달리 VFI는 현장에서 봉사활동 실시 이전에 자원봉사자들 본인의 무의식적인 동기를 재확인함으로써 봉사활동을 수행하는 데 있어서 뚜렷한 목표의식을 가지고 할 수 있도록 하며, 봉사활동 종결 시점에서 동기에 대한 성취도를 조사함으로써 자신의 동기 성취 여부를 확인할 수 있게 한다. 봉사자는 물론 실무자에게도 이러한 VFI의 분석은 봉사활동을 수행하거나 운영하는 데 있어서 많은 정보를 제공해 주는 장점이 있다.

앞장에서 설명한 대로 VFI는 가치, 이해, 강화, 경력, 사회성, 강화 등의 여섯 가지 하위개념으로 구성된다. 하지만 간혹 노인자원봉사자들에게는

'경력' 동기가 큰 의미가 없는 경우가 있기 때문에 외국의 선행연구에서는 이를 제외시키는 경우도 있으며, 경제적 동기와 종교적 신념 등 VFI에서 제외된 노인자원봉사자의 동기를 추가적으로 적용하여 실시할 수도 있다.

2) 지역사회 노인단체의 프로그램 개발

[그림 2-7]은 자원봉사활동 영역의 개발을 위한 지역사회단체들과의 연계를 모형화한 것이다. 이는 지역사회단체들이 실행하고 있는 기존의 봉사활동과의 단순한 연계를 뛰어넘어서 이들과의 보다 체계적인 연계를 통해 새로운 봉사활동을 만들어 내는 것을 의미한다.

여기서 중점적으로 다루어져야 할 사안은 첫째, 자원봉사기관과 관리자의 특성이다. 즉, 기관의 연혁 및 규모, 기관의 특성(공공기관/민간기관, 도심지역/주거지역 등), 기관의 전체예산 및 자원봉사활동에 지원된 예산, 기관장의 노인자원봉사에 대한 인식, 투입된 관리자의 수, 관리자의 경험 등

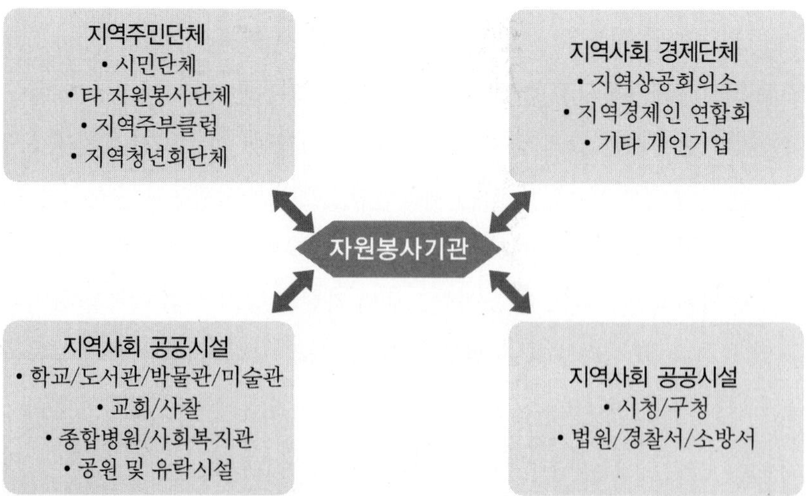

[그림 2-7] 프로그램 개발을 위한 지역사회기관 및 단체와의 연계

이 연계과정에 영향을 미칠 것으로 예상하고 있다. 둘째로, 연계를 하는 과정에서 현실적으로 효과적인 방법이 무엇인지를 밝혀야 할 것이다. 이를 위해서는 대상 단체들의 리스트를 작성하는 것, 이들 단체들을 접촉하는 방법(직접 방문, 편지, e-mail 등), 지속적으로 연계하기 위한 방법 등이 연구되어야 할 것이다. 셋째로, 지역사회단체들과의 연계를 통해서 봉사 프로그램을 어떻게 창출할 수 있을 것인지에 대한 전략이 필요할 것이다. 이를 위해서는 지역사회단체들이 실행하고 있는 자원봉사활동과의 단순한 연계뿐 아니라 이들 단체들을 통해서 창출할 수 있는 봉사활동의 다양한 아이템을 개발할 필요가 있다.

3) 지역사회 문제 해결을 위한 노인자원봉사 프로그램 개발

지역사회의 문제를 찾아내고 이를 연구하여 개선방안을 강구하는 과정을 통해서 노인자원봉사 프로그램을 개발하는 전략이 필요하다. 이를 위해서는 다음과 같은 질문들을 통해 지역사회단체와 잠재적 노인봉사자들을 연계시켜야 할 것이다([그림 2-8] 참조).

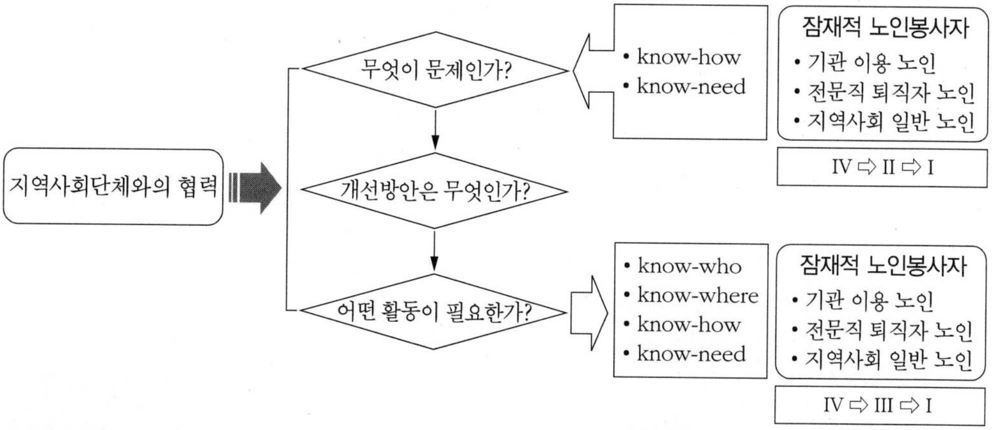

[그림 2-8] 지역사회 문제 해결방안을 통한 프로그램 개발전략 모형

(1) step 1: 무엇이 문제인가

지역사회가 안고 있는 여러 가지 사회문제들을 찾아내는 일은 그다지 어려운 작업이 아니다. 비록 지역적인 특수성에 의해 심각성의 정도는 차이가 있을 수 있지만, 한국사회가 직면한 일반적인 사회문제들을 그 지역사회에 적용해 볼 수 있다. 일반적으로 한국사회에서 논의되고 있는 사회문제의 범주는 도시문제, 빈곤문제, 가족문제, 노인문제, 여성문제, 환경문제, 보건의료문제, 부정부패문제, 청소년문제 등 다양하다. 그리고 이러한 사회문제의 하위 영역에는 수없이 많은 세부적인 이슈들이 있다. 사회문제 중에서 노인자원봉사 프로그램과 관련이 될 수 있는 이슈들을 중심으로 다음과 같이 정리해 보았다.

도시문제

- 도시빈민의 생존권문제
- 도시 슬럼화 문제: 슬럼가 아이들의 교육문제와 일탈 등
- 공동주택환경(아파트 단지)과 빠른 이사 주기 등에 따른 이웃 간의 불신과 단절
- 재개발문제
- 쓰레기 처리
- 절도, 강도 등 범죄문제
- 교통문제: 교통 혼잡, 주차공간의 부족, 거리의 환경미화(간판관리), 신호체계, 교통질서
- 주거지역의 상권화(아파트 단지 부근의 러브호텔)

빈곤문제

- 부의 불평등으로 인한 지역 간 갈등문제
- 빈부의 격차: 소년소녀가장, 쪽방 거주민의 실태
- 빈곤으로 인한 교육수준의 차이, 상대적 빈곤감을 느끼며 자라나는 아이들
- 노숙자문제

가족문제

- 사회 및 직장 중심의 생활구조에서 오는 가족 간의 갈등
- 가족 간의 전통적 중심 이슈 약화에서 오는 가치관 부재의 문제
- 여성 사회진출에 따른 육아문제
- 이혼가정의 자녀양육문제, 청소년의 방황
- 이혼, 별거, 가출, 가치갈등, 세대차문제
- 장애아 가정
- 가정폭력
- 아동학대
- 등교거부
- 문제아

노인문제

- 경제적 문제: 저소득층 노인의 생활고문제
- 이혼 자녀의 자손을 키우며 살아가는 노인문제
- 노인의 성문제
- 노인의 경제적 자립을 위한 구조적인 지원문제
- 치매노인 수용시설의 문제
- 독거노인 문제
- 노인의 결혼문제
- 고부갈등문제
- 외로움, 소외감, 무기력감
- 질병
- 노인인구 증가
- 노인들의 사회적 지위의 격하
- 노인부양
- 노인학대
- 일자리문제: 취업, 재취업, 자원봉사
- 건강과 여가시간문제
- 사회적 상실감
- 정년제도의 개선
- 노인자살

여성문제

- 육아문제
- 고부갈등문제
- 상대적으로 정보의 빈곤문제
- 육아문제: 탁아시설 부족
- 미혼모
- 가정폭력

환경문제

- 쓰레기 분리수거의 문제: 관리, 재활용품에 대한 홍보 및 의식 고취
- 그린벨트 무분별한 훼손문제
- 도시공해문제
- 생태계 파괴에서 오는 인간생존 위협문제
- 생태계 파괴-갯벌, 동강, 시화호문제
- 사람의 건강의 문제: 환경오염, 유전자변형, 구제역
- 무분별한 국토개발: 숲
- 대기오염: 자동차의 증가, 공해물질 정화시설 부족
- 수질오염: 폐수 무단방류
- 시민의식고양: 내 집 안만 깨끗하면, 내 것 아니면 함부로 해도 된다는 일부 시민의식
- 쓰레기 등의 폐기물 처리문제: 음식쓰레기
- 환경오염에 대한 대책
- 쓰레기 반입
- 자원의 고갈

보건의료문제

- 보건의료 정보나 서비스 간의 특정 계층 편중성문제
- 의료분쟁: 의, 약 간의 이익집단 갈등의 문제
- 의료보험공제조합의 실체
- 정책의 부재와 일관성 없는 정책 수립의 문제
- 의료전문주의와 병원의 사유화문제
- 국민건강보험의 정책실패: 의약분업, 재정파탄, 국민부담 증가

- 의료보험료의 인상을 둘러싸고 정부와 시민연대의 갈등과 대립
- 특수질환에 대한 서비스 제공체계의 부실
- 노인보건대책 미흡
- 극빈자의 진료거부

구자순(1994)은 빈곤가족, 사회지체현상으로 인한 다양한 가족출현 그리고 가족 내의 세대 간 갈등 등 가족문제에 초점을 맞추어, 노인들에 의한 가정복지활동 프로그램을 소개한 바 있다. 그가 제시한 봉사활동 프로그램은 다음과 같다.

노인들에 의한 가정복지활동

- 가정상담 서비스: 법적, 교육적 조언
- 우애방문 및 시중: 이야기 상대
- 가정관리 서비스: 가사일반
- 영양개선활동: 혼자 있는 자취학생, 노인, 일하는 편부모 가정의 구성원들에 대해 영양의 고른 섭취를 위해 음식제공 및 요리를 해 줌
- (빈곤층) 임산부를 위한 산후조리 및 가사보조
- 소년소녀 가장 가정 돕기
- 장애아 가정 돕기
- 편부모 가정 돕기
- 병간호
- 방과 후 어린이 맞아 주기
- 어린아이 돌봐 주기: 아이들이 집에 홀로 남겨 놓고 외출하지 않으면 안 되는 경우, 단기적으로 부모를 대리하여 아이들을 보살피는 자원활동
- 병원에 장기 입원한 어린이들을 위한 대리부모 역할 수행으로 밤에 침상 곁에 앉아 지켜봐 주고 애정 어린 관심을 보이며 안정과 보호를 제공
- 가정복지 서비스 제공 단체에 후원자로 참여

(2) step 2: 개선방안은 무엇인가

지역사회가 가지고 있는 문제를 찾아낸 후에는 이를 해결, 혹은 개선하기 위한 방안을 모색해야 할 것이다. 이때에는 지역사회 내의 관련 단체와 연계하는 것이 효율적이다. 예를 들어, 지역사회의 교통이나 범죄문제에 대한 개선방안을 찾기 위해서는 그 지역의 경찰서나 시청, 혹은 구청과 연계하여, 교통문제의 원인이 무엇이며 왜 개선되지 않고 있는지에 대해 조사하고 현실적으로 실행할 수 있는 개선방안들을 찾아낼 수 있을 것이다. 일반적으로 지역사회단체와 협력은 기관이 이미 봉사활동 프로그램을 확정하고 이에 대한 인적자원을 확보하는 과정(모집과정)에서 이루어지고 있는 실정이다. 물론 모집과정에서 지역사회단체 및 기관들과의 협력, 연계과정은 효율적이고 필요한 것이지만, 프로그램을 개발하는 과정에서도 이들과 연계과정이 필수적으로 있어야 한다는 것을 강조한다.

(3) step 3: 어떤 활동이 필요한가(봉사활동 프로그램 개발, intervention)

지역사회 문제에 대한 개선방안이 세워지면, 어떤 활동을 통해서 개선될 수 있는지를 고려해야 할 것이다. 이 단계에서도 역시 지역사회 관련 단체와의 연계를 통해 문제 개선을 위해 필요한 활동에 대한 정보를 수집해야 할 것이다. 여기에는 전문적인 활동에서부터 일반적인 노력봉사 형태의 활동까지 다양한 봉사활동을 구상할 수 있다.

지역사회 문제를 개선하기 위한 다양한 봉사활동들을 제시하고, 이러한 봉사활동을 누가 실행해야 할 것인지를 결정해야 한다. 이때는 봉사 프로그램을 개발하려는 기관의 규모나 재정상태 등 기관의 환경이 고려되어야 할 것이다. 이에 따라, 봉사 프로그램을 한 가지 봉사활동에 국한할 것인지, 아니면 몇 가지 봉사활동들을 병행하여 실시할 것인지가 결정된다. 예를 들어, 전문적인 지식이 필요한 봉사활동만을 전개할 경우에는 해당 전문직 퇴직자 노인들을 대상으로 모집할 필요가 있지만, 전문적인 활동과 더불어 일반적인 봉사활동도 겸할 경우에는 기관 이용 노인이나 지역사회의 일반노인들까지도 대상에 포함시킬 수 있다.

지역사회 문제를 해결하기 위한 노인자원봉사활동을 기획하는 데 있어서 변화이론(theory of change)을 활용할 수 있다. 변화이론은 주로 정책개발이나 지역사회 개발에 있어서 활용되는 개발도구인 동시에 수행된 프로그램이나 개발 및 정책사업의 평가도구로서 활용되고 있다.

변화이론이란?

- 프로그램의 활동과 전략의 결과로 발생한 성과(변화)에 대한 인과적인 과정을 설명하는 것이 변화이론이다.
- 변화의 대상은 개인, 가족, 조직, 지역사회 주민, 지역사회 시스템, 지역사회 정책 등 다양하며, 각각의 상황에서 의도하는 변화에 대해 이론적 · 경험적 근거를 제시할 필요가 있다.
- 변화이론은 기획단계에서 실행하기도 하고 성과평가의 과정에서 활용되기도 한다.

변화이론의 6steps

1. 문제점 및 이슈의 선정과 정의
2. 선정된 문제점 혹은 이슈에 대한 지역사회 현황 및 욕구조사
3. 기대하는 변화나 결과(성과)를 설정: 산출(output), 성과(outcome), 임팩트(impact)로 구분
4. 변화를 유도하는 데 있어서 실무자 본인과 해당기관의 역량, 지역사회 여건 등 프로그램을 수행하는 데 있어서 영향을 주는 요인들에 대한 분석(SWOT 분석)
5. 지역사회 문제점을 해결하기 위해 구체화된 활동전략에 대한 기존 연구의 활용
6. 프로그램의 활동전략이 왜 의도한 변화를 가져오게 할 수 있는지에 대한 확신적인 진술(믿음, 아이디어, 원칙 등)

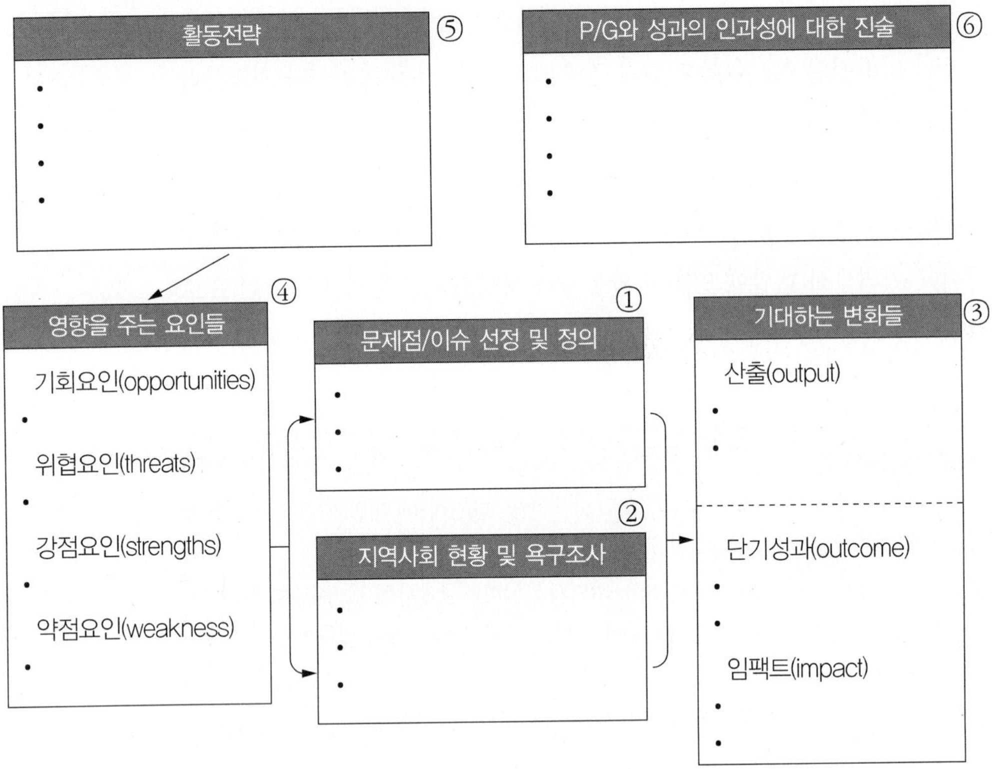

[그림 2-9] 변화이론을 바탕으로 한 프로그램 기획 6단계 모형

문제점/이슈 선정 및 정의 ①
- 경제침체로 인해 지역사회 내 소외계층의 생활이 더욱 어려워지고, 양적으로 증가되는 추세임
- 특히 소외계층 자녀들의 탈선과 교육이 심각한 문제로 부각됨

지역사회 현황 및 욕구조사 ②
- 지역사회 욕구조사를 통해 불우한 이웃에 대한 관심부족이 시급성과 중요성에 있어서 지역사회 문제로 부각됨.
- 저소득층 자녀들의 학습능력 향상과 정서함양을 위해 방과 후 교실 활성화에 대한 필요성이 제시됨
- 저소득층 부모들은 자녀의 방과 후 정서적 생활과 학습에 대한 욕구가 매우 높음

기대하는 변화들 ③

산출(output)
- 노인자원봉사단의 방과 후 교실활동 수행 및 1:1 멘토 시스템 구축,
- 유관기관과의 연계활동을 통해, 프로그램 개발, 정책 제언, 홍보

단기성과(outcome)
- 프로그램 대상 학생들의 심리적 안정과 학습능력 배양
- 방과 후 교실에 대한 지역사회 관심확대 및 지원 증가

임팩트(impact)
- 지역사회 내 저소득층 자녀들의 일탈감소 및 학업수행능력의 향상

영향을 주는 요인들 ④

기회요인(opportunities)
- 지역사회주민 및 유관기관들의 관심과 지지가 높음

위협요인(threats)
- 경제침체로 인해 저소득층 및 차상위계층을 위한 예산 삭감

강점요인(strengths)
- 지역사회 내 고학력 노인들과 퇴직교육자들이 많음

약점요인(weakness)
- 학습지도의 노인자원봉사활동을 수행한 경험이 없음

활동전략 ⑤
- 고학력 노인들을 중심으로 노인자원봉사단 구성
- 방과 후 교실에서 활동하기 위해 지역사회 내 방과 후 교실을 운영하는 주체나 기관들과 연계
- 지역교육청과의 연계를 통해 방과 후 교실의 다양한 실천방향 모색
- 다양한 홍보전략을 통해 저소득층 자녀의 방과 후 교실에 대한 관심과 지원 유도

P/G와 성과의 인과성에 대한 진술 ⑥
- 노인봉사자들의 자기주도적인 학습능력을 배양하고, 유관기관들의 자문과 협조를 바탕으로 전문성을 확보함으로써 효과적이고 효율적인 방과 후 교실 봉사활동을 전개할 수 있음
- 유관기관과의 협의체 구성을 통해 공동실천전략을 수행함으로써 지역사회의 관심촉구와 지자체의 정책변화를 유도할 수 있음

[그림 2-10] 변화이론을 적용한 노인자원봉사활동 사례(방과 후 교실 봉사활동)

〈표 2-3〉 **변화이론 활용을 위한 체크리스트**

변화이론 활용을 위한 체크리스트		예	아니요	비고/검토사항
1	계획된 프로그램에서 해결해야 할 문제나 제기되어야 할 이슈는 명확하게 서술되어 있는가?	□	□	
2	조사된 지역사회 욕구와 해결되어야 할 문제들 간에는 구체적이고 명확한 연관성이 있는가?	□	□	
3	지역사회 욕구는 전문가에 의해 전문적인 절차를 거쳐서 조사되었는가?	□	□	
4	프로그램에 의해 유도되는 바람직한 결과, 혹은 변화(성과)는 구체적으로 명시되어 있는가?	□	□	
5	영향을 주는 요인들은 전문가의 조언을 얻거나 문헌자료들을 통해서 정리되었는가?	□	□	
6	활동전략은 전문가의 조언을 얻거나 문헌자료들을 통해서 정립되었는가?	□	□	
7	활동전략은 영향을 주는 요인들을 충분히 활용하였는가?	□	□	
8	활동전략이 어떻게 그리고 어떤 이유로 기대되는 변화를 가져올 수 있을 것인지에 대해 명확한 논리를 제시하였는가?	□	□	
9	프로그램의 계획과 의도된 결과는 프로그램 관여자들에 의해 동의를 얻었는가?	□	□	

6. P-O 모형을 통한 프로그램 개발 사례

1) Ⅳ사분면 · Ⅱ사분면 · Ⅰ사분면(O · P 과정)

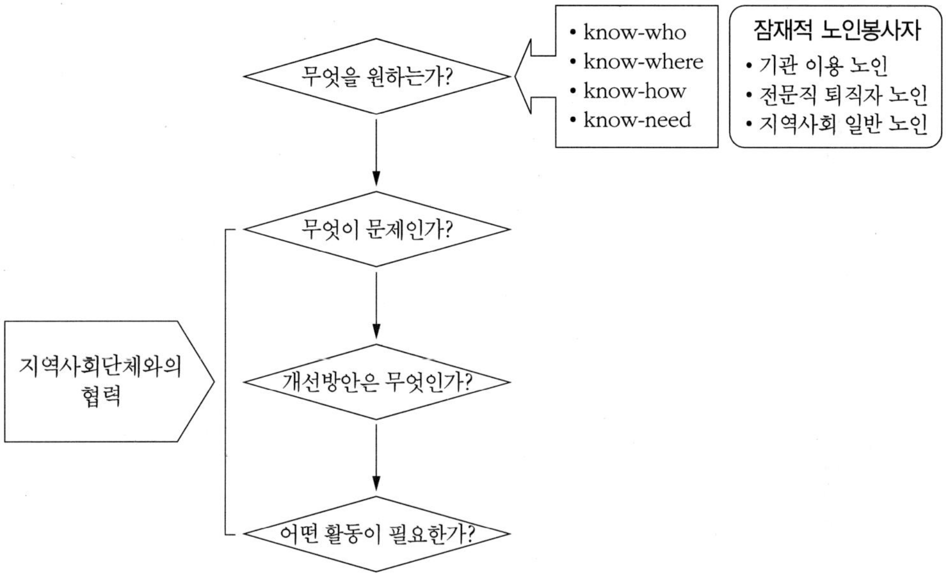

[그림 2-11] 지역사회 문제 해결방안을 통한 프로그램 개발전략 모형(O · P 과정)

(1) 무엇을 원하는가(욕구파악) /무엇을 할 수 있는가(경험, 기능, 기술 등)

초등학교 교사로 30~40년간 근무하고 퇴직한 3명의 친구들(친목계원)이 복지관에 등록하러 오셨다. 복지관 프로그램에 참여하는 것만으로는 만족을 하지 못하고 무엇인가 다른 사람에게 도움을 줄 수 있는 일을 함으로써 보람을 찾고 싶어 하는 욕구가 큰 것으로 나타났다. 3명의 자원봉사 희망자는 학교에서 학급신문들을 만들어 본 경험이 있음이 파악되었다.

(2) 무엇이 문제인가(문제)

- 어르신들을 위한 문화적 혜택 부재
- 어르신들만을 위한 정보제공 매체 필요

(3) 개선방안은 무엇인가(해결방안 연구)

- 어르신들에게 정보제공 매체로 어르신 신문을 만들어 드림
- 예산은 후원금을 확보하여 실시함
- 어르신 기자로 활동하게 함
- 신문기자로 활동하기 위한 교육을 실시하고 기자증을 드림
- 컴퓨터사용법과 사진촬영방법을 익히도록 함
- 발행부수와 배포범위를 정함

(4) 어떤 활동이 필요한가(프로그램 개발)

- 어르신이 어르신을 위한 어르신 신문 『해오름』 발행

(5) 어떠한 기대효과가 있는가

- 어르신 기자의 자기만족감 향상: 각종 언론매체에 보도됨으로써 활동의 동기부여 강화
- 어르신 독자들에게 유익한 정보제공
- 어르신 기자의 자기역량 강화

2) Ⅳ사분면 · Ⅲ사분면 · Ⅰ사분면(P · O 과정)

서울의 ○○복지관은 새로운 자원봉사 프로그램을 개발 · 실시하고자 하

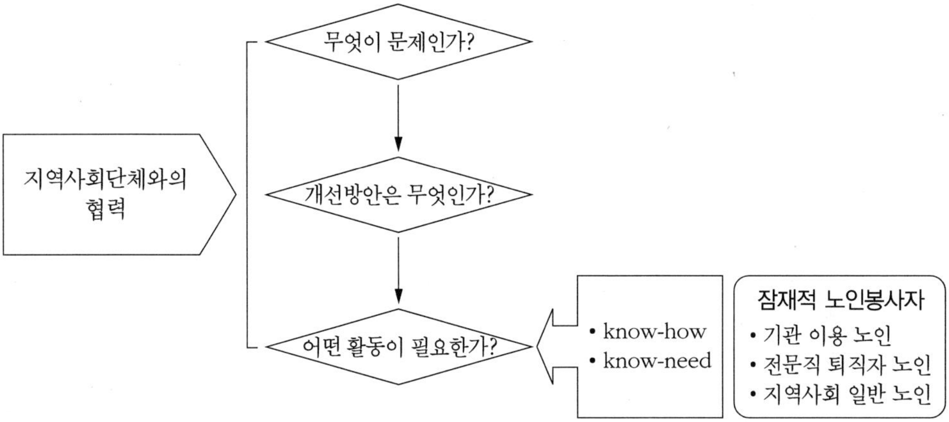

[그림 2-12] 지역사회 문제 해결방안을 통한 프로그램 개발전략 모형(P · O 과정)

는 욕구를 가지고 있었다.

(1) 무엇이 문제인가(문제)

① 노인의 역할상실

- 오늘날 우리나라의 노인들은 노동 및 사회참여의 기회에서 비자발적으로 배제되고 있으며, 전통사회의 확대가족에서 젊은 층 주도의 핵가족화 현상으로의 전환은 과거에 노인들이 향유하였던 가장 또는 웃어른으로서의 권위상실을 수반하여 가정에서의 역할축소를 가져오고 있다. 따라서 대부분의 노인들은 역할 없는 역할을 강요당한 채 무위무용(無爲無用) 상태로 노년기를 보내는 경우가 많다.

② 청소년과 노인층과의 세대적 단절

- 한편, 오늘날 교육기관은 입시 위주의 교육 및 개인주의 성향 등으로 청소년층을 교육하고 선도하는 데 많은 어려움을 갖고 있다. 더욱이

교원이 충분히 확보되지 않은 상태에서 다양한 청소년의 특성을 감안한 학습이나 인성교육이 쉽지 않은 실정이다. 뿐만 아니라 핵가족화로 인해 청소년층과 노인층의 세대적 교류가 단절되는 경향이 심화되고 있다.

(2) 개선방안은 무엇인가(문제해결방안)

① 노인자원봉사활동의 장소 및 영역을 개발

- 먼저 지역사회 내 노인이 할 수 있는 자원봉사 영역을 창출해 내기 위해 지역사회단체와의 접촉을 시도하였고, 특히 교육기관단체와의 접촉을 통해서 가능성을 찾음
- ○○구 소재 ○○중학교를 대상으로 교사 40명에게 자원봉사가 필요한 활동 영역을 조사함. 일차적으로 설문지 조사를 실시하였고, 그 결과를 토대로 보다 더 구체적인 정보를 얻기 위해 교장선생님을 비롯하여 일부 관련 교사들을 대상으로 간담회를 실시함
- 설문지 구성은 우선 학교라는 장소를 내부와 외부로 나누고 각각에 있어서 전문 영역과 일반 영역으로 다시 세분화하여 노인자원봉사활동의 영역을 조사한 결과 학교라는 지역사회단체를 통해서 실행될 수 있는 노인자원봉사 프로그램은 100가지가 넘는 것으로 파악됨(① 관리영역, ② 교육영역, ③ 학생지도 영역 그리고 ④ 기타)

② 노인자원봉사자의 학교에서의 자원봉사활동 실시

(3) 어떤 활동이 필요한가(노인자원봉사자의 모집)

- 학교 내에서 할 수 있는 자원봉사자를 모집

- 학교 내에서 학생들을 대상으로 하는 자원봉사이므로 먼저 교직에 종사한 경험이 있는 노인이 적합할 것으로 판단되어 한국교원퇴직자단체장을 만나 프로그램의 성격을 설명하고 동참해 줄 것을 부탁함
- 그 결과, 회장과 총무의 적극적인 협력으로 다수의 회원이 참여의 뜻을 밝힘. 또한 경우회(경찰퇴직단체)와의 접촉을 실시하여 경찰 퇴직자도 참여하게 됨
- 신문광고를 통하여 뜻있는 어르신들도 추가적으로 참여함
- 초록봉사대라는 봉사대를 발족하여 학교에서 할 수 있는 자원봉사 영역에 대한 교육을 영역별로 실시함
- 교육을 실시한 후, 본인이 희망하는 자원봉사 영역을 정하도록 하고. 본인의 희망에 따라 자원봉사자를 배치

(4) 어떠한 기대효과가 있는가

① 세대 간 화합 및 유대형성을 통한 사회통합

- 학생과 노인자원봉사단의 친밀감 형성

② 노인자원봉사단의 자아존중감 향상

③ 지역사회 내에서의 새로운 노인상 정립

④ 학생들에게 다양한 교육기회 제공

- 정문 · 교통지도, 급식지도, 학생예절지도, 도서관사서, 상담지도, 부진아교육, 환경미화, 수업보조(체육), 한문, 서예

제 3 장

노인자원봉사조직

Organizing Senior Volunteers

서울에서 땅 끝까지 가장 빠르게 가는 방법은 무엇일까? 바로 '좋은 사람과 함께 가는 것'이다.

자원봉사활동도 마찬가지다. 혼자서보다는 여럿이 함께 뜻과 힘을 모은다면, 더 재미있고, 덜 힘이 들며, 그 성과도 더욱 커질 수 있다. 하지만 여럿이 하는 활동이 혼자 하는 활동보다 쉽지는 않다. 서로의 욕구와 성향, 혹은 추구하는 가치가 달라 갈등이 생기기도 하며 때로 분열의 위기에 처해지기도 한다.

개인의 성향에 따라 다르겠지만, 대개 노인들은 혼자보다는 여러 사람들과 어울려 함께했을 때 더욱 오랫동안 활동에 참여할 수 있으며, 노인자원봉사단이 단순히 활동을 함께하는 조직이 아니라 서로 의지하고, 유익한 정보를 공유하는 자조집단으로 발전하는 경우도 볼 수 있다.

이러한 조직의 성장은 곧 자신의 성장으로 이어지며, 소속감을 가지고 더욱 활동을 활발히 할 수 있는 강한 동기를 부여하기도 한다.

1. 노인자원봉사단이 개인봉사보다 긍정적인 점

- 구성원 간의 상호 지지와 격려를 통해 자원봉사를 오랫동안 지속할 수 있다.
- 소속감을 느끼고, 대인관계를 확대할 수 있다.
- 개인활동보다 즐거움과 재미를 느낄 수 있다.
- 활동 이외의 다른 정보에 대해서도 함께 공유할 수 있다.
- 노인자원봉사 리더를 발굴하여 성장시킬 수 있다.
- 봉사단의 자율성을 확보하여 자발성을 극대화시킬 수 있다.
- 자원봉사 담당자로서는 10명의 개인봉사자를 관리하는 것보다 회원이 10명인 1개의 단체를 관리하는 것이 업무부담이 줄어들 수 있다. 봉사단의 리더가 역할을 잘 수행할 경우, 관리자는 리더를 잘 관리하면 봉사조직 전체를 관리할 수 있다.
- 개별활동 수행에 대한 지침을 제공한다.
- 활동의 중복과 권한 영역에 대한 갈등을 피하게 한다.
- 모든 활동을 바람직한 목표와 관련시켜 노력을 절약할 수 있다.

2. 노인자원봉사단의 우려되는 점

1) 봉사단 조직 내 갈등발생의 소지가 높다

봉사단에 소속되어 활동할 경우는 아무래도 개인활동 시보다 회원 간, 혹은 리더와 회원 간의 의사소통에 문제가 발생할 우려가 있다. 특히 자기 고집이 세고 주관이 뚜렷한 노인들이 같은 봉사단 내에서 활동할 경우 의견이 대립되거나 충돌해 언쟁이 일어나는 경우를 흔하게 볼 수 있다. 또한 자만심이 많거나 자기자랑을 늘어놓는 언어습관을 가진 봉사자가 회원으로 활동할 경우 봉사단의 분위기를 좋지 않게 만들 수 있으며, 명령조로 이야기하는 리더나 봉사자의 경우도 회원들의 반발을 얻기 쉽다. 조직 내에서 여러 명의 노인자원봉사자들이 조화롭게 활동하기 위해 가장 관건이 되는 것은 원만한 의사소통이라고 해도 과언이 아닐 것이다.

2) 자칫 활동보다 형식과 봉사단 관리에 에너지를 많이 할애할 수 있다

개인봉사자의 경우 오로지 봉사활동에만 집중할 수 있다. 그러나 봉사단이 구성되어 활동할 경우는 활동 이외에도 봉사단의 각종 회의와 행사, 회원 간의 경조사 등에 참여해야 하는 부담이 생기고, 봉사단 조직과 회원을 관리하는데 에너지가 분산되어 봉사활동이 소홀해질 우려가 있다.

특히 경조사 참석에 대해 중요하게 여기는 노인들의 경우, 봉사단 회원 간의 잦은 경조사는 금전적인 부담이 될 우려도 있다. 이러한 사항에 대해서는 회원 간의 합의를 통해 적정한 수준의 규칙을 근거로 적용하면 좋을 것이다.

3) 리더의 영향을 크게 받는다

특히 권위를 내세우는 성격의 노인이 리더가 되었을 경우는 구성원들의 반발을 사기 쉽고, 이는 봉사활동 중단이라는 최악의 상황을 야기시키는 원인이 되기도 한다.

또한 리더가 지나치게 소극적이거나 불성실할 경우 봉사단의 활동이 존폐위기에 놓일 수도 있다.

4) 자원봉사조직이 갖는 목적의 불안정성

자원봉사조직에 있어서의 조직의 목표들은 변화하기 쉬운 것이다. 이러한 변화들은 여러 가지 방식으로 일어난다. 조직목표의 대치 또는 계승에 의한 조직목표의 변화는 사회적 환경의 압력을 민감하게 수용하는 자원봉사 조직의 특성으로서, 조직이 목표를 확장하고 수정하거나 바꾸는 조직 자체의 능력은 조직이 존속하는 과정에서 중요한 요소가 된다.

5) 조직의 투과성

자원봉사조직은 가입과 탈퇴, 재가입이 자유로운 편이며 회원자격이 불분명하여 조직의 활동에 참여하지 않는 회원을 강제할 방법을 사실상 갖고 있지 못하다.

회원들의 참여수준은 변동이 많고 회원은 임의대로 조직을 떠나기도 하며 조직에 속하지도 않는 자원봉사자도 많이 있다. 이들이 조직의 활동 참여 여부는 선택의 문제일 뿐이다.

자원봉사조직은 다양한 사회적 환경변화의 압력을 민감하게 수용하는 경향이 크다.

회원이 줄거나 기존 회원이 흥미를 상실할 수도 있고 재정적 자원을 상실할 수도 있다.

3. P-O 모형에 따른 노인자원봉사단 구성

1) 프로그램 없이 조직을 먼저 구성하는 것(IV사분면→II사분면)

어떤 활동을 할지에 대해 명확하지 않은 상태로 일단 "노인봉사단을 모집합니다."라는 식의 개괄적인 홍보를 통해 모집하는 경우로서 봉사를 하고자 하는 욕구가 있는 상태에서 모임을 조직하고, 후에 활동거리를 찾는 경우가 이에 해당한다. 또한 노인자원봉사 활성화를 위해 노인조직을 발굴하여 이 조직이 봉사활동에 참여할 수 있도록 하는 목표를 가진 접근도 이에 해당한다. 이 경우는 봉사단 회원들의 욕구조사나 조직파악 후 조직에

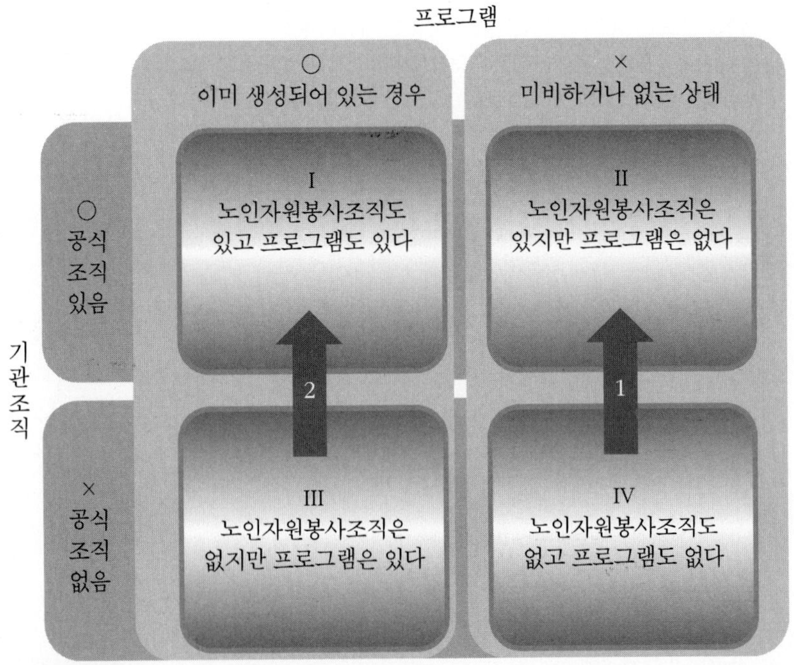

[그림 3-1] P-O 모형에 따른 조직구성

맞는 프로그램을 만들어 도입하여야 한다.

자원봉사활동에 참여하도록 동기를 부여하여 자발적인 모임으로 조직을 진행할 수 있도록 기틀을 잡아 주고, 지원해 주는 것이 실무자의 역할이다. 특히 노인봉사단을 발굴할 때는 노인이 소속된 많은 단체들을 잠재적 노인봉사단으로 바라보고, 네트워크 기술을 활용하여 접근해야 한다. 이 경우는 일반적인 자원봉사자 모집과 유사하다(제4장 p. 152의 ② '일반홍보' 참고).

(1) 기존 노인단체를 노인봉사단으로 재구성

- 자원봉사센터 자료
- 학술논문, 학술간행물
- 기관이 직접 수행한 지역연구
- 구청이나 타 정부기관 자료

(2) 어떤 정보를 구해야 하는가

- 누가 자원봉사를 하는가(사회인구학적 요인)?
- 봉사활동에 참여하는 동기가 무엇인가(노인의 봉사활동 참여 동기)?
- 어디서 봉사활동을 하는가(봉사활동의 영역)?
- 어떻게 노인자원봉사자들을 모집하는가(모집방법)?

(3) 노인자원봉사자 모집 시 고려해야 할 사항

- 개인별 모집/단체나 기관을 대상으로 집단별 모집
- 지역적 특성(도심지역/농촌지역/주거지역)
- 기관의 규모나 재정상태를 고려하여 시장조사의 범위와 방법을 결정

사례: 프로그램이 없고 조직만 구성한 경우(지역사회 일반 노인을 대상으로)

○○복지관에서는 지역사회의 노인들이 자원봉사에 참여하도록 유도하기 위해 노인자원봉사단 구성을 계획하였고, 개인마다 다양한 욕구를 파악, 이를 활동 프로그램에 반영하기로 하였다. 따라서 일단 프로그램이 없는 상태에서 노인자원봉사단 모집을 시작하였다.

봉사단은 자원봉사를 하고자 하는 노인이면 누구나 신청할 수 있도록 하였으며, 프로그램에 따른 제한이 없기 때문에 저마다 각자의 욕구를 존중받을 수도 있지만, 다양한 의견을 수렴하여 프로그램을 개발해 내야 하는 관리자의 부담은 상대적으로 크다.

노인자원봉사단을 구성한 후에 각각 희망하는 활동과 보유하고 있는 능력에 맞도록 자원봉사활동 프로그램을 개발하였다. 이는 후에 프로그램에 낮은 만족감을 나타내기도 하였다.

사례: 프로그램이 없고 조직만 구성한 경우(교육 참여 노인을 대상으로)

교육을 함께 받은 동기생끼리 동창회 혹은 봉사팀을 조직한 후, 자원봉사활동거리를 찾는 경우가 이에 해당한다. B센터에서는 노인자원봉사학교라는 형태를 통해 교육을 실시하였다. 교육 수료식날 이들은 자연스럽게 모임의 이름을 지은 후 리더를 선발, 모임을 지속시켜 나가고자 하였으며, 특히 봉사활동과 관련된 교육을 통해 맺은 인연이고, 교육을 통해 동기부여가 된 터라 자원봉사동아리로 활동을 하길 원했다. 이들은 조직을 먼저 구성하였으며, 이들이 할 만한 봉사활동거리가 있는지를 담당자에게 의뢰하였다.

Point: 종합적 비전 제시

–노인이 편하게 할 수 있는 가까운 주변부터 봉사활동의 모티브가 되도록 한다.

–노인복지관 이용 노인은 노인복지관의 모든 참여가 곧 봉사로 연결될 수 있다는 강점이 있다. 가까이에 있는 활동거리들을 여러 사람이 동일한 목적을 가지고 참여하도록 조직화하는 것이 가장 쉬우면서도 우리가 쉽게 놓치는 부분이기도 하다.

–같은 문제를 가진 사람들을 모아서 자조집단 만들기부터 시작해 본다.

–소모임을 활용해서 우선 집단을 만든다.

–소모임에서 친구 만들기나 여담을 나누는 가운데 활동으로 발전해 가도록 유도한다.

2) 프로그램이 있고 프로그램에 맞는 조직을 구성하는 것 (III사분면→I사분면)

쉽게 말해, 지역이나 기관의 욕구가 발생하여 자원봉사활동거리가 존재할 때, 이 활동을 수행할 봉사단체를 모집하거나, 신규로 단체를 조직하게 되는 것이다. 이 경우는 활동거리가 이미 존재하므로, 이 활동을 하기에 적합한 노인들을 찾아 봉사단을 구성하고, 이 봉사단이 잘 운영될 수 있도록 기틀을 잡아 주는 것이 실무자가 해야 할 역할이다.

(1) 기존의 조직과 접촉

일단 활동거리가 있을 경우, 이를 수행할 신규 봉사단을 조직하는 것보다도 활동을 할 수 있는 조직을 발굴하고 찾는 것이 오히려 효율적일 수 있다. 이때 기존의 노인단체 리스트 중에 이 활동을 할 수 있는 잠재력이 있는 조직들을 체크하여 접근해 보는 것이 첫 번째다. 환경정화를 도와줄 봉사자가 10명 정도 필요하다고 할 때, 10명의 새로운 봉사자를 모으는 것보다 기존의 노인단체에 이러한 활동에 대해 자세히 안내하고 참여할 수 있도록 동기를 부여하는 것이 효율적이다. 즉, 에너지가 덜 소비되고 신속하게 활동을 시작할 수 있으며, 기존의 조직에도 활력을 불어넣어 줄 수 있다. 반드시 새로운 조직만이 능사는 아니다. 하지만 이러한 조직은 기존의 자신들의 방식을 고수하며 봉사만을 위한 조직은 아닐 수 있어 동기강화에 신경을 써야 한다.

이러한 기존 조직을 활용하는 방식이 효과적으로 진행되기 위해서는 다음과 같은 사항을 지키는 것이 좋다.

① 노인단체 리스트 확보하기

노인단체는 퇴직자단체, 경로당, 동호회 등 수없이 많다. 이러한 노인 단체정보에 대해 알려고 노력하며, 이를 리스트로 구축하여 잘 관리해 둔다. 그리고 교육이나 봉사활동에 대한 정보를 제공하고 자원을 확보하는 데 활용한다.

② 노인단체 담당실무자나 리더들과 좋은 관계를 유지한다

노인단체의 경우 사무소가 있는 경우는 실무자나 간사가 근무하고, 사무소가 없을 경우에도 임원이나 리더가 존재한다. 이러한 노인단체 주요 인물들과 좋은 관계를 유지하는 것은 서로에게 도움이 된다. 친절하고 적극적으로 노인단체와 가깝게 지내면 일을 진행해 나가기가 더욱 즐겁고 쉬워진다.

③ 노인단체에게 수시로 정보를 제공하고, 요청하고, 초대한다

노인단체를 움직이게 하는 것은 쉽지 않을 수 있다. 하지만 지속적으로 기관이나 관련 사업에 대한 정보를 제공하고, 필요할 때마다 요청을 하라. 번번이 거절당해도 요청하라. 언젠가는 마음을 열고 변화된 모습으로 다가올지 모른다. 그리고 기관의 행사가 있을 때는 그들을 반드시 초대하라. 우리를 알릴 수 있는 기회가 된다.

(2) 일반 대상의 모집

또 한 가지 방식은 신규 노인자원봉사단을 구성하는 것이다. 이는 모집전략이 강화되는 조직구성방식이다.

① 모집을 위한 전략 세우기

- 공식적인 모집전략: 대중연설, 강연회 혹은 설명회, 프린트 홍보물을 통한 모집, 오디오/비디오를 통한 모집, 자원봉사단체 등 다른 기관을

통한 모집, 이벤트

- 비공식적 모집전략: 현재 봉사활동 중인 봉사자를 통한 모집, 오락 프로그램과 관련된 모집활동

일반적으로 노인봉사단이 먼저 조직되고 프로그램이 개발되는 O · P 과정보다는 프로그램이 개발된 후에 노인봉사단을 조직하는 P · O 과정으로 노인자원봉사활동이 전개되는 경향이 많다. 하지만 노인들이 자신들의 동기에 부합하는 봉사활동의 내용을 스스로 결정할 수 있다는 점에서는 O · P 과정이 더욱 활성화될 필요가 있다. 미국의 경우, 대학부설 노인교육기관이나 엘더호스텔과 같이 노인여가를 위한 비영리기관 등에서는 교육과 더불어 자원봉사활동을 권장하는데, 우선적으로 교육이나 여가 프로그램의 동기에 의해 모집된 노인들을 대상으로 지역사회활동에 대한 관심유도와 자원봉사활동에 관한 학습과 동기부여를 통해 스스로 봉사활동을 전개해 나갈 수 있도록 유도하는 봉사학습(service learning)을 실행하고 있다.

이러한 점에 비추어 볼 때, 복지관에서 제공되고 있는 사회교육 프로그램을 봉사학습으로 이어갈 수 있는 학습체계를 강화하거나, 대학교와 같은 전문교육기관과의 협력체계를 통해서 학습과 더불어 노인들이 스스로 봉사활동을 전개할 수 있도록 하여야 할 것이다.

사례: 평생교육기관(Lifelong Learning Institutes: LLIs)

1962년 은퇴한 공립학교 교사들을 주축으로 미국 뉴욕시의 New School for Social Research에서 평생교육기관을 설립하였는데, 1988년 엘더호스텔 네트워크와 전략적 제휴를 맺으면서 2005년에는 300개가 넘는 연합단체를 거느린 거대 노년교육기관으로 성장하였다. 이 기관은 처음에는 지역사회 대학을 중심으로 55세 이상 노인들을 대상으로 교육을 실시하였지만, 점차 사회참여를 통한 지역사회의 사회적 자원(social capital)을 증대시키려는 방향으로 미션을 확대하였다.

LLIs는 노인의 평생교육을 통한 사회참여와 사회적 자원화를 위한 전략적 운영방안을 다음과 같이 제시하고 있다.

1. 사회참여와 사회적 자원의 의미는 무엇이며, 오늘날 우리 사회에서 이들의 중요성은 무엇인가?
2. 평생교육과 사회참여에 대한 연구에서 무엇을 얻을 수 있는가?
3. 현재 진행되고 있는 다양한 연령층의 봉사학습(service learning)에서 배워야 할 것과 적용해야 할 것은 무엇인가?
4. 본 기관에서 이미 실행하고 있는 평생학습과 사회참여와의 연계 프로그램은 무엇인가?
5. 평생학습과 사회참여를 증대하기 위해서 지역사회의 유관기관들과 어떻게 연계해야 하는가?

사례: Legacy Leadership Institute Model

메릴랜드대학 부속 노화연구소에서 1988년에 개발한 프로그램으로 대학을 근거로 한 Legacy Leadership Institute의 Legacy Leadership Institute Model이 있다. 이 모델은 55세 이상 고령자나 조기퇴직자들을 대상으로 그들이 필요하고 원하는 것에 대해 전략적으로 대응하여 프로그램을 기획함으로써 다양한 동기를 충족시키고, 적절한 기술을 습득하게 하고, 학습능력을 강화시키고, 지역사회 참여를 유도함으로써 이들에게 의미 있는 기회를 제공하는 것을 목적으로 하고 있다. 이 기관의 미션은 노인들에게 과거의 지혜를 보존하고, 지식을 현재의 지역사회 욕구에 적용하게 하며, 이를 미래세대에서 전수하는 세대 간의 외교관 역할을 부여해 주는 것이다. 이 프로그램은 the Corporation for National and Community Service와 AARP로부터 1998년에서 2002년까지 재정적인 지원을 받았으며, 총 여섯 군데에서 실시되었다.

이 기관이 표방하고 있는 여섯 가지 목표는 다음과 같다.

1. 기관의 전문성을 활용하고 통합하여 55세 이상 자원봉사자들을 모집하고, 훈련시키고, 활동을 지속적으로 유지시키기 위한 전략을 구축한다.
2. 대학을 근거로 잘 훈련된 노인들이 지역사회의 욕구를 충족시켜 주기 위해 수행하는 봉사활동의 영역을 확장시킨다.
3. 베이비부머들의 기대에 부응할 수 있도록 봉사학습의 선택과 프로그램의 유연성을 증대시킨다.

4. 지역사회의 다양한 서비스 욕구를 충족시키는 데 있어서 봉사자들의 지속적인 활동을 도모하고 이를 위해 대학을 근거로 인프라를 개발하여 봉사자들의 교육 및 훈련, 보상과 인정 그리고 조정 등을 반복적으로 실행할 수 있게 한다.
5. 지역사회 유관기관들을 대상으로 베이비부머 자원봉사자들과 함께 지역사회를 위해 봉사할 수 있는 새로운 방안들을 함께 기획하고 개발할 수 있도록 협력한다.
6. 이러한 활동들로 인해 나타나는 봉사자들과 지역사회 유관기관들의 변화들을 측정하기 위한 평가기준 및 성과지표들을 개발하며, 특히 기관의 변화는 정부나 지방자치단체 혹은 민간단체의 정책변화까지도 포함한다.

결국, Legacy Leadership Institute Model은 베이비부머들에게 의미 있는 학습과 지역사회 참여의 기회를 제공하는 것을 목적으로 하고 있으며, 참여 노인들로 하여금 개인과 지역사회의 긍정적인 변화를 유도하기 위해 교육목표와 주제를 자기주도적으로 결정하고, 이를 적극적이고 지속적인 봉사활동과 연결시키도록 하고 있다.

4. 운영주체에 따른 노인자원봉사단 유형

어떤 봉사단의 경우는 기관의 개입과 간섭 없이 자발적으로 조직되어 봉사활동을 찾아서 스스로 활동한다. 이 경우는 기관의 예산 지원 없이 단체 내에서 재원을 마련하거나, 회원들의 회비를 통해 예산을 충당한다. 반면, 어떤 봉사단은 구성부터 기관에서 모집하여 운영이나 회의 관리 일체를 담당직원이 계획하고 진행하기도 한다. 이러한 봉사단은 운영예산도 기관에서 마련하고 활동거리도 기관에서 제공한다. 두 봉사단은 같은 봉사단이라는 이름표를 달고 있지만, 운영 전반은 전혀 상반된 양상을 보인다.

이같이 봉사단이 누구에 의해 주도되는가에 따라 봉사단의 유형을 구분지을 수 있다. 자원봉사 팀의 운영을 누가 하느냐에 따라 운영유형을 기관주도형과 봉사자 주도형으로 나눌 수 있다.

1) 기관 주도형

기관의 프로그램 담당 직원이 주체가 되어 활동의 기획에서부터 진행, 평가의 전 과정을 책임지며 봉사자들은 시나리오에 따라 활동만 하는 형태다. 여기서는 봉사자들의 의사가 반영되기 어려우며, 자발적 참여가 제한된다. 이러한 방식은 노인봉사단 운영 초기단계에서 많이 사용된다.

2) 봉사자 주도형

봉사자 주도형은 팀 구성원이 주체가 되어 활동의 전 과정을 책임진다. 기관의 직원은 단지 조정 역할을 한다. 이와 같은 봉사자 주도형은 개념적으로 크게 운영체계와 노인봉사자들의 자기주도성으로 구분할 수 있다([그림 3-2]). 기관의 인적, 행정적, 재정적 지원을 바탕으로 노인봉사자들의 자발성에 의해 운영되는 학습체계와 봉사활동이 이른바 운영체계이며, 노인봉사자들의 책임감, 자율성, 소속감, 리더십 그리고 열정(몰입) 등 핵심가치로 구성된 자기주도성은 이러한 운영과정을 통해서 형성되는 동시에 운영체계에 영향을 미치기도 한다. 복지영역에서는 이러한 자기주도성을 권한부여(empowerment)의 개념으로 설명하기도 한다.

노인봉사자들이 주체가 되는 운영체계는 학습체계와 봉사활동으로 구분되며, 이는 환류과정(feedback process)을 통해 강화된다. 봉사자 주도형의 학습체계는 i) 노인봉사자들의 자기주도성을 도출하기 위한 학습체계 구성, ii) 봉사자 주도형 모임의 조직체계 구축 그리고 iii) 자기주도성 향상을 위한 보수교육 등으로 구분할 수 있다. 우선, 자기주도적 학습체계는 동료들 간의 자발적인 학습체계의 구축을 목적으로 하며, 이는 각자의 수평적인 역할분담에 따른 학습체계(예, A봉사자는 A′영역을, B봉사자는 B′영역을 학습하여 발표하는 형식으로 학습토론에 참여한 모든 봉사자들이 다양한 영역들

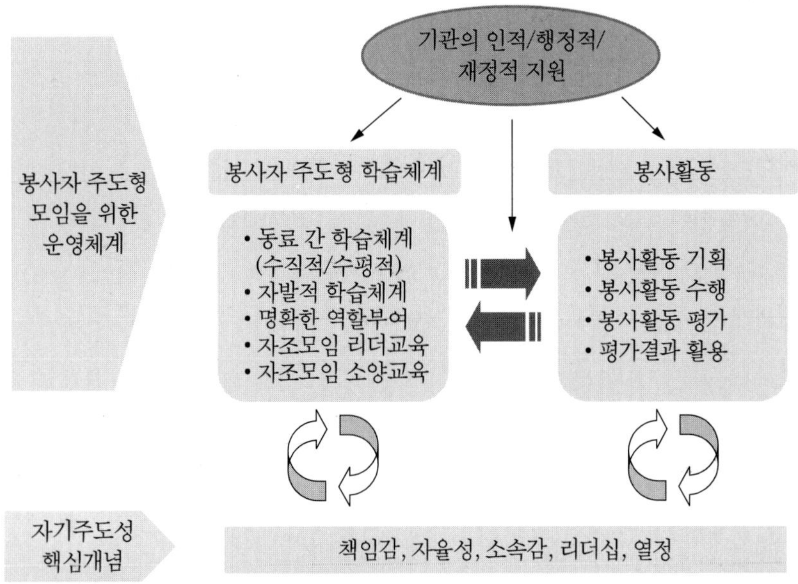

[그림 3-2] 봉사자 주도형 개념모형

에 대해 학습함)와 수직적 학습체계(예, 1기 노인봉사자들이 2기 노인봉사자들을 교육시킴) 등 이른바 동료 간 학습체계(peer learning system)를 구축하는 것이 필요하다. 또한 참여 노인들이 자발적으로 자신의 학습 영역들을 선정하고 몰입할 수 있는 학습체계가 필요한데, 이는 개별 노인들의 능력이나 동기 등을 십분 활용하여야 하며, 인정과 보상 등 다양한 인센티브를 통해 이러한 자발성이 강화될 수 있도록 하여야 할 것이다.

이를 위해서는 봉사자 주도형 모임의 구성이 중요한 역할을 하는데, 우선 모임의 리더 역할이 매우 중요하다. 리더는 모임의 이해관계를 대변하고 변호할 수 있는 능력, 구성원들의 기술을 계발하고 활용할 수 있도록 개별 구성원들을 지지하고 격려할 수 있는 열정, 개별 구성원들의 생각과 모임 전체의 생각을 조율할 수 있는 능력, 모임의 활동과정을 수행할 수 있는 능력, 모임의 전반적인 활동내용에 대한 지식, 구성원들이 일에 집중할 수 있게 도와줄 수 있는 능력, 구성원들이 추구해야 할 역할모델(행동, 가치관, 열정, 활동)을 제시해 줄 수 있는 능력 등을 갖추어야 하며, 성공적인 자기주도적 모임을 운영하기 위한 리더의 역할은 막중하다. 그렇기 때문에 리더와 기관(혹은 실무자)과의 원활한 교류는 필수적이며, 리더의 역량 강화를 위한 교육을 실시할 필요가 있다. 이와 같이 리더의 역할 이외에도 모임 내에서 구성원들의 역할이 명확하게 부여되어야 할 필요가 있다. 부여된 역할 내에서 자신이 무엇을 해야 하는지를 명확히 인지하게 됨으로써 책임감과 자기결정력을 충분히 발휘할 수 있으며, 일에 대한 열정과 몰입을 유도할 수 있을 것이고, 이를 통해 구성원들의 소속감과 일에 대한 만족도를 높일 수 있다. 또한 구성원 전체를 대상으로 한 자기주도성 개념에 대한 교육을 실시하여 자신이 속해 있는 모임의 특성이 무엇인지를 이해함으로써 공감대를 형성하게 하며, 모임이 어떻게 운영되고 전개될 것인지에 대한 전략적 내용은 물론 향후 모임의 방향성을 스스로 모색할 수 있도록 해야 할 것이다. 이러한 자기주도적 학습체계를 바탕으로 노인봉사자들이 스스로 봉사활동을 기획하고, 수행하며, 평가할 수 있도록 한다. 또한 평가결과를 활용하여 학습체계에서 이를 보완 · 수정할 수 있도록 하는 이른바 환류과정(feedback process)을 거칠 수 있도록 한다.

이와 같이, 봉사자 주도형 모임을 운영하기 위해서는 기관의 역할이 매우 중요하며, 단순한 인적, 행정적, 재정적 지원으로만 그치는 것이 아니다. 담당 실무자는 정보제공, 갈등해결, 행정적 지원, 인정과 보상 제공 등 조정자로서의 역할을 수행해야 하며, 이를 위해서는 정기적 혹은 비정기적 모임에 참여하고, 리더는 물론 개별 구성원들 간의 소통이 이루어져야 한다. 특히, 실무자들은 시간에 대한 인내심으로 갖고 기다릴 수 있어야 하며, 간혹 봉사자 주도형 모임에 도전적인 과제를 제시할 필요가 있다.

〈표 3-1〉 운영주체에 따른 노인자원봉사단의 유형 비교

	기관 주도형	봉사자 주도형
개념	기관의 프로그램 담당 직원이 주체가 되어 활동의 기획에서부터 진행, 평가의 전 과정을 책임지며, 봉사자들은 시나리오에 따라 활동만 하는 형태	팀 구성원이 주체가 되어 활동의 전 과정을 책임지고, 기관의 직원은 조정자의 역할 • 직원의 역할 – 직원은 조정자의 역할 * 봉사활동 관련 정보 제공 * 문제발생 시 개입 * 행정지원(도움필요 시 공문발송 등) * 교육 · 인정과 보상 · 편의 제공 – 직원과 봉사단체와의 커뮤니케이션 역할 (정기성/비정기성) * 정기모임 참석(상황발생 시, 필요에 따라, 욕구발생 시) * 봉사자 대표와 수시로 커뮤니케이션 * 행정적 지원 등 발생 시 커뮤니케이션
특징	모집, 예산, 교육 면 유리	참여자의 자율성 확대 면에서 유리
장점	운영 초기단계에 유리	관리자 입장에서 업무 효율적
단점	• 봉사자의 의사반영 어려움 • 자발적 참여 제한 • 의존적 성향 큼 • 기관의 정책에 좌우됨 • 관리자의 업무부담 큼 • 예산부담 큼	문제가 리더에게서 발생 시 조정의 어려움 발생

노인자원봉사단의 자기주도성척도(Self-directed Team Functioning Inventory)

Arnold와 동료들(2000), Van Duzer & McMartin(2000)의 연구에서 개발된 것으로 총 14개 문항의 4점 척도(1: 전혀 그렇지 않음; 4: 매우 그러함)로 구성되었음. 본 척도는 내적 신뢰도 알파값이 0.854로 표준화된 척도로 활용할 수 있음. 미국 The National Council on the Aging에서 자기주도성 향상을 목적으로 실험적인 노인자원봉사 프로그램인 Wisdom Works Program이라는 프로젝트에서 활용한 결과 자기주도성 평균점수는 3.18로 나타남(N=90)

문항	전혀 그렇지 않음	그렇지 않음	그러함	매우 그러함
1. 우리 팀에서는 다른 구성원들의 생각을 존중하고, 열린 마음으로 대해 주었다.				
2. 우리 팀의 일부 구성원이 거의 모든 일들을 수행하였다.(R)*				
3. 우리들은 결정하기 전에 모든 구성원들의 의견을 들으려고 노력하였다.				
4. 우리들은 갈등상황이 발생했을 때 상호 대화를 통해서 해결하려고 노력하였다.				
5. 우리 팀은 처음에 명확한 계획없이 일을 시작하는 경향이 있었다.(R)*				
6. 우리 팀에 내가 소속되어 있다는 사실이 나를 더욱 열심히 일할 수 있게 하였다.				
7. 우리 팀은 협동을 통해서 일을 더 잘하게 하는 방법을 찾아내는 능력이 있었다.				
8. 우리 팀은 개별 구성원의 능력에 따라 다른 역할을 수행했다.				
9. 우리 팀은 일에 집중하거나 스케줄에 맞게 일하는 데 어려움이 있었다.(R)*				
10. 우리가 필요한 자원을 얻기 위해 다른 사람들과 잘 협상하였다.				
11. 우리 팀은 일을 수행하는 데 있어서 매우 효율적이었다.				
12. 우리 팀은 모든 구성원들이 합의를 보는 데 어려움이 있었다.(R)*				
13. 우리 팀에서는 스스로가 할 일들을 결정하였다.				
14. 우리 팀은 일을 위해 필요한 기술과 지식을 가지고 있었다.				

(R)*은 응답의 신뢰성을 높이기 위하여 반대의 의미로 질문한 것이기 때문에 점수계산을 할 경우 (5−해당 점수)로 계산하여야 함

5. 노인자원봉사단 조직을 위한 네트워킹

네트워크는 인간의 욕구나 사회문제를 해결하려는 과정을 다른 욕구와 자원 간의 교환을 통해서 이루려는 것이라 할 수 있다. 즉, 우리 조직이 충분히 할 수 있지만 다른 어떤 조직이 더 잘할 수 있는 자원을 가지고 있다면 자원의 교환이 가능한 시장에서 서로의 자원을 교환하는 것이 훨씬 더 효율적이며 효과적이라는 것이다. 그렇기 때문에 네트워크를 형성하고자 할 때 만나는 조직들은 서로의 목적을 공유하고 그 목적을 위해서 상이한 자원을 가지고 있는 조직들이다.

인간은 자신이 지니고 있는 자원을 다른 사람들의 그것과 교환함으로써 보다 높은 만족을 추구하려는 욕구와 바람을 가지고 있다. 이러한 교환은 단순한 맞교환의 의미를 넘어서서 나와 우리 조직이나 단체의 욕구와 문제해결이 다른 개인과 조직의 자원과 교환했을 때 더 많은 효과와 성과물을 낳을 수 있다는 관점의 전환을 의미한다.

네트워킹(networking)은 네트워크가 가능하도록 개인들 사이(interpersonal), 또는 개인과 조직 사이, 조직과 조직 사이(inter-organization)에 사회적 관계를 구축하고 유지하는 상호작용적인 활동을 의미한다. 따라서 네트워킹은 네트워크 형성을 위한 목적의식의 한 과정이라 할 수 있다.

노인자원봉사단을 관리함에 있어서도 네트워킹은 아주 중요한 기술이며, 이것 없이는 일을 진행해 나가는 데 의미가 없다.

1) 네트워킹(연계)의 보기

- 잘 만들어진 홍보우편물과 전화
- 단체 내 모집활동을 도와줄 수 있는 사람 물색

- 목표 단체 전원을 대상으로 자신의 기관에 방문을 요청하는 초대장 발송
- 필요시 설명회 진행, 경험담 나누도록 함
- 함께 마케팅하고 계획 수립하는 것
- 실제 참여자를 보여주는 방법도 긍정적
- 프로그램 유무에 따라 전략 차이 있음
  - 프로그램 있는 상태에서 그룹 찾아감
  - 프로그램 없는 상태에서 그룹 찾아감: 그룹 연구 및 관찰 필요

사례: 합동재개발이 한창 진행 중인 지역에서의 조직활동

합동재개발과정에서 발생하는 가난한 세입자의 문제는 다종다양하게 존재할 수 있다. 임시 거주시설과 안정적인 주거마련 등 자신들의 권리를 획득하기 위한 활동과 함께 철거과정에서 심리·정서적인 불안과 스트레스, 정신적·신체적 질병, 탁아를 포함한 자녀양육에서 오는 문제, 아동들에게 가해지는 정서적 학대와 가족기능 저하의 문제 등 여러 차원의 문제가 발생한다.

사회적인 서비스 영역이 필요한 가족과 자녀 그리고 개인적이거나 집단적인 심리·정서적 문제는 네트워크 방법을 통해 해결하는 것이 보다 유용하다. 즉, 위의 각 문제들을 부분적으로나마 해결할 수 있는 전문적 자원들을 동원하여 각각의 문제 해결을 꾀할 수 있다는 것이다. 지역 내에 아이들의 건전한 교육문제를 전문적으로 다루는 사람들 및 주민들의 심리적 불안정 상태를 치유할 수 있는 전문적 자원 등을 활용한 네트워크를 구성하여 이 문제에 공동으로 대응함으로써 문제의 해결 및 완화를 기대할 수 있다.

2) 네트워크 형성 시 고려할 사항

(1) 네트워크의 수준을 결정하자

네트워크를 구성함에 있어 흔히 빠지기 쉬운 위험은 결합도가 높은 것이 무조건 바람직하다고 생각하는 것이다. 하지만 협력과 조정과 합작, 이 세 가지는 해결하고자 하는 문제나 달성하고자 하는 조직의 목적에 따라 그 형태가 결정되어야 하는 것이다. 경우에 따라서는 협력의 형태가 바람직할 수도 있고, 다른 경우에는 합작의 형태가 보다 바람직할 수 있다. 그리고 네트워크를 구성할 각 단체 등의 역량에 따라서도 그 형태가 결정되어야 할 것이다. 즉, 네트워크를 통해 각 단체 등에 요구하는 책임과 과제의 수준이 자신의 단체에서 수행할 역량이 되는 것인지를 판단해야 한다.

(2) 각 조직 간을 조정 · 중재할 수 있는 능력을 체크하자

지역사회는 우리가 예상하는 것보다 훨씬 더 경쟁적이고 정치적인 힘으로 움직여지는 곳이다. 네트워크는 유사한 조직일 수도 있지만 상이한 조직들 간의 연계가 기본적이기 때문에 이들 조직 간의 경쟁과 정치적 역학관계에 대한 사전 지식 없이는 사실상 원만한 공동작업이 힘들다. 형성하고자 하는 네트워크 영역에 대한 명확한 인식을 확립하고 이를 어떻게 유지하며, 각종 자원을 제공하는 사람들 및 조직들과 어떻게 연계할 것인가 하는 것은 조직의 능력에 달려 있다. 이러한 환경 속에서 각 조직들은 정치적 역학관계를 조정할 수 있어야 하며 네트워크 영역에 대한 합의를 이끌어 내고 협상할 수 있어야 한다. 또한 네트워크 참여 구성원들 간의 갈등을 해결해 나갈 수 있는 능력이 있어야 한다. 즉, 기능별로 연계되어 있으면서 각기 다른 성향과 목적을 지닌 단체 및 조직들 간에 적절한 역할분담과 불필요한 경쟁을 조정할 수 있는 능력이 필요한 것이다. 따라서 네트워크 형성이나 참여 이전에 반드시 자신의 조직이 이러한 능력을 갖추고 있는가를 체크해야 한다.

(3) 초기에는 서로의 긴밀한 관계형성이 중요하다

네트워크의 형성에 있어서는 초기과정이 무엇보다 중요하다. 많은 조직들은 네트워크를 형성하려고 할 때, 보통 '공동의 행사'를 진행하곤 한다. 서로에 대해서 경험하지 않은 상태에서 일회적인 공동의 행사를 추진하는 방법은 각 참여조직이 과도한 하중을 받게 될 위험이 있다. 또한 결과물을 공유하는 과정에서 항상 예상하지 못했던 조직 간 경쟁과 어느 한 조직 중심의 독주가 발생할 우려 역시 있다. 따라서 네트워크 형성의 초기에는 일회적인 공동행사를 추진하는 것보다, 먼저 각 조직구성원들 간의 개별적인 욕구를 충족시켜 줄 수 있는 프로그램을 기획 · 진행하는 것이 바람직하다. 각 조직이 하중을 덜 받을 수 있는, 어느 특수한 영역의 상호작용을 위한 가벼운 정보교류 모임 정도를 형성하면서 대면적(對面的)인 상황을 많이 만들어 참여구성원 간의 친밀감을 형성할 수 있는 모임을 갖는 것이 보다 바람직하다. 이러한 배려가 필요한 이유는 한 번 실패한 네트워크 경험이 다시 복구되기 위해서는 매우 어려운 과정을 거쳐야만 하기 때문이다.

(4) 네트워크 영역: 공유하여야 할 부분을 체크하자

보통 네크워크를 구성하기 위해 각 구성원(단체)들이 공유하여야 할 요소로는 ① 공동의 문제인식, ② 그러한 문제인식을 갖고 있는 지역주민(대중), ③ 문제 해결을 위한 조직기술, ④ 문제가 공유되는 지리적 범위(catchment area), ⑤ 재정적 · 비재정적 자원 등의 다섯 가지를 들 수 있다.

이러한 공유부분을 체크하기 위해 먼저 지역에 있는 다른 조직 및 자원들에 대한 현황파악이 우선되어야 할 것이다. 즉, 각 조직 및 행정기관, 복지시설, 자생적 주민조직(관변단체 포함, 아파트 부녀회 등) 등이 관심을 가지고 있는 영역 및 보유하고 있는 전문적 기술 및 자원 그리고 활동의 특징 등에 대해서 사전에 알아보는 것이 좋다. 경우에 따라서는 이러한 각 자원들이 한자리에 모여, 자신들이 가지고 있는 인적 · 물적 · 기능적 자원 그리고 주요 관심사 및 활동의 특징 · 영역 등에 대해 서로 교류하는 것도 좋은 방법이다. 이러한 교류를 통해 각자는 필요한 때에 꼭 필요한 네트워크 구성을 제안할 수 있으며, 서로서로 보완적인 활동들을 전개해 나갈 수 있을 것이다.

(5) 과업환경을 체크하자

과업환경(task environment)은 조직과 단체 등이 놓여 있는 경제적 · 정치적 · 인구통계학적 · 사회적 조건을 말한다. 이러한 과업환경은 조직이나 단체 등의 정책과 실천의 양태에 큰 영향을 미친다. 따라서 네트워크에 참여시키려는 각 조직이나 단체 등의 과업환경을 체크하는 것은 적절하고 효율적인 네트워크 형성에 도움을 준다.

이러한 과업환경을 체크함에 있어 제일 먼저 해야 할 사항은 자신의 조직에서 최고 의사결정권자를 비롯한 조직구성원들이 네트워크를 과업으로 설정하였는지 체크하는 것이다. 그래야만 네트워크 형성 업무를 맡은 실무자가 실제적인 책임과 권한을 갖고 일을 추진할 수 있기 때문이다. 다음 단계는 만나고자 하는 조직의 과업환경을 체크하는 것이다. 흔히 어떤 사안에 대해서 어느 정도의 합의가 이루어졌다고 판단되는 경우에도 실제로 많은 조직들은 그 합의에 대해 각기 다른 나름대로의 과업환경 속에서 사고하고 실천하는 것을 확인할 수 있기 때문이다. 만약 그 조직이 네트워크 형성을 과업환경으로 설정하지 않았다면, 의사결정의 권한을 갖고 있는 사람이나 그 조직 내에서 필요한 기능 및 자원을 갖고 있는 사람을 찾아가 설득하는 것도 한 방법일 수 있다.

(6) 사회적 교환을 합의하자

사회적 교환(social exchange)은 네트워크를 구축하고 유지하는 데 있어 필수적이며 보편적인 것이라 할 수 있다. 물론, 지역사회에서 자원의 교환은 경제적 교환에서처럼 동일한 단위로 측정할 수 없다. 그러나 네트워크에 참여할 단체 등에 대해 자원의 교환을 통해 각자가 충분히 성과를 얻을 수 있다는 점을 입증할 필요가 있다. 자원의 교환에 투여되는 자원은 단순히 경제적으로 지출된 비용뿐만이 아니라, 각 단체 등이 지출하는 인력 및 각종 자원, 그로 인한 사회적 위험 등을 포함한다.

또한 자원을 교환하고자 할 때 공동활동의 성과물이라 할 수 있는 사회적 가치에 대한 합의가 있어야 한다. 지역에서의 활동은 구체적이고 가시적인 성과를 확인하기 힘든 경우가 많다. 따라서 네트워크 형성을 통한 활동의 사회적 가치에 대해서 미리 합의함으로써, 공동노력 이후 상호 간의 긴장과 갈등을 예방할 수 있을 것이다.

(7) 평등한 관계를 구축하자

네트워크를 형성하여 각자의 자원을 교환할 때 발생할 수 있는 문제점 중의 한 가지로 특정한 단체의 독주를 들 수 있다. 이러한 문제의 원인은 특정 단체가 타 단체에 비해 보다 많은 자원을 투입하기 때문이다. 즉, 비대칭적인 자원교환이 이루어지기 때문이다. 이렇듯 교환할 자원의 차이가 발생하여 일방의 주도성이 두드러지게 나타나면, 성과의 공유에 대해서도 차별적일 것이라는 불안이 자연히 생겨난다. 이러한 문제는 상호 간에 긴장과 갈등을 유발하기도 한다. 따라서 일차적으로는 네트워크에 참여하는 각 단체들이 교환용으로 내놓는 자원들에 대한 가치를 판단하지 않는 것이 좋다. 각자는 네트워크를 통한 과제 수행에 꼭 필요한 자원들을 내놓는 것이기 때문이다.

평등한 관계를 유지하느냐의 여부에 가장 크게 영향을 미치는 요인은 재정과 실무의 제공 정도라 할 수 있다. 보다 많은 재정을 지불하고 네트워크를 유지 · 운영하기 위한 실무역할을 주로 하는 단체가 네트워크 내에서 주도적인 위상을 차지하는 것이 보통이다. 이러한 문제점들을 보완하기 위해서는 실무 역할을 맡을 각 단체의 네트워크 파견자가 파견 받은 단체의 대표성을 갖고 실무 역할을 수행할 수 있어야 하며, 이들 간에 명확한 역할분담을 할 수 있도록 해야 할 것이다. 또한 재정도 가능하면 공평하게 분담하는 것이 좋으나, 각 단체의 재정사정에 따라 다르므로, 재정을 각 단체가 투입하는 하나의 자원으로만 바라보는 시각도 필요하다. 따라서 각 단체가 분담하는 재정, 실무에 필요한 인적 · 물적 자원, 기술 등에 대해 질적 우열을 두지 않고, 각자의 장점을 공평하게 분담하는 것으로 합의해야 한다. 이러한 합의가 가능하기 위해서는 네트워크를 구성하는 각 단체들이 모두 적극적으로 네트워크 내에서 역할을 수행하려는 자세를 가져야 한다.

(8) 상호작용의 원칙 등에 대한 합의

주민조직이 지역의 타 단체 등과 네트워크 형성을 시도할 때, 일차적으로는 자발적이며 비공식적인 형태로 진행하곤 한다. 초기에는 이렇듯 네트워크에의 참여와 진행이 비공식적으로 이루어질 수 있으나, 네트워크의 상호작용이 고도화되고 단체 간의 상호협조와 상호작용이 좀 더 밀접해짐에 따라서 더욱 공식적인 형태로 네트워크가 발전되기도 한다. 이런 때를 대비하기 위하여 네트워크를 구성하는 단체 등은 규약이나 규칙들 그리고 상호작용의 절차들을 정하는 것이 바람직하다. 그리고 가능하면 이를 문서로 규정하는 것도 좋은 방법이다. 문서로 규정하는 것은 서로를 불신하기 때문이 아니라, 문제가 불거졌을 때 서로에게 보다 명확한 지침이 될 수 있기 때문이다.

지역사회에서 네트워크를 형성한다는 것은 지역의 다양한 자원들을 파악하여, 각 자원들이 유기적인 관계를 맺도록 함으로써 지역사회에서 보다 효율적인 활동들을 할 수 있도록 하기 위함이다. 따라서 네트워크의 형성은 기본적으로 지역사회 자원발굴과 그 활용을 바탕으로 이루어지는 것이다. 그런데 네트워크는 일방적인 자원활용과 달리 상호 같은 목적으로 평등한 관계를 통해 이루어지는 것이라는 또 다른 특징을 갖는다.

네트워킹의 유대 가운데 가장 중요한 것은 가치관이다. Lipnack과 Stamps(1996)는 그 가치관을 치료, 공유, 자원이용, 새 가치 창조, 학습, 성장, 진화 등 일곱 가지로 정리하고 있다.

네트워크의 단점으로 들 수 있는 것은 행동의 제약, 네트워크의 폐쇄화, 경쟁자 배양, 대안의 필요, 네트워크 간 경쟁심화 등이다.

네트워크의 장애요인으로는 업무과다, 기관에 대한 정보부족, 기관 프로그램에 대한 정보부족, 타 분야에 대한 인식부족과 갈등, 기관장의 인식부족, 실무자의 인식부족, 지역사회 내 필요기관부족 등을 꼽을 수 있다.

미국 the United Way의 기관연계관리 원칙
(Guiding Principles for Managing Agency Relationships in the Transition to Community Impact)

- 당신이 필요하다고 생각하는 것보다 더 명확하고, 더 개방적으로, 더 자주 의사소통하라.
- 기관의 직원 및 자원봉사 리더들과 자주 의사소통하고 대화할 수 있는 기회를 만들라.
- 기관 리더들의 참여를 촉진하고 존중하라.
- 새로운 진보를 위한 계획과 지역사회 이슈에 관한 전략을 개발하는 데 있어 기관 리더들의 전문적 의견을 간과하지 마라.
- '더 좋은 것'에 집중함으로써 기관이 더 큰 그림을 볼 수 있게 도우라.

- 더 넓은 비전과 지역사회에 이익을 가져올 것에 초점을 맞추라.
- 이사회가 기관의 저항에 대응할 수 있도록 준비시키라.
- 이사들은 항상 변화의 뒤에 있으며, 기관 직원과 자원봉사 리더에 의한 변화가 감지될 때 그 사례에 대해 말할 수 있음을 기억하라.
- 지역사회의 상태에 맞추라.
- 무엇이 당신의 지역사회를 위하는 것인가를 결정하라.
- '두려운 요인'을 주의하라. 하지만 정직하라.
- 어떤 분야가 주목을 받게 되면 다른 프로그램은 우선순위에서 밀리게 된다. 정직하게 맞서라. 비록 그것이 나쁜 소식일지라도.
- 변화의 고통을 완화하는 방법을 모색하라.
- 변화, 다년간의 자금지원, 지원신청이 진행되는 동안 그리고 자금지원 제한이 감소 또는 없어지는 동안에 후원 사이클의 확대와 같은 대안을 고민하라.

제 4 장

노인자원봉사관리

Senior Volunteering Management

자원봉사는 저절로 이루어진다고 생각할 수도 있겠지만, 실상은 그렇지 않으며, 자원봉사를 촉진하고 관리하는 역할이 필요하다. 어떤 기관에서는 자원봉사자의 활동이 활발하고 오랫동안 봉사자가 머물며 활동하는 경우가 있는가 하면, 자원봉사자가 활동을 시작해도 오래지 않아 그만두게 되거나, 심지어 봉사자를 찾아볼 수 없는 기관들도 있다. 이러한 차이는 어디로부터 기인하는 것일까? 바로 자원봉사관리에 해답이 있다. 자원봉사자를 어떻게 관리하는가에 따라 자원봉사 프로그램의 성패가 좌우된다고 해도 과언이 아닐 것이다. 특히 노인자원봉사활동 관리는 보다 세심함이 요구된다. 노인들이 활동을 통해 보람을 찾으면서 지역사회도 도움이 될 수 있도록 하는 것이 바로 관리자의 역할이다. 따라서 본 장에서는 실천 현장에서 직접 적용과 활용이 가능토록 하기 위하여 1) 프로그램 준비단계, 2) 프로그램 실행단계로 구분하여 실천적 측면에서의 경험적 근거와 다양한 사례를 통해 보다 쉽게 이해할 수 있도록 구성해 보았다.

1. 노인자원봉사관리자의 역할

노인자원봉사관리자는 노인들이 참여할 수 있는 자원봉사 프로그램의 기획, 모집, 면접, 배치, 교육, 프로그램 운영, 평가 등 전반적인 노인자원봉사와 관련된 업무를 담당하는 자를 지칭한다. 사실 노인자원봉사자만을 전담하여 담당하는 실무자는 아직까지 많지 않다. 노인들만으로 구성된 봉사단을 관리하는 경험은 많지 않아도, 봉사단의 일부 구성원으로 노인이 포함된 봉사단을 관리해 본 경험은 있을 것이다.

최근 노인자원봉사를 활성화하기 위한 노인자원봉사 프로그램을 운영하는 기관이 증가하고 있고, 노인자원봉사단체의 구성도 활기를 띠어 가고 있어 노인자원봉사 전담 실무자들도 점차 늘어나고 있다. 이러한 노인자원봉사관리자의 역할은, 노인자원봉사자가 가진 특성을 잘 살려서 조직의 사명과 자원봉사 프로그램의 목표를 달성하고, 무엇보다 노인자원을 개발하고 목표 성취에 대한 가능성을 촉진하는 것이다. 노인자원봉사관리자가 이러한 역할을 하기 위해서는 전문기술과 자질을 갖추어야 한다. 풍부한 경험과 전문지식이 기반이 되어야 잘할 수 있는 것이 자원봉사관리업무이지만, 우리 사회에서는 아직도 자원봉사관리와 운영에 대해 전문적인 지식이나 기술이 필요하다는 생각이 보편화되어 있지 않다.

그렇다면, 과연 노인자원봉사관리자의 역할은 어떤 것일까?

자원봉사관리자의 역할과 활동업무에 대해 김영호(1997)는 다음과 같이 열여섯 개의 항목으로 자세하게 제시하고 있다.

- 자원봉사센터, 사회복지기관, 시설, 기타 지역사회의 다양한 기관과 단체들에 대해 자원봉사활동에 대한 관심을 유발시키고 봉사자들을 친절하게 받아들이며 협조 분위기를 조성하는 역할

- 자원봉사자를 육성하기 위한 총체적 계획을 입안하고 소그룹 리더를 지도 · 지원하는 역할
- 자원봉사활동 신청자를 위한 접수 · 오리엔테이션 워커(intake-orientation worker)의 역할
- 자원봉사자와 클라이언트의 연결 · 조정자(배치 · 조정자)의 역할
- 자원봉사자의 변화욕구와 각 개인의 특성을 파악하고 그들의 능력을 발휘할 수 있는 기회를 제공하고 지원하는 역할
- 자원봉사자와 전문적 신뢰관계를 바탕으로 자원봉사활동의 상담자로서 자원봉사자 자신의 문제 상담과 해결을 위한 측면에서 지도 · 지원하는 상담자의 역할
- 자원봉사센터에 소그룹과 지역사회의 여러 집단을 필요에 따라 조직화(networking)하고 그 집단이 자율적 · 민주적으로 활성화할 수 있도록 지도 · 지원하는 조직자 혹은 지원자의 역할
- 소그룹 모임의 커뮤니케이션 과정 속에서 회원들이 커뮤니케이션 과제의 본질적 의미와 집단의 존재가치를 올바로 인식하고 활동과정상의 문제처리능력을 향상시키는 해설자 또는 전문 지도자의 역할
- 자원봉사자 또는 소그룹 리더를 위한 교육 훈련자(계속교육 포함)의 역할
- 소그룹 모임의 사례발표, 토의방법, 평가 등을 지도 · 지원하고 자원봉사자가 자원봉사활동의 가치를 깨닫고 공감하며 감동, 충족감, 기쁨과 보람, 감사하는 마음, 자신감과 신바람을 느끼고 자원봉사활동을 계속 유지 · 발전시킬 수 있도록 격려하는 격려자 · 평가자 · 촉진자의 역할
- 자원봉사센터와 지역사회 내의 여러 소그룹의 가치 창조적 공동목표(공동과제)를 설정하고, 필요시 타 집단(조직)과 상의할 수 있는 협의체를 구성하여 협동노력에 의해 목표를 달성할 수 있도록 지원하는 촉진자 또는 교섭자의 역할
- 자원봉사활동의 활성화를 위하여 소그룹 모임 또는 협의체와 지역사

회 내외의 타 지원체계와의 연결과 협동 그리고 관계형성을 위한 매개자의 역할
- 자원봉사활동 프로그램의 연구개발자 및 평가지도자의 역할
- 자원봉사센터의 사업방향을 계획하고 자문하는 자문자 또는 조정자의 역할
- 소속기관 이외의 자원봉사활동을 활성화하기 위한 자문 · 지원자의 역할
- 자원봉사자가 초기의 활동업무를 스스로 선택하고 실천과정에서 창조적이고 협동적인 능력을 향상시킬 수 있도록 도와주고 소그룹과정을 통한 학습체험을 가정과 지역사회생활에 응용 · 적용하여 민주복지 공동체문화를 창조할 수 있도록 지도 · 지원하는 역할

Dunn(1995)은 자원봉사관리자들은 다음과 같은 책임을 져야 한다고 주장했고, 현외성(2004)은 이 내용을 자원봉사관리자의 역할로 볼 수 있다고 하였다.

- 지역사회, 조직 혹은 기관에 있어서 자원봉사자들을 위한 적절한 과업과 역할을 찾도록 도와준다.
- 업무설계와 기관정책의 수립
- 예산개발 및 감시
- 클라이언트에 관한 이해, 클라이언트가 요구하는 서비스 그리고 사람들이 자원봉사자가 되고자 하는 동기부여 요인들의 개발
- 자원봉사자들이 모집 · 심사 · 선정된 후 업무와 연결된다는 것을 확신시켜야 한다.
- 자원봉사자가 제공할 수 있는 서비스들을 확인하기 위해서 직원들과 함께 일할 수 있어야 한다.
- 자원봉사자들은 그들이 제공하는 서비스에 대한 보수를 받지 않기 때

문에 다른 보상체제가 이용될 수 있고 그들에게 특별한 관심을 기울이고 있다는 것을 확신시킬 필요가 있다.

위의 내용들을 실제경험에 적용하여 노인자원봉사관리자의 역할을 정리해 보면 다음과 같다.

- 지역사회의 다양한 기관과 단체들이 노인자원봉사활동에 대한 관심을 가질 수 있도록 유도하고, 노인자원봉사에 대해 인식할 수 있도록 하는 역할
- 노인자원봉사자를 육성하기 위한 총체적 계획을 입안하고 노인자원봉사리더를 지도 · 지원하는 역할
- 노인자원봉사자들을 친절하게 받아들이며 자원봉사신청, 상담, 연결, 배치, 교육, 인정, 슈퍼비전 등을 제공하는 역할
- 노인자원봉사자의 변화욕구와 각 개인의 특성을 파악하고 그들의 능력을 발휘할 수 있는 기회를 제공하고 지원하는 역할
- 노인자원봉사활동 프로그램을 연구하고 개발하는 역할
- 노인자원봉사자와 전문적 신뢰관계를 바탕으로 자원봉사활동의 상담자로서 자원봉사자 자신의 문제 상담과 해결을 위한 측면에서 지도 · 지원하는 상담자의 역할
- 지역사회의 욕구에 따라 노인자원봉사단체를 조직화하고 그 단체가 자율적 · 민주적으로 활성화할 수 있도록 지원하는 역할
- 노인자원봉사단체에서 회원들이 원활하게 커뮤니케이션을 할 수 있도록 돕는 역할
- 노인자원봉사활동의 활성화를 위하여 지역사회 내외의 타 지원체계와의 연결과 협동 그리고 관계형성을 위한 매개자의 역할
- 노인자원봉사자들이 활동을 통해 노후생활의 의미와 가치를 찾고, 이를 통해 보람 있는 노후를 영위할 수 있도록 돕는 역할

위에서 제시한 역할 외에도 노인자원봉사관리자가 해야 할 역할은 다양하며, 상황에 따라 융통성을 발휘해야 하는 부분도 있다.

자원봉사관리업무를 수행함에 있어서 원칙을 준수하는 것은 가장 기본이 되며 중요하다. 하지만 이를 제대로 수행했다고 하여도 좋은 관리자가 되기에는 부족하다. 무엇보다 따뜻한 가슴과 자원봉사자를 진심으로 대하는 마음가짐과 태도는 자원봉사자들에게 감동을 줄 수 있는 바탕이 된다. 간혹 지나치게 사무적인 자원봉사관리자의 태도는 자원봉사자에게 자칫 상처와 서운함을 주게 되는 경우도 있다. 작은 것에 감동하고, 작은 것에 실망하고, 노여워하는 것이 노인자원봉사자다. 따라서, 노인자원봉사자를 대함에 있어서는 디테일한 관찰을 통해 섬세함과 따뜻함, 친절한 태도로 대하는 것이 필수적이다.

관리자는 별로 중요치 않다고 생각하여 간과한 것이 자원봉사자에게는 치명적인 상처가 되어 활동을 중단하는 경우도 종종 발생하는데, 이는 자원봉사 관리자의 태도가 자원봉사자의 활동을 지속시키는 데 얼마나 중요한지를 보여 주는 예다. 따라서 노인자원봉사관리자의 역할을 수행함에 있어 능력과 업무 중심적으로 자원봉사자를 대하기보다, 그들을 존중하고, 이해하는 마음과 표현을 하는 것이 노인자원봉사관리자의 기본자세임을 잊지 말아야 할 것이다.

자원봉사자 설문조사: 관리자의 이런 모습에 봉사자는 힘이 난다

1위. 직원들이 모두 반겨 줄 때
2위. 따뜻한 격려의 말 한마디를 해 줄 때
3위. 변함없는 태도로 대해 줄 때
4위. 관리자가 밝은 표정으로 미소를 지어 줄 때
5위. 나의 활동이 얼마나 가치 있는 일인지 깨우쳐 줄 때
6위. 경험이 많아 자신의 사례를 많이 이야기해 줄 때 / 칭찬해 줄 때

7위. 이름을 기억하고 불러 줄 때
8위. 안부전화를 줄 때
9위. 교육을 받을 수 있도록 지원해 줄 때
10위. 공연에 초청해 줄 때
11위. 간식을 챙겨 줄 때
12위. 생일 또는 기념일에 감사카드를 줄 때
13위. 할인쿠폰을 줄 때
14위. 신문이나 소식지에 기사를 게재해 주었을 때
　　나에게만 특별한 선물이나 말을 해 줄 때
　　표창을 받을 수 있도록 추천해 주었을 때

자원봉사자 설문조사: 관리자의 이런 모습에 봉사자는 힘이 빠진다

1위. 무시하고 있다는 생각이 들 때(짜증 내는 말투)
2위. 명령조로 이야기할 때
3위. 형식적(사무적)으로 대할 때
4위. 활동에 대한 아무런 평가가 없을 때
5위. 자신이 해야 할 업무를 떠맡길 때
　　체계 없이 활동시킬 때
6위. 서비스를 받는 대상자에게 함부로 대할 때
　　사전에 아무 말 없이 업무가 바뀌거나 담당자가 바뀔 때
　　약속을 지키지 않을 때
7위. 안 된다는 말만 늘어놓는 원칙주의자
8위. 봉사자는 챙기지 않고 직원들끼리만 간식 등을 먹을 때
　　활동 진행상황이나 업무를 봉사자보다 모르고 있을 때
9위. 봉사자의 이름을 기억하지 못할 때
10위. 봉사자보다 일을 더 못할 때
　　음담패설 잘하는 관리자
　　일을 맡겨 놓고 참견할 때(요구가 많을 때)
11위. 실수에 대해 질책할 때
　　항상 자리에 없을 때
12위. 행사 끝나고 기념품을 자원봉사자들보다 직원들 것부터 챙길 때

> 13위. 봉사자가 활동하는 날이라는 것을 잊고 있을 때
> 항상 피곤해 보이는 관리자
> 14위. 지저분한 모습
>
> *어상의 내용은 부천시자원봉사센터에서 자원봉사자 100명을 대상으로 설문조사한 결과다.

2. 프로그램 준비단계의 관리

1) 집짓기의 시작은 주춧돌: 운영규정 만들기

조직을 관리하는 데 있어서 운영근거가 없으면 일관성 있게 일을 추진하는 데 많은 어려움을 겪게 된다. 자원봉사자를 관리하는 기관에는 자원봉사자 관리에 지침이 되는 운영규정과 정책이 문서화되어 있어야 하며, 자원봉사단체에서는 원활한 단체 운영을 위해 회원들의 의견을 반영하여 민주적으로 제정된 회칙이 필요하다. 이렇게 자원봉사자의 활동사명과 목표, 세부적인 관리방법에 대해 기술한 방침을 자원봉사 운영규정 또는 자원봉사 관리방침이라고 한다. 관리의 주체가 기관이 아닌 봉사단체의 경우는 회칙이 이에 해당한다고 볼 수 있다. 하지만 실천 현장에서 일을 하면서 운영규정이나 회칙은 권위적이고 행정 중심이라는 사고로 인해 불필요하다 생각하고 소홀히 하는 경향이 있다. 그러나 목적 중심의 지속적이고 일관성 있는 운영을 위해서는 운영규정이나 회칙은 없어서는 안 된다. 따라서 이 장에서는 운영규정 또는 회칙을 보유하지 못하여 발생한 사례와 운영규정 또는 회칙이 준비된 상태에서 문제가 해결된 사례를 함께 살펴보고, 실제 기관에서 활용하고 있는 운영규정과 회칙의 특징을 살펴보았다.

먼저 자원봉사조직을 관리하고 운영하는 데 있어 운영규정이나 회칙이

왜 필요한지에 대해 기관의 입장과 회원의 입장에서 정리해 보면 다음과 같다.

(1) 운영규정의 개념

자원봉사활동을 활성화하고 효과적으로 관리하기 위해 자원봉사활동의 사명과 목표, 세부적인 관리방법에 대해 기술한 방침을 자원봉사 운영규정 또는 자원봉사 관리방침이라고 한다.

(2) 운영규정의 필요성

① 기관의 입장

- 기관의 사업방향 및 봉사단의 구체적 활동(안) 제시
- 봉사단 활동 제한(부정적 활동 시 동아리 해체 항목 명시)
- 회원의 활동 제한(부적절한 활동 시 개인 회원 자격 박탈 항목 명시)
- 회원 자격 제한(특수한 목적을 위해 회원의 자격기준이 필요할 시)
- 책임범위 명시(개인의 책임과 기관의 책임 구분)

② 회원의 입장

- 본인의 활동목표 설정
- 본인의 역할과 책임 인식
- 회원 간 갈등요인 감소
- 회원 스스로 안전사고 예방
- 회원의 권익보장

(3) 운영규정 및 회칙에 포함되어야 할 사항

- 기관(단체의) 명칭, 사명, 목적
- 자원봉사활동의 목적, 내용
- 센터의 자원봉사 관련 기본 원칙
- 자원봉사교육 및 오리엔테이션
- 자원봉사 위기관리 방안
- 자원봉사자 활동시간 인정기준 및 절차, 방법
- 탈퇴 및 해임기준
- 직원(임원)의 기준 및 역할
- 자원봉사 인정과 보상(자원봉사자에 대한 혜택)
- 자원봉사자의 활동영역 구분(해당 또는 해당하지 않는 영역)

회칙의 중요성을 보여 주는 사례

◑ 회칙이 없어서 발생한 사례

- 통번역노인봉사단의 금전적 보상에 관한 사례

통번역 자원봉사활동을 하고 있는 F노인봉사단은 무료로 통번역 자원봉사활동을 해 왔다. 하지만 중소기업이나 개인이 번역을 요청하는 사례가 늘고 있어 이에 대해 소액의 사례금을 받을 것을 권유받는 경우가 종종 생겼다. 이에 대해 회원들은 회칙이 부재하여, 상황에 따라 어떻게 대처해야 할지에 대해 판단을 내리기 어려웠으며 봉사단의 활동사례비에 관한 문의전화에도 명쾌한 대답을 하지 못해 어려움을 겪어야 했다. 결국 F봉사단은 활동에 대한 사례비에 대한 조항을 넣어 회칙을 제정하게 되었다.

◑ 기 작성된 회칙운영에 의해 해결된 사례

- 회원의 활동 제한 및 자격기준

– 발생문제: 등산봉사단에서 활동하는 회원 중 신체적 기능이 등산에 적합하지 못하여 등반활동 시 안전사고의 위험 및 타 회원들에게 불안감을 조성하는 등의 폐를 끼치는 ○○○ 회원에게 동아리 활동 포기를 권유하였으나 본인의 의지가 강하여 탈퇴하지 않았다.

－회칙을 통해 회원의 활동 제한 및 자격기준 명시: 신체적 건강함을 증명할 수 있는 서류(건강진단서 또는 전문의 소견서)를 제출한 자로 회원 자격기준을 명시한 결과, 신체적으로 등반에 적합하지 못한 회원들은 자격기준에 미달되어 봉사단에서 탈퇴되었으며, 비회원과 회원과의 엄격한 구분을 통해 비회원의 무분별한 참여 방지 및 안전사고를 예방할 수 있었다.

그렇다면 노인자원봉사단을 운영하면서 운영규정이나 회칙에서 갖추어야 할 주요 내용은 무엇인지에 대해 알아보자. 서울시 ○○기관의 사례를 통해 어떠한 절차에 의해 제정되었으며, 어떠한 내용들을 포함하는지에 대해 알아보겠다.

운영규정이나 회칙에서 제1장 제1조에는 봉사단 명칭을 기술하고, 제2조에는 봉사단 구성에 대한 목적을 기술하며, 제3조에는 구체적인 활동내용을 중요도순이나, 아니면 활동정도에 따라 순서대로 정리한다. 제4조에는 봉사단 회원의 자격조건을 기술하는데, 통상 회원을 정회원과 준회원 등으로 구분하여 정하는 경우도 있다. 제5조에는 봉사단 운영방법 등을 기술하는데 운영의 원칙, 임원의 구성과 역할을 구체적으로 기술하고, 활동내용을 기술한다.

제2장은 봉사단의 설립과 해지에 관한 내용으로서, 제6조에는 봉사단의 설립과 등록에 관한 사항을 어떠한 절차를 통해 추진하는지에 대해 기술한다. 제7조에는 봉사단을 해산해야 하는 경우에는 어떻게 해야 하는지를 기술한다.

2) 자원봉사업무의 쉬운 이해를 위한 친절한 도우미: 업무기획

자원봉사자를 관리하는 데 있어 업무기획이라는 개념은 익숙하지 않을

〈표 4-1〉 업무설명서

	노인복지관(%)	자원봉사센터(%)	전체(%)
1. 업무설명서 마련되어 있음	3(7.9)	3(14.3)	6(10.2)
2. 업무설명서 마련되어 있지 않음	13(34.2)	12(57.1)	25(42.4)
3. 업무설명서 부분적으로 마련되어 있음	22(57.9)	6(28.6)	28(47.5)

수 있다. 프로그램 개발과 기획보다 좀 더 디테일한 개념으로 자원봉사자가 해야 할 역할과 과정, 방법, 자격 등에 대한 상세한 기획을 자원봉사업무기획이라고 한다. 자원봉사관리자는 자원봉사자가 해야 할 업무를 적절하고 명확히 기획한 후에 자원봉사자에게 임무를 부여해야 한다.

물건을 구입하면 해당 제품에 대한 상세한 정보와 사용법, 주의사항 등이 적혀 있는 제품설명서가 있는 것처럼 자원봉사업무에 대한 각종 정보와 설명이 담긴 문서가 바로 업무설명서다. 자원봉사센터와 노인복지관에 업무설명서가 마련되어 있는지에 대한 설문의 응답(〈표 4-1〉)을 보면 마련되어 있지 않거나 부분적으로 마련된 경우가 많다. 그만큼 반드시 해야만 하는 중요한 업무로 인식되지 않고 있는 것이 사실이며, 혹 업무설명서의 필요성을 알고 있더라도 시간여건상 문서화하지 않은 경우도 있다. 업무기획은 전혀 새로운 업무로 받아들일 필요가 없으며 그저 프로그램과 관련된 사항을 업무별로 나누어 정리하는 작업이라고 보아도 좋다. 처음에 마련하는 것이 번거롭게 느껴질지 모르지만 이를 체계화시켜 활용한다면 관리자와 자원봉사자 모두에게 큰 도움이 될 것이다.

(1) 업무기획의 개념

업무기획이란 자원봉사자의 활동내용, 자격조건, 책임구분, 활동기간 등에 대해 명확하고 구체적인 내용을 계획하는 것이다. 한마디로 특정업무에 대해 일목요연하게 세분화하여 한눈에 볼 수 있도록 정리하는 것이다.

이는 자원봉사자에게는 활동에 대한 이해를 쉽게 하고 관리자에게는 자원봉사자를 관리하는 데 체계적인 업무의 도구로 활용될 수 있다.

(2) 업무기획의 필요성

① 자원봉사업무의 명확한 정보를 제공한다

자원봉사에 참여하고자 희망하는 봉사자가 찾아왔을 때, 이들에게 적합한 자원봉사활동에 대한 정보를 제공하는 것은 자원봉사관리자의 역할이다. 이때, 그저 머릿속에 있는 수요처 정보를 체계없이 말한다면, 듣는 이는 제대로 이해하지 못해 활동에 대한 정보수집에 어려움을 겪을 수 있다. 이때 업무설명서 한 장으로 활동에 대해 신속하고 편리하게 이해시킬 수 있다. 특히 어르신들에게는 자원봉사정보를 전달할 때 직원의 말을 통해서만 하는 것보다는 업무설명서를 활용하는 것이 더욱 효과적일 수 있다.

② 자원봉사자관리의 기준이 된다

봉사활동마다의 업무설명서를 작성해 두면 해당 업무에 대한 표준지침이 세부적으로 마련되는 것이므로 자원봉사자 모집, 배치, 교육 시에도 이를 토대로 진행할 수 있다. 또한 업무설명서는 체계적인 봉사자 관리를 위해서도 효율적일 뿐만 아니라 봉사활동 중에 발생될 수 있는 갈등상황에 있어서도 중요한 판단근거가 될 수 있다.

③ 자원봉사자에게 자긍심을 부여한다

봉사자에게 명확한 업무를 규정해 줌으로써 주인의식, 소속감, 책임감을 강화하여 맡은 바 직무에 자긍심을 가지고 활동할 수 있도록 한다.

④ 직원과 자원봉사자의 역할을 구분해 준다

자원봉사자의 역할이 명확히 구분되지 않은 채 직원이 상황에 따라 봉사자의 업무를 부여하게 되면 자원봉사자는 직원의 심부름이나 잡무를 도와준다는 생각을 가질 수 있다. 직무설계를 해 놓으면 봉사자도 자신의 고유한 업무에 대해 이해하고 활동에 대한 만족감과 인정감을 한층 높게 가질 수 있으며 직원과 자원봉사자의 역할이 명확해진다.

업무설명서가 없어서 겪은 실패 사례

S노인은 전직교사로 퇴직 후 그간 베풀지 못하며 살았다는 생각에 지금부터라도 자원봉사활동을 해 보려던 차에 B문화기관에서 하는 박물관 자원봉사자 양성과정에 대한 안내문을 보게 되었다. 몇 달에 걸쳐 전문적인 전시해설자 교육을 받은 후 박물관안내활동을 시작하게 된 S노인의 활동내용은 박물관을 견학하는 학생들을 인솔하며 해설해 주는 것이었다.

그러나 활동은 시작하였지만 활동에 대한 체계적인 관리에 대한 안내를 전혀 받지 못하였으며, 업무설명서는 구경도 못해 보았다. 활동시간에 대한 협의 없이 활동을 시작하였고, 시간적인 여유가 많은 S노인은 직원처럼 거의 매일 출근하다시피하며 의욕적으로 봉사활동을 하였다. 생물교사로 평생을 일했던 S노인은 전공지식을 발휘하며 자신감에 차서 활동을 하였다. 그러고는 자신은 직원보다 더 열심히 일하는 봉사자라고 말하고 다녔다. 또한 박물관 직원이 자신의 학교후배라는 이유로 직원으로서가 아닌 후배로서 대하였다. 급기야 자신의 개인적인 모임회원들을 박물관 내에 데리고 들어와 교육장에서 식사를 하며 박물관이 시끄러워졌다. 이를 발견한 직원들에게 좋지 않은 소리를 듣게 된 S노인은 자원봉사를 직원처럼 열심히 해 왔던 자신에게 이럴 수는 없다며 직원과 다투기 시작하였다. 결국 S노인은 박물관 봉사활동을 그만두게 되었다.

박물관에서는 박물관안내활동에 자원봉사자를 활용하면서도 업무설명을 명확히 해두지 않았고 이러한 부실한 관리체계로 인하여 봉사자 또한 활동에 대한 자세나 주의하여야 할 점 등에 대해 인지하지 못하였다. 박물관과 박물관안내활동에 대한 업무설명서 한 장이 사전에 준비되어 있고 이것이 S노인의 활동 전에 공유되었더라면 S노인은 지금도 열정적인 전시해설봉사자로 활동하고 있었을 것이다.

(3) 업무기획 내용

업무기획 시에는 활동내용에 대한 구체적인 정보, 즉 활동명, 활동내용, 활동목적, 책임 및 권한, 활동자격, 활동시간, 활동장소, 교육훈련, 관리체계, 혜택 등을 기록해야 한다.

〈표 4-2〉 업무설명서 내용

업무설명서 작성내용	
활동명	자원봉사자 업무의 명칭이나 직책
활동목적	업무를 수행함으로써 성취하고자 하는 바
활동내용 및 역할	활동목적 달성을 위해 봉사자가 수행해야 하는 내용
자격	자원봉사자가 그 직무를 성공적으로 수행하는 데 필요한 기술
관리체계	자원봉사관리자가 누구인지, 담당자 기재
훈련제공	자원봉사자가 주어진 과업을 수행하는 데 받아야 할 훈련
혜택	자원봉사활동을 통해 얻을 수 있는 것
소요시간	업무를 수행하는 데 소요되는 시간
활동기간	업무수행기간
해고조건	자원봉사자가 반드시 지켜야 할 기관의 정책이나 규정을 명시
평가	활동에 대해 어떤 부분을 어떤 방법으로 평가할지에 대한 내용
담당자 연락처	직원의 연락처

(4) 업무기획 조정

업무기획은 한 번 세워지면 절대 불변하는 원칙이 아니며, 직무의 만족과 관련하여 지속, 개선, 소멸될 수 있다. 필요한 부분은 추가되어야 하고, 불필요한 부분은 삭제되어야 하며, 업무내용 자체가 새롭게 변할 수도 있다.

이때 자원봉사자의 의견은 매우 중요하다. 자원봉사자는 업무를 통해 동기화되기 때문이다. 자원봉사자의 의견이 반영된 업무기획은 그들의 자긍심과 주체성을 강화시킬 뿐 아니라 업무에 대한 이해를 더욱 높일 수 있다.

따라서 지속적인 자원봉사자와의 의사소통 및 평가를 통해 업무설명서를 조정해 나가야 한다.

업무 재기획 사례

시각장애인들의 급식에 사용될 음식을 배달하는 푸드뱅크 차량자원봉사 활동을 하던 B노인. 운전봉사만 하고 음식을 옮기는 일은 공익근무요원의 일이었다. 하지만 얼마 후 공익근무요원이 제대를 하고 난 후 후임요원을 받지 못하게 되었다. 결국 B노인은 본인이 기존에 하던 운전 이외에 음식을 나르는 일까지 추가로 맡게 되었다. 차량봉사활동에 음식전달업무가 추가되어 업무가 확대된 것이다. 따라서 이 기관에서는 차량봉사활동과 관련된 업무설명서에 음식전달업무가 추가된 것을 명시하여 업무를 조정하게 되었고, 이후 자원봉사자들에게 안내를 할 때도 조정된 업무설명서를 활용하게 되었다.

업무설명서 예시: ○○○자원봉사센터의 '무선 페이징 점검활동'

직책	• 무선 페이징 시스템 기기점검 봉사자
목적	① 독거노인의 무선 페이징 시스템을 점검함으로써 위급상황에 대비할 수 있도록 돕는다. ② 또래의 노인들을 통해 활동을 실시함으로써 정서적 지원도 이루어질 수 있도록 한다. ③ 노인에 의한 노인복지 서비스를 실천한다.
활동내용 및 역할	• 월 2회 배치된 독거노인 가정(2곳)에 방문하여 무선 페이징 시스템 점검 • 기기를 점검하며 독거노인들의 생활상태를 살피고 활동일지에 기록하며 특이한 사항은 담당자에게 알림
자격	• 활동일지를 작성해야 하므로 한글 읽기, 쓰기가 가능한 어르신 • 독거노인들의 친구가 되어 줄 수 있는 따뜻한 마음을 가진 60세 이상의 어르신 • 거동을 자유로이 할 수 있는 신체 건강한 어르신 • 독거노인 가정에 방문하여 피해를 주지 않고 배려할 줄 아는 매너 있는 분 • 대상자로 하여금 신뢰를 받을 수 있는 성실하고 책임감 있는 분
관리 체계	• ○○○자원봉사센터 자원봉사관리자 ○○○

훈련 제공	• 프로그램 취지 및 관리방침 오리엔테이션 • 기초교육: 자원봉사의 기초, 자세, 인간관계훈련 • 기술교육: 무선 페이징 시스템 점검방법, 기기고장 시 대처방법, 활동일지 작성법 • 활동중간 보수교육 제공
혜택	• 자원봉사자활동비 지급(1회 활동 시 3,000원) • 지원봉사상해보험에 가입 • 자원봉사자증 지급 • 활동 시 자원봉사자용 조끼 제공 • 자원봉사인증서 발부 • 외부교육에 참여할 수 있는 기회 제공 • 소방서와 연계하여 위임장과 우수봉사자에게 감사장 제공
소요 시간	• 매월 2회 정기 실시 • 1시간 정도 • 월별 자원봉사자회의 개최
활동 기간	• 2000년 4월~2000년 12월 • 최소 4개월 이상 실시
해고 조건	• 시스템 점검을 정확히 수행하지 못하였을 시 • 활동일을 지키지 않았을 시 • 대상자의 사생활이나 비밀을 노출 시
평가	• 활동일지에 근거한 총 활동시간 • 이상이 생긴 시스템을 발견하여 수리를 받도록 하였던 실적 • 시스템 고장으로 문제가 야기된 적이 있었는지의 여부 • 대상자의 질적 평가
담당자	• ○○○자원봉사센터 ○○○ • ○○○소방서 ○○○

3) 노인자원봉사 소문 내기: 홍보와 모집의 전략

노인인구는 초고속으로 늘어가고 있다는데 자원봉사를 할 만한 노인은 어디에 있는 것일까? 노인자원봉사자를 모집하기 위해 여기저기 현수막을 부착하고, 리플릿을 배포하여도 별다른 모집성과를 얻어 내지 못해 실망한 경험을 가지고 있지는 않은가? 열정을 가지고 노력한 만큼 모집과 홍보의 효과는 커질 수 있겠지만, 무엇보다도 홍보와 모집에는 전략이 필요하다는 것을 느끼게 된다. 세상의 건강한 노인들이 모두 자원봉사를 하는 그날까지 그들을 움직이기 위한 모집홍보는 계속되어야 한다.

(1) 노인자원봉사자 모집 · 홍보의 개념

자원봉사자 모집은 지역사회의 문제를 효과적으로 해결하기 위해 잠재된 유용한 인적자원을 찾고 발굴하는 활동으로, 자원봉사 프로그램을 실행하기 위한 전제가 된다. 이는 잠재적인 자원봉사자를 실제 자원봉사자로 이끌어 내는 견인차의 역할을 하는 중요한 과업이다.

이와 유사한 개념으로 자원봉사자 홍보는 전하고자 하는 어떤 메시지를 다양한 경로와 매체를 활용하여 특정한 대중과 지속적으로 상호작용, 의사소통함으로써 그 대중과 특정한 지식 또는 감정을 공유하는 일련의 과정을 의미한다. 이렇게 엄연히 다른 개념의 모집 · 홍보를 분리해서 사용해야 정확하겠으나, 여기서는 유사개념으로 이해하고 함께 설명하며 사용하도록 하겠다.

(2) 노인자원봉사자 모집 · 홍보의 특성

성공적인 자원봉사 프로그램을 운영하기 위해서는 효과적인 모집이 선행되어야 한다. 자원봉사자의 참여는 저절로 이루어지는 것이 아니라는 말이 있다. 노인자원봉사관리에 있어서는 이 말을 더욱 절감하게 된다. 아무런 노력 없이 가만히 기다리면서 노인자원봉사자가 스스로 찾아오기를 기대하기란 어렵다.

예산을 투여하면서까지 다양한 홍보사업을 실시하고 있다지만, 모집되는 노인자원봉사자의 인원은 왜 소수에 불과한 것일까? 이는 노인자원봉사자의 모집 · 홍보에 있어서는 일반 성인이나 청소년과는 다른 노인의 특성에 대한 이해를 바탕으로 한 차별적인 접근을 하지 않았기 때문이다.

① 정보습득 경로가 제한적이다

최근 IT 강국으로 급성장한 우리 사회에서 인터넷을 통한 홍보는 저비용의 효과적인 홍보창구로 활발히 활용되고 있다. 하지만 노인세대의 인터넷 사용비율은 아직 저조하며, 정보를 빠르고 손쉽게 습득할 수 있는 경로가 차단되어 있다. 여러 곳에서 노인을 대상으로 정보화교육을 실시하고 있지만, 인터넷은 노인자원봉사자를 모집하는 데 있어 아직까지는 큰 효과를 기대하기 어려운 수단이다. 노인자원봉사자를 모집하는 효과적인 홍보방법에 대한 설문결과(표 〈4-3〉)를 보면 인터넷이나 웹진을 통한 모집은 거의 전무한 것을 확인할 수 있다.

따라서 노인자원봉사자를 모집하기 위해서는 온라인보다는 오프라인상의 홍보에 주력할 수밖에 없다. 하지만 인터넷을 사용하는 소수의 노인들이 지금도 존재하고 앞으로는 비록 더욱 늘어날 것이므로 인터넷을 통한 홍보도 간과해서는 안 될 것이다.

② 특정한 노인들이 정보를 독점하는 경향을 보인다

노인복지관이나 자원봉사센터에서는 노인자원봉사자를 모집하거나 신규 프로그램에 참여신청을 받을 경우 이미 활동을 하고 있는 노인들이 또 다른 활동에도 관심을 나타내고 참여를 원하는 모습을 쉽게 볼 수 있다. 이는 특정한 노인들이 정보를 독점하고 있다는 것과 잠재적인 참여 노인들에게 정보를 실질적으로 제공하지 못했다는 것을 나타내고 있다고 해석할 수 있다. 이미 활동 중인 노인들이 새로운 활동에 참여하는 것은 활동 영역이 넓어짐으로 인해 다양한 경험을 하게 되는 장점과 동시에 기존 활동에 대한 집중도를 저하시키는 부작용을 낳기도 한다. 또한 신규 노인자원봉사자의 참여를 저해하는 요인으로 작용할 수도 있으므로 때에 따라서 적절한 기준을 가지고 기존의 봉사자들이 활동을 독점하지 못하도록 제한하는 것

특정 노인들의 정보독점 사례

○○노인복지관에서 활동하는 M노인 외 5명의 노인들은 최근 복지관에서 말벗봉사자를 모집한다는 소식을 듣고 참여신청을 하여 말벗활동을 시작하였다. 얼마 후 문화재지킴이활동, 산정화활동, 도시락배달활동 등의 신규 프로그램이 진행되고, 각각의 프로그램마다 봉사자들을 모집하는 중에 M노인 외 5명의 봉사자는 새로운 프로그램에 추가로 자원봉사활동을 하겠다고 신청해 왔다. 결국 같은 봉사자들이 활동을 중복적으로 확대수행하게 됨으로써 많은 노인들이 자원봉사에 참여할 수 있는 경로가 차단되는 것과 동시에 봉사활동의 집중도가 떨어지는 현상이 나타났다. 그래서 ○○노인복지관에서는 결국 노인봉사자들에게 1인당 두 개 이하 정도의 활동에 참여해 줄 것을 권유하게 되었다.

이 필요하다. 이미 활동에 참여하고 있는 노인들에게 2차적인 정보를 제공하는 것도 필요하지만, 잠재적인 자원봉사자를 새로이 발굴하는 데 주력하는 것이 바람직하겠다.

③ 인맥과 소개를 통한 모집이 효과적이다

노인자원봉사자 모집의 경로는 〈표 4-3〉을 보면 기존 자원봉사자를 통한 모집이 가장 효과적이라는 것을 알 수 있다. 봉사활동에 대해 아무리 홍보하고 권유하더라도 잘 알지 못하는 낯선 사람의 권유라면 일단 의심하고 무시하는 반응을 보이는 노인들이 많다. 이때 믿을 만하고 신뢰관계가 있는 누군가로부터 자원봉사를 함께 하자고 권유받게 되면 훨씬 설득력이 높아지고 참여를 유도할 수 있는 확률이 높아진다.

일단 봉사활동을 시작한 노인이 보람을 경험하고, 활동에 대한 만족감을 느끼게 되면 강요하지 않더라도 노인들 스스로 주변의 배우자나 친구, 지인들에게 활동을 권유하여 참여시킨다. 따라서 가장 중요한 것은 봉사 프로그램이 우수해야 한다는 것이다. 여성 노인의 경우는 이웃 노인들과의

〈표 4-3〉 노인자원봉사자 모집 시 효과적인 방법

모집 시 효과적 방법	노인복지관(%)	자원봉사센터(%)	전체(%)
TV, 라디오 등 영상매체	1(2.6)	1(5.0)	2(3.5)
신문, 잡지, 정기간행물, 인쇄매체	6(15.8)	6(30.0)	12(20.7)
노인 단체, 경로당	–	1(5.0)	1(1.7)
기존 자원봉사자	18(47.4)	7(35.0)	25(43.1)
구청, 동사무소 행정기관의 협조	1(2.6)	3(15.0)	4(6.9)
인터넷, 웹진	–	–	–
캠페인, 이벤트	–	–	–
종교 및 사회단체	1(2.6)	1(5.0)	2(3.5)
공공게시판	6(15.8)	–	6(10.3)
기타	5(13.2)	1(5.0)	6(10.3)

연대의식이 높은 경향을 보이고 남성 노인의 경우 퇴직자단체나 친목회 등의 모임에 참여하는 경우가 많다. 특히 노인단체의 리더나 경로당 회장의 경우 노인들의 모임에 영향력을 행사할 수 있으므로 이들을 활용하는 방법도 무척 효과적이다.

따라서 노인자원봉사자 한 명 한 명이 노인자원봉사 홍보대사라는 인식을 가지고 봉사활동에 대한 홍보를 할 수 있는 메신저의 역할을 공식적·비공식적으로 부여하는 것도 노인자원봉사자 모집에 있어 효과적인 방법 중 하나일 것이다.

(3) 기존 노인자원봉사자 모집·홍보 방식의 한계

노인자원봉사자들은 자발적이고 적극적인 의지를 가지고 봉사활동을 스스로 찾아나서기도 하지만 대부분은 그렇지 않다. 이러한 노인들에게는 다양한 홍보를 통해 활동내용과 방법, 이점 등에 대한 정보를 제공함으로써, 더욱 효과적으로 자원봉사 참여를 촉진할 수 있다.

기존의 노인자원봉사자 모집은 기관이나 지역사회의 욕구에 따라 프로그램을 먼저 기획한 후 해당 프로그램에 참여할 자원봉사자를 모집하는 방식이 대부분이었다. 이는 잠재적인 봉사자의 욕구를 파악하지 않은 상태에서 프로그램이 기획된 후 봉사자를 모집하기 때문에 그만큼 참여를 희망하는 봉사자를 효과적으로 모집하기가 어렵다. 지역문제 해결을 위해 절대적으로 요구되는 프로그램일지라도 이를 수행할 봉사자가 모집되지 않는다면, 아무 의미가 없다.

한국 노인들의 자원봉사활동 참여율이 선진국에 비해 저조한 원인 가운데 하나가 자원봉사자 홍보가 제대로 이루어지지 못하기 때문이라는 지적도 있다. 노인을 자원봉사에 참여할 수 없는 노인과 활동이 가능한 잠재적인 봉사자로 구분을 한다면 홍보는 바로 그 잠재적인 봉사자에 초점을 두어야 한다. 잠재적인 노인자원봉사자들이 자원봉사활동에 참여하지 않는 이유는 다양하겠지만, 크게 이들의 동기와 욕구에 맞는 활동이 부재하고, 홍보와 모집이 효과적으로 이루어지지 않기 때문으로 볼 수 있다. 충분한 능력과 기술을 갖춘 전문직종의 은퇴자와 같은 우수한 예비 봉사자들과 경제적 · 사회적으로 소외된 노인들을 자원봉사의 현장으로 유인하기 위해서는 이전과는 다른 모집전략이 필요하다. 즉, 잠재적 노인봉사자를 소비자로 보고 마케팅 원리를 이용하는 적극적인 모집방법이 강구되어야 한다(이금룡, 1999).

(4) 노년기 자원봉사활동의 참여과정

노인들이 어떻게 봉사활동에 참여하는지 경로를 이해하는 것은 노인자원봉사자 모집을 위한 차별적이고 효과적인 방법을 수립하는 데 바탕이 된다.

노인들이 자원봉사활동에 참여하게 되는 과정을 살펴보면, 다음과 같다.

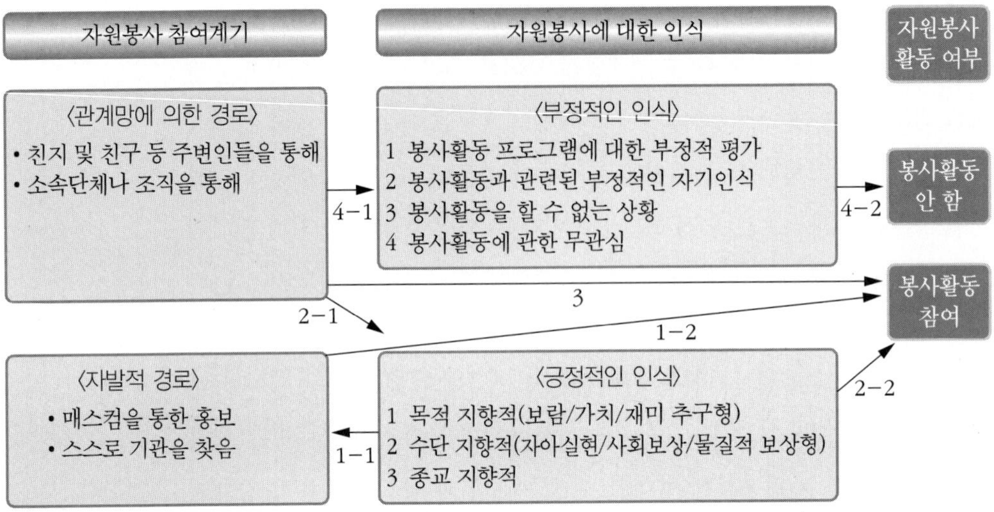

[그림 4-1] 자원봉사활동 참여에 관한 메커니즘 모형

자원봉사에 참여하기로 결정하는 것은 개인의 인식과 환경에 기인한다. 이를 예상함으로써 자원봉사자를 끌어들이고 이를 근거로 표적을 선택하는 것이 필요하다.

노인이 자원봉사에 참여하게 되는 경우

① 주변의 친구나 친지 혹은 소속되어 있는 기관이나 단체에서 봉사활동을 권유하였을 경우(2-1 → 2-2)

② 자발적으로 매스컴의 홍보를 보거나 스스로 봉사활동을 주도하는 기관을 찾아오는 경우(1-1 → 1-2)

③ 비록 자원봉사활동에 대한 인식이 형성되어 있지 않지만, 주변인이나 소속기관의 권유에 의해 별다른 생각 없이 자원봉사활동에 참여하게 되는 경우(3)

노인이 자원봉사에 참여하지 않는 경우

① 주변인의 권유는 있지만 자원봉사활동에 대한 부정적인 인식을 갖고 있거나 현실적으로 불가피한 사정이 있을 경우(4-1 → 4-2)

② 아무도 요청하지 않은 경우

[그림 4-1]의 도표를 근거로 살펴보면, 노인이 자원봉사에 대한 부정적인 인식을 가지고 있거나 봉사활동에 대한 요청이 없을 경우는 자원봉사에 참여하지 않게 된다.

여기서 노인의 자원봉사에 대한 부정적인 인식은 여러 가지 원인이 있을 수 있다.

- 봉사활동의 프로그램이 마음에 들지 않을 때
- 봉사활동과 관련하여 자신을 과소평가한다거나 어울리지 않는다는 생각이 들 때
- 봉사활동이 사치나 부담으로 느껴질 때
- 봉사활동 자체에 대해 무관심할 때

따라서 자원봉사에 대한 부정적인 인식을 가진 노인들에게는 모집과 홍보단계에서 자원봉사의 긍정적인 면을 부각하여 이들의 인식을 변화시킬 필요가 있다.

다음으로 자원봉사활동에 대한 정보를 전혀 듣지도 못하고, 권유받아 보지도 못한 경우가 있다. 노인자원봉사활동은 관계망을 통한 참여가 많은 편이지만 이에 전적으로 의존해서는 안 된다. 봉사를 하고 싶어도 방법을 몰라 참여하지 못하는 많은 잠재적 노인봉사자들은 우리가 정보를 전해 주기를 기다리고 있다. 따라서 자원봉사의 적극적인 홍보는 아무리 강조해도 지나치지 않다.

(5) 노인자원봉사자 모집 · 홍보의 유형

노인자원봉사자의 참여가 요구되는 활동이 생기거나, 지역사회 및 기관, 혹은 노인들의 욕구로부터 자원봉사자가 필요한 프로그램이 개발될 때, 이를 수행할 적절한 봉사자를 확보하여야 한다. 이때 어떤 사람들을 어떻게

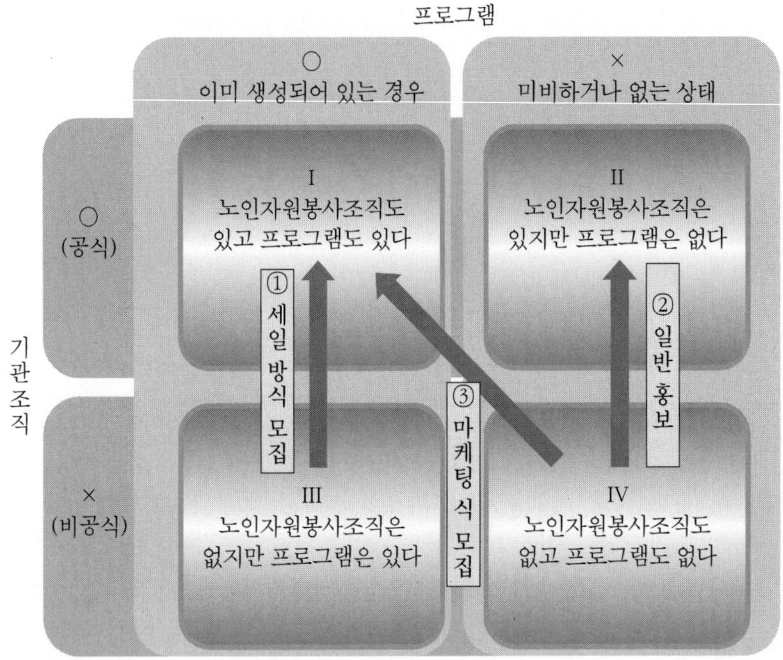

[그림 4-2] 자원봉사자 모집 · 홍보 유형 모형

찾아내어 활동에 참여시킬 것인지에 대한 계획과 방법을 수립하는 것은 필수적이다. 특히 각각의 상황에 맞는 적절한 모집 · 홍보 전략을 수립하고 실행하는 것이 중요하다.

자원봉사자 모집 · 홍보 유형은 프로그램과 자원봉사조직(개인)의 유무에 따라 크게 세 가지로 구분하여 살펴볼 수 있다.

① 세일 방식 모집

노인자원봉사 프로그램은 이미 존재하고 이를 수행할 자원봉사자나 조직이 부재할 때 활용되는 유형이다.

세일 방식 자원봉사자 모집은 이미 개발되거나 정해진 프로그램에 적합한 봉사자를 찾는 방식으로 이미 일반적으로 활용되어 온 방식이다. 일시적인 업무나 다수의 봉사자가 대거 필요할 시 효과적이며, 이미 운영되고 있는 프로그램의 수요가 증가하거나 봉사자가 줄어들 경우 추가봉사인력을 충원할 때 많이 활용한다. 이는 이미 고정화된 프로그램에 참가를 희망하는 사람들을 신청받아 활동하도록 하는 것으로 참가자의 욕구가 덜 반영될 수 있다. 자원봉사자 모집에 있어 중요한 것은 다다익선이 아니라 적합한 사람을 적정 인원만큼 모집하는 것이다. 이를 위해서 자원봉사자의 자격이나 모집계획을 구체적으로 세워 실행하는 과정이 필요하다.

i) 모집과정

모집목표 설정	모집대상 설정	홍보수단 설정	홍보자료 제작	모집활동 수행	평가조정
업무내용, 모집인원, 모집기한, 자격 등 결정	표적집단을 떠올려 우선순위 정하기	효과적인 홍보매체, 방법 결정	봉사자를 효과적으로 모집하기 위한 메시지 개발 등	계획에 따라 홍보·모집활동 수행	모집결과 점검을 통해 개선
예) '한문봉사자 5명 모집. ○월 ○일까지 한문 지도 가능자'	복지관 한문교실, 한문동호회, 퇴직교사 모임으로 홍보대상 결정	동호회 회장이나 복지관 담당직원을 통해 모집하기로 결정	한문교사를 찾는 모집안내문을 통해 활동정보 제공	계획에 따라 모집활동 실시	몇 명이 모집되었는지 파악하여 효과성 평가

ii) 모집방법

- 지역신문에 보도
- 각종 게시판 안내문 부착
- 홍보지, 소식지 게재
- 기존 봉사자의 인맥을 통한 모집
- 관련 단체에 홍보

• 노인단체의 모임, 행사, 교육장에서 기회를 얻어 홍보

세일 방식 노인자원봉사자 모집 사례

• 기존 프로그램의 봉사자 모집 사례

A복지관에서는 방과 후 교실에서 청소년들에게 한문지도를 해 주시던 노인봉사자가 있었는데, 개인적인 사정으로 활동을 중단하게 되었다. 이에 방과 후 교실에서 한문지도를 해 줄 봉사자를 구한다는 안내문을 복지관 게시판에 붙여 두었다. 이를 본 B노인은 봉사활동을 신청하여 활동을 시작하게 되었다.

• 행사보조봉사자 모집 사례

K시에서는 매년 10월 경로의 달을 맞이하여 노인축제를 개최하며 노인이 주체가 되어 만드는 행사의 이미지를 고취시키기 위해 행사보조봉사자를 노인들로 구성하기로 결정한 후 행사보조봉사자를 모집한다는 홍보를 지역신문을 통해 하였다. 이에 노인자원봉사자들이 모집되어 일시적으로 활동에 참여하였다.

② 일반 홍보

자원봉사 프로그램도 없고, 자원봉사자(조직)도 없는 경우 불특정 다수를 대상으로 홍보를 위해 활용되는 유형이다.

자원봉사자를 확보하기 위한 목적을 가진 모집과 다르게 자원봉사자에 대한 긍정적인 가치와 이미지를 고취시키기 위해 지속적인 자원봉사홍보 역시 필요하다. 이는 주로 대중매체를 홍보도구로 활용하여 자원봉사 모범사례를 소개하고, 자원봉사 참여를 자극하는 등 사회적 구성원으로서 참여의식과 연대감, 책임감을 부여하고자 한다. 불특정 다수를 대상을 노인자원봉사자를 홍보할 때 활용되지만, 가시적인 홍보효과를 얻어 내기는 쉽지 않다.

i) 홍보과정

홍보목적, 대상자 설정	→ 홍보수단 선정	→ 홍보자료 제작	→ 홍보자료 배부 및 홍보활동	→ 홍보결과 및 영향 분석
홍보내용, 홍보대상 결정 표적집단 세분화	효과적인 홍보수단 결정	홍보 메시지 개발, 홍보자료 제작	홍보장소나 위치에 홍보자료 배부	홍보결과나 영향분석을 차후 반영
예) A봉사단 홍보를 통한 사기 진작	중앙일간지 홍보 결정	미담 사례를 기록하여 보도자료 작성	이메일과 팩스로 보도자료전송 확인전화	홍보결과: 회원사기 상승, 봉사단 가입문의 쇄도

ii) 홍보방법

- 대중매체에 기고, 인터뷰 기회 개발
- 보도의뢰처 리스트 구축하여 지속 의뢰
- 참여 가능한 프로그램, 활동처, 서비스 대상, 참여방법, 참여가 좋은 이유 홍보
- 행사 활용, 인터넷, 박람회, 대회 활용
- 현수막 홍보
- 캠페인을 통한 홍보
- 시내버스 및 교통수단 내 방송홍보

일반홍보 실패사례: 시내버스 방송광고

○○시내에서 운행되는 시내버스에 타면 원하든 원하지 않든 여러 광고방송을 듣게 된다. 버스정류장을 선택하여 광고멘트를 방송하는 홍보방법인데 보통 기업광고가 대부분이지만, 관공서에서도 이를 많이 활용하고 있다. ○○센터에서는 버스를 이용하는 어르신 정도라면 건강상태가 양호하여 자원봉사활동을 할 수 있는 잠재집단으로 볼 수 있으며, 다른 연령층의 시민들에게도 노인의 자원봉사활동에 대해 홍보할 수 있는 기회가 되겠다는 생각으로 아래의 카피로 11초 시내버스방송광고를 세 개 정류소에서 3개월간 실시하게 되었다.

"어르신들에게 가장 중요한 것은 건강하고 의미 있는 노후생활입니다.

자원봉사활동과 함께 보람된 노후생활을 설계해 보세요. ○○자원봉사센터 국번없이 1365."

하루 750회, 3개월간 총 67,500회가 방송되었다. 적지 않은 횟수가 방송되었음에도 이를 듣고 자원봉사에 참여한다고 연락을 취해 온 사람은 단 한 명, 그것도 노인이 아닌 청년봉사자였다. 성과에 비해 비용이 지나치게 많이 드는 고비용저효율의 홍보방법을 경험한 것이다. 새롭고 신선한 홍보방법을 시도했지만, 눈에 띄는 모집성과를 얻을 수 없었다.

이유는 아래와 같이 분석된다.

첫째, 노인들이 듣기에는 11초가 너무 짧고 말도 빠르다. 둘째, 반복해서 들어야만 기억에 남을 수 있는데 반복청취확률이 낮다. 셋째, 평범한 카피와 조용한 내레이션이 버스 소음 속에서 주목을 끌기 어려웠다. 방송홍보는 노인이라는 특정계층보다는 포괄적으로 범시민을 대상으로 하는 공익홍보용 홍보방법으로 적합하고, 지속적으로 시행될 때 효과적이라고 사료된다.

③ 마케팅 식 모집

봉사자와 프로그램이 모두 부재한 상태에서 표적집단을 선정하고 그들의 욕구와 동기, 특성을 파악하여 그들에게 맞는 프로그램을 개발하는 동시에 참여자를 모집하는 유형이다.

마케팅이란 사람들의 특정한 요구를 알아내어 이에 상응하는 상품과 서비스를 개발하여 그 욕구를 충족시키고, 사람들에게 그 상품에 대해 알리고 적당한 시기와 장소를 고려하여 적절한 가격으로 그 상품을 공급하는 일련의 행위를 일컫는다. 지금까지 마케팅은 주로 기업의 판매와 관계된 것을 의미하는 데 사용되었다. 하지만 이를 노인자원봉사자 모집전략으로 도입하여 노인의 욕구와 동기를 파악함으로써 효과적인 봉사자 모집을 해내는 것은 어떠할까. 마케팅은 판매보다 훨씬 큰 범위의 활동이다. 마케팅은 고객, 즉 잠재적인 노인자원봉사자의 현실과 가치로부터 출발한다. 판매와 마케팅은 정반대다. 어떤 형태의 판매는 필요하다. 그러나 마케팅의 목표는 판매를 불필요하게 만드는 것이다. 마케팅이 지향하는 것은 고객을 이해하고 제품과 서비스를 고객에 맞추어 저절로 팔리도록 유도하는 것이다. 이러한 마케팅 개념이 노인자원봉사 모집·홍보에도 효과적으로 적용된다면 봉사자가 모집되지 않아 걱정할 일도 없게 되며, 활동거리나 수요처를 찾지 못해 봉사자에게 어떤 업무를 주어야 할지에 대한 고민도 없어진다. 복잡한 사회구조와 빠른 변화 속에서 관심분야와 계층이 다양화되고 구체화되기 때문에 우리는 잠재적인 노인봉사자의 욕구나 가치관의 변화를 주의 깊게 관찰하며 대응할 수 있어야 한다.

i) **모집과정**(STP 기법)

세분화(segmentation)	표적화(targeting)	위치화(positioning)
비슷한 특성을 가진 잠재적 노인자원봉사자를 몇 개의 범주로 분류하는 것	세분화한 리스트에서 적합하다고 판단되는 집단을 타깃으로 선정하는 것	표적집단과 협의하면서 프로그램과 개발과정을 거친 후 활동을 수행하는 것
1. 지역 내에 잠재적인 노인자원봉사자에 대한 정보 수집 2. 노인집단을 세분화 (예: 지역사회 일반 노인, 기관 이용 노인, 전문직 퇴직 노인 3. 세분화 기준은 지리적, 기술, 성별, 건강상태, 전문성, 기관 이용 여부 등 다양함	1. 표적집단 선정 2. 노인들의 경험, 욕구, 모임장소 등에 관한 자료 수집 3. 노인들이 기술, 능력 파악, 봉사욕구 파악	1. 지역사회에서 표적집단이 참여할 수 있는 프로그램 개발 추진 2. 프로그램 개발과정에서 표적집단과 협의과정 3. 프로그램에 참여할 봉사자 모집(업무에 적합할 만한 사람에게 정보가 제공되므로 모집이 유리) 4. 이들이 프로그램을 잘 수행해 낼 수 있도록 지원

마케팅 식 모집 사례: 활동장소와 노인봉사자의 접근성을 고려하여 표적선정

○○시자원봉사센터에서는 노인자원봉사를 활성화하고자 다양한 지역의 노인집단을 세분화해 보았다.

지리적인 특성을 기준으로 3개 구로 나누고 다시 신도시와 구도시를 구분하였다. ○○시 ○○구에는 최근 신도시개발로 인해 다수의 은퇴노인들이 대거 이주해 왔다. 이들을 타깃으로 정하고, 특성을 파악하였다. 학력과 기술도 저마다 다양하고 공통적으로 묶을 수 있는 것은 신도시에 거주한다는 것이었다.

신도시에 거주하는 노인들이 참여할 만한 활동 프로그램을 개발하는 작업을 시작했다. 이 근접지역에는 이들이 자원봉사활동을 할 만한 복지기관이나 시설도 없는 터였다. 마침 신도시 내 호수공원이 신설되었는데 무질서한 시민들로 인해 공원이 피해를 입고 있다는 정보를 접했다. 공원을 주로 이용하는 사람들도 신도시 거주자들이었다.

'○○호수공원지킴이' 라는 프로그램을 기획하여 홍보문을 제작하고, 공원인근 신도시 아파트 단지에 라인별로 부착하였다. 아파트 단지 라인에 홍보문을 부착하기 위해서는 아파트 관리사무소와 이를 관리하는 부녀회장의 확인이 필요하고 일일이 발품을 팔아 붙여야 하는 과정이 다소 복잡하였으나 모집에는 효과적이었다. 지리적으로 가깝고 평소 자주 이용하는 공원이라 참여하기로 했다는 것이 신청자들의 주된 의견이었다. 이들은 활동 시작 3년째인 현재까지도 변함없이 활동을 잘해 나가고 있다.

이렇듯 참여할 확률이 높은 집단을 표적으로 선정하여 구체적으로 모집 홍보계획을 세워 실행하는 마케팅 기법을 활용한 자원봉사자 모집은 역시 효과적이었다.

〈표 4-4〉 노인자원봉사자 모집 · 홍보 유형별 비교

구분＼유형	세일 방식 모집	일반 홍보	마케팅 식 모집
목적	프로그램을 수행할 적합한 자원봉사자 확보	자원봉사 및 조직에 대한 이미지 증진	대상에 맞는 적합한 프로그램 개발, 제공
활용상황	자원봉사 프로그램은 이미 존재하고 이를 수행할 자원봉사자나 조직이 부재할 때 활용되는 유형	자원봉사 프로그램도 없고, 자원봉사자(조직)도 없는 경우 불특정 다수를 대상으로 홍보하기 위해 활용되는 유형	봉사자와 프로그램이 모두 부재한 상태에서 표적집단을 선정하고 그들의 욕구와 동기, 특성을 파악하여 그들에게 맞는 프로그램을 개발하는 동시에 참여자를 모집하는 유형
과정	모집목표 설정→모집대상 설정→홍보수단 선정→홍보자료 제작→홍보 · 모집활동→평가조정	홍보목적, 대상 선정→홍보수단 선정→홍보자료 제작→홍보자료 제작 및 배부→홍보결과 분석	세분화→표적화→위치화
장점	필요에 따라 적합한 봉사자를 모집하는 데 효과적	노인자원봉사의 이미지 고취를 위한 다양한 아이디어를 활용하여 행사 및 홍보 가능	봉사자의 욕구가 반영된 프로그램 개발과정이 전제되므로 활동의 지속성과 만족도가 높음
한계	봉사자의 욕구가 반영되지 않은 프로그램에 참여하게 되어 만족도와 지속도가 낮을 수 있음	차별화된 자원봉사자 모집은 어려움	–
효과적인 방법	노인단체, 지역신문, 소식지, 각종 게시판에 홍보	대중매체, 현수막, 홍보리플릿, 캠페인, 대형이벤트, 행사 등	표적집단에 따라 다름

(6) 노인자원봉사자 모집 · 홍보의 방법

노인자원봉사자를 모집할 때 효과적인 방법이 무엇인가라는 설문에 대한 응답([그림 4-3])을 살펴보면 기존 자원봉사자를 통한 모집이 효과적이라는 답이 가장 많았고, 그다음이 인쇄매체를 통한 모집으로 나타났다. 하지만 인터넷이나 웹진, 캠페인을 통한 모집은 큰 효과를 거두지 못하고 있는 것을 볼 수 있다. 다양한 홍보방법을 이해하고 노인에게 적합한 방법을

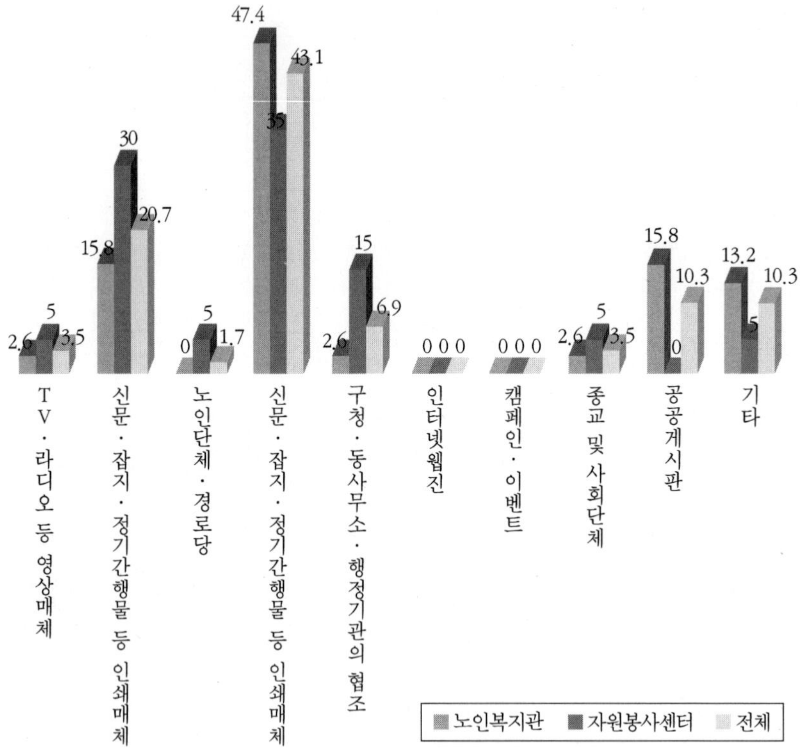

[그림 4-3] 노인자원봉사자 모집 시 효과적인 방법

선택하여 효과적으로 활용하여 잠재적 노인자원봉사자를 끌어내 보자.

① 방송 및 영상매체

방송을 통한 홍보는 저비용으로 단시간에 큰 파급효과를 보여 주는 장점이 있다. 특히 시청률이 높은 뉴스의 경우에는 모든 연령층이 접하는 방송이므로 노인뿐만이 아니라 범국민적으로 노인자원봉사활동을 홍보할 수 있다. 모범자원봉사자들의 미담 사례를 제보하여 이것이 방송될 수 있도록 한다면 그 효과 또한 클 것이다.

더 구체적인 홍보를 하기 위해서는 노인을 대상으로 하는 TV 프로그램이나 라디오 프로그램을 활용할 수 있다. 이는 주로 새벽시간대에 편성되어 있다. 또, 지역의 케이블방송사와 협약하여 지속적으로 자원봉사자 모집홍보를 해도 상당한 효과를 거둘 수 있다.

② 정기간행물 및 인쇄매체

신문과 인쇄매체를 활용한 홍보 역시 비용이 들지 않으면서도 큰 효과를 얻을 수 있는 방법이다. 단, 기사가 아닌 광고를 싣게 된다면, 이는 상당한 비용이 필요하다. 신문을 읽는 노인인구는 적지 않아 짧은 단의 기사만이 실려도 홍보효과를 볼 수가 있다. 신문을 통한 모집 · 홍보를 위해서는 지속적이고 전략적인 보도의뢰기술이 필요하다.

먼저, 일간지와 지역신문의 담당부서와 연락망을 구축하여 마감일정을 파악하고, 이에 맞추어 보도자료를 작성하여 보낸다. 보도자료는 육하원칙에 따라 간결, 명확하게 작성하여야 하며, 가능하면 보도자료 자체를 기사

효과적인 보도자료 작성요령: 보도 가능성 높이기 전략

- 헤드라인이 눈에 띄도록 문장은 짧게 쓸 것
- 본문내용은 육하원칙에 따라 체계적으로 서술
- 도표, 그래픽 등이 들어가는 특별한 경우가 아니면 되도록 A4용지 1매 이내로 작성
- 전문용어, 약어는 되도록 사용하지 않으며, 사용할 경우 보충설명 첨부
- 하나의 보도자료에 한 가지 주제
- 본문 하단에 추가 자료를 제공받을 수 있는 연락처나 보도자료, 담당자 명시
- 담당기자 이름과 E-Mail을 파악한 후 담당기자의 전화번호나 팩스번호를 함께 확인
- 보도자료 배포 시 기사 마감시간 및 관련기사 섹션 요일을 파악하여 의뢰
- 담당기자에게 직접 전화를 걸어 보도자료에 관한 간략한 소개 및 보도자료 전달 여부 확인
- 보도 후 담당기자에게 감사하다는 인사와 함께 기사에 관한 피드백으로 지속적인 관계 유지

로 실을 수 있을 정도로 작성하면 좋다. 지역신문의 경우는 지역의 작은 활동에도 관심을 가지고 보도해 준다는 점에서 보도될 수 있는 확률도 더 높아 충분히 활용할 만하다. 따라서 기삿거리가 될 수 있는 차별화되고 참신한 내용이라면 이를 적극적으로 활용하도록 해야 한다.

이 밖에도 기관 자체 내에서 발행하는 정기간행물이나, 시 · 군 · 구 단위의 지방자치단체회보, 종교단체회보 등도 홍보수단이 될 수 있다.

③ 인터넷과 웹진

몇 년간 다양한 기관에서 진행되어 온 노인정보화교육을 통해 노인들의 PC사용이 활성화되고 있다. 아직까지 인터넷을 활용하는 노인들은 소수에 불과하지만 저비용으로 높은 효과를 볼 수 있다는 장점이 있다. 특히, 인터넷 접촉이 빈번한 자녀들이 인터넷을 통해 노인자원봉사활동 정보를 수집하여 부모에게 전달하기도 한다. 이처럼 인터넷홍보를 통해 간접적인 효과를 얻을 수도 있다. 장기적으로 볼 때, 인터넷 사용이 가능한 노인인구는 더욱 증가할 것으로 예상되기 때문에 이를 대비하여 인터넷을 통한 노인자원봉사홍보에도 노력을 기울일 필요가 있다. 홈페이지 운영은 물론이고, 웹진 발행을 통해 정기적인 정보제공을 하는 것도 좋은 방법이다.

④ 추천을 통한 모집

노인자원봉사자들의 참여경로를 살펴보면 친구의 추천을 받아 활동에 참여하게 된 노인들을 자주 볼 수 있다. 잘 만들어진 홍보안내지를 보고 자원봉사신청을 할 수도 있지만, 가까운 지인이 추천하는 것보다 효과가 크지 않을 것이다. 그러므로 이미 모집된 노인자원봉사자들을 활용하여 그들 주변의 노인들을 함께 동참할 수 있게 유도하는 것은 신규 노인자원봉사자 모집에 효과적인 방법이 될 수 있다. 자원봉사활동에 참여한 자신의 보람과 만족이 크다면, 이를 주변의 지인들에게 자연스럽게 권하게 된다. 따라서 일단 모집된 노인자원봉사자들을 잘 관리하는 것은 자원봉사자의 지속적 모집과 홍보를 위한 밑거름이 된다.

⑤ 캠페인이나 이벤트

노인자원봉사를 홍보하기 위한 목적으로 이벤트나 캠페인을 진행하는 것도 좋지만, 이는 많은 노력과 예산이 수반된다. 이런 경우 지역의 다른 행사를 이용하여 캠페인을 진행한다면, 부담이 줄어들 것이다. 노인들이 대규모로 참석하는 행사장에서 홍보활동을 통해 자원봉사자를 모집하는 것도 가능인력이 풍부한 환경이므로 효과적일 수 있다. 특히 노인의 달인 10월에는 경로잔치나 노인축제가 많이 개최되므로 행사장을 순회하며 홍보활동을 해도 좋을 것이다. 또한 노인자원봉사자들과 함께 만드는 캠페인이나 이벤트를 기획하여 실시함으로써 지역 내에서 노인자원봉사를 이슈화하고 대대적으로 홍보하는 기회로 삼을 수도 있다.

행사를 통한 노인자원봉사홍보 사례

○○시에 위치한 사찰에서는 매년 백중(百中)이 되면 지역의 노인들을 초청하여 음식을 대접하고 공연을 관람할 수 있도록 한다. 이때 대략 1,000명 정도의 노인들이 참석한다는 정보를 듣고 ○○시자원봉사센터에서는 사찰의 협조하에 행사진행 시 잠깐의 시간을 얻어 자원봉사안내문을 배포하고 자원봉사 참여방법과 참여의미에 대해 홍보하였다.

⑥ 기타 홍보매체들

포스터, 리플릿, 스티커, 현수막, 배지, 티셔츠, 모자, 어깨띠 등을 통해 노인자원봉사를 홍보할 수도 있으며 이 밖에 미처 개발되지 않은 다양한 아이디어를 바탕으로 효과적인 노인자원봉사자 모집전략을 세워야 하겠다.

노인자원봉사자의 효과적인 모집을 위한 홍보문 작성요령

① 일단 노인들의 눈에 쉽게 읽혀야 하므로 글자크기를 크게 한다.

② 눈에 잘 띄는 곳에 부착

③ 파스텔 톤보다는 부각되는 원색을 이용

노인자원봉사자 모집을 위한 홍보카피(실제 사례 모음)

봉사받는 노인에서 봉사하는 노인으로(부천시자원봉사센터)
'60' 인생 후반전을 자원봉사로!!(안양시노인자원봉사센터)
변화하는 어르신, 참여하는 어르신(남양주시연장자자원봉사센터)
이웃돕기에 정년은 없다!
노인의 지혜와 역량을 발휘할 수 있는 최고의 방법
보람된 봉사, 건강한 노후
나이는 숫자에 불과하다.
봉사노인이 되자!
치매? 비켜!!
고령화 사회에서는 시니어 경쟁력이 곧 국가 경쟁력

모집과 홍보의 실패 사례: 어르신홍보단

○○자원봉사센터에서는 노인들의 자원봉사활동 참여를 노인 스스로가 주도하며 노인자원봉사자를 모집하기 위한 목적으로 '어르신홍보단'을 조직하였다. 노인자원봉사 참여를 권유하는 내용이 담긴 리플릿을 제작하여 정기적으로 역사나 노인복지관 등을 다니며 이를 배포하는 것이 주된 활동이었다. 하지만 정확한 표적대상 없이 불특정 노인들을 대상으로 하는 홍보활동에 대한 성과는 눈에 보이지 않았다. 활동을 통해 모집된 봉사자 인원은 전무하였으며, 이러한 이유로 자원봉사자들의 동기는 점차 약화되어 급기야 봉사단 활동을 중단하기에 이르렀다.

참신한 노인자원봉사 모집방법이라고 주목을 받았던 어르신홍보단의 활동이 성과를 거두지 못했던 이유는 첫째, 뚜렷한 모집계획이 없이 무작정 홍보활동을 펼친 점, 둘째, 배포 정도의 소극적인 활동내용이 모집으로까지 이어지는 것에는 무리가 있다는 점, 셋째, 활동목표가 자원봉사 홍보인지, 모집인지가 명확하지 않았다는 점 등이라고 생각된다.

〈표 4-5〉 홍보수단의 유형별 특징 비교

구분	방송 및 영상매체	신문 및 인쇄매체	인터넷, 웹진	추천을 통한 모집	캠페인, 이벤트
홍보수단	TV, 라디오	중앙일간지, 지역신문, 기관소식지	홈페이지게시판, 웹진	자원봉사자 추천	캠페인, 각종 행사
장점	• 저비용으로 단시간에 큰 파급효과 • 영향력이 큼 • 대중적 전달 용이	관심 있는 대상층에게 정보를 제공함	다수를 대상으로 단시간에 홍보가 가능	인맥을 활용하여 신뢰할 수 있고 지속적임	직접 대면하여 효과적으로 전달할 수 있는 장점
단점	• 차별화된 모집 어려움 • 취지에 벗어나 잘못된 정보가 전달될 우려	• 취지에 벗어나 잘못된 정보가 전달될 우려 • 인쇄비와 발송비 부담이 큼	인터넷 사용 노인 소수	추천자가 활동 변화가 생길 때 영향을 미침	• 비용에 비해 피드백이 저조 • 구체적인 모집은 어려움
효과성	크다	크다	적다	크다	크다
비용	저비용(광고제외)	크다	저비용	–	고비용
활용방법	• 직접 기사를 작성하여 보도의뢰 실시 • 방송국 홈페이지를 통한 제보	직접 기사를 작성하거나 소식지를 제작하여 보도의뢰 실시	• 인터넷 홈페이지에 봉사자 홍보글 게시 • 웹진 정기발송	기존에 활동하는 자원봉사자에게 주변인에게 참여를 권유하도록 부탁	• 불특정 다수를 위한 홍보문 배포 • 캠페인보다는 타깃화된 층을 대상으로 진행하는 것이 효과적

모집과 홍보의 성공 사례: 노인이 많은 곳에서 시각적인 자료를 만들어라

○○○노인복지관에서는 노인봉사자를 모집하기 위해 봉사활동 사진과 함께 설명을 곁들인 홍보물을 제작하여 복지관 내 게시판에 부착한 이후 큰 호응을 얻었다. 시각적인 홍보매체로 노인들의 관심을 끄는 것이다.

노인복지관은 노인들의 이용시설로 모집할 만한 자원이 풍부한 곳이다. 따라서 그만큼 홍보에 대한 모집효과를 볼 수 있는 곳이기도 하다. 노인자원봉사자가 필요할 땐 노인복지관에 홍보를 해 보자!!

4) 노인자원봉사자와의 만남: 면접하기

자원봉사를 하고자 찾아오는 노인과 대면하는 첫 면접은 마치 맞선을 보는 것과 같이 설레는 시간이다. 노인들은 저마다 다른 동기, 다른 능력, 다른 관심사를 가지고 찾아와 이야기보따리를 풀어 놓기도 하고, 또 질문공세를 펼치기도 한다. 봉사활동을 희망하는 노인들을 맞는 관리자는 그들이 원하고 그들의 도움을 필요로 하는 곳을 찾아 적절하게 연결하는 역할을 해야 한다. 노인자원봉사자와의 면접요령을 잘 인지하고 여유를 가지고 면접에 임한다면 면접만큼 즐겁고 재미있는 업무도 없을 것이다.

(1) 노인자원봉사면접의 개념

노인자원봉사면접이란 지원자가 활동을 시작하기 전 관리자와 만나는 첫 번째 대면접촉을 말하며, 서로 정보를 교환하는 과정으로 적절한 배치를 위해 반드시 필요하다. 자원봉사를 하고자 희망하는 노인은 면접을 통해 스스로가 관심을 갖고 있는 활동 영역에 대한 정보를 얻을 수 있고, 자원봉사관리자는 자원봉사자의 동기, 능력, 욕구 등 배치에 필요한 정보를 얻게 된다.

(2) 면접의 필요성

① 자원봉사자 정보 획득

자원봉사를 희망하는 노인이 찾아왔을 때 면접을 거치기 전까지는 노인의 개인사나 능력, 관심사 등에 대해 전혀 알 수 없다. 인상이나 행동, 짧은 말투 정도로 미루어 짐작할 수 있을 뿐이다.

자원봉사자에 대한 상세한 정보는 면접을 통해 얻어 낼 수 있다. 관리자는 면접을 진행하면서 봉사자가 계획된 프로그램을 실행하는 데 필요하고 적절한 사람인지, 혹은 어떤 활동을 할 수 있는 사람인지에 대한 판단을 해야 한다. 이러한 판단은 관리자가 면접을 통해 얻어낸 자원봉사자에 대한 정보를 토대로 이루어진다.

어떤 봉사자를 선정하였느냐는 프로그램의 성패를 좌우할 수도 있는 중요한 사안이다.

관리자는 길지 않은 시간에 봉사자에 대한 필요한 정보를 얻어 내야 하므로 면접 전에 어떤 정보를 파악할지에 대해 미리 준비하여야 한다.

② 기관 및 업무에 대한 정보 제공

관리자만이 자원봉사자에 대해 궁금한 것은 아니다. 자원봉사를 희망하는 노인 역시 이곳이 어떤 기관이고 앞으로 자신이 어디서 어떤 자원봉사활동을 하게 될지가 무척 궁금할 것이다. 봉사자의 이러한 궁금증은 면접을 통해 해소될 수 있다.

관리자는 봉사자에게 기관의 사명이나 역사, 사업내용 등에 대해 설명하고, 더불어 자원봉사활동 프로그램에 대한 소개도 함께 해 주어야 한다. 특히 봉사자가 관심을 가지는 프로그램이나 혹은 참여를 신청하는 프로그램에 대해서는 활동목적이나 활동내용, 장소, 시간, 혜택, 자격 등에 대해서도 구체적으로 알려 주어야 한다.

뿐만 아니라, 면접을 진행하는 관리자 본인에 대한 소개도 선행되어야 할 부분이다.

기관이나 업무에 대한 설명이 끝나면 더 궁금한 것은 없는지에 대해 물어본 후 부연설명을 해 준다.

③ 동기부여

면접의 주된 목적은 봉사자와 관리자가 정보를 상호 교환하는 것이다. 그러나 면접을 통해 자원봉사 신청자의 동기가 강화될 수도 있고 약화될 수도 있다. 이러한 동기변화에는 면접을 진행하는 관리자의 태도가 큰 영향을 미친다.

특히 노인자원봉사자의 경우 봉사활동을 신청하고 면접에 참석하기까지 큰 결심과 용기가 필요할 것이다. 따라서 봉사활동을 하기 위하여 기관을 방문할 경우 이를 격려하고, 감사의 마음을 표시하며 긴장을 완화시켜 주어야 한다.

그리고 활동과 봉사자에 대한 정보를 주고받는 과정에서 봉사자가 실제 본인의 능력과 흥미에 맞는 활동에 참여할 수 있도록 이끌어 주고 지지해 주어야 한다.

이를 통해 봉사자의 동기는 더욱 강화될 수 있다. 또 봉사자가 활동에 대해 적극성과 의욕을 갖게 되어 참여하려는 의지가 높아질 수 있으며, 이는 활동 가능성을 높이게 된다.

(3) 면접의 유형

자원봉사자 면접을 다양한 유형으로 나누어 볼 수도 있겠지만, 여기서는 모집방식과 면접시기에 따른 유형을 각각 살펴보도록 하겠다.

① 모집방식에 따른 면접유형

면접의 유형은 어떤 방식으로 모집되었느냐에 따라 구분해서 살펴볼 수 있다. 세일 방식, 일반 홍보, 마케팅 식으로 모집된 봉사자들은 아래와 같이 조금씩 다른 방향과 목적의 면접을 거치게 된다.

'세일 방식'의 모집은 이미 계획된 자원봉사 프로그램을 수행할 자원봉사자나 조직을 모집할 경우를 의미한다. 이미 업무가 명확히 정해져 있기 때문에 모집기준이나 자격을 두어 업무수행에 적합한 자로 모집하는 것이 중요하다. 봉사자가 해야 할 업무가 어떤 특정한 자격을 요구한다면, 번거롭더라도 해당 자격을 갖춘 자로 선발하는 것이 효율적인 자원봉사관리를 위해 필요하다. 적당히 자원봉사자를 모집을 했다가 실제 업무를 수행해 낼 능력이 부족하거나, 해당 업무에 적합하지 않은 경우 관리에 어려움을 겪기 때문이다. 따라서 세일 방식의 모집에 있어서는 활동에 대한 엄격한 선발과정이 필수적이다. 해당 활동에 대한 경험을 묻거나, 자격증 사본을 제출하게 하는 등 증빙서류에 대한 검토도 필요하다.

'일반 홍보'를 통한 모집은 자원봉사자가 활동이나 조직에 대한 관심을 갖고 찾아올 경우를 의미한다. 이때는 관심 영역이나 분야를 파악하여 욕구와 능력에 맞는 활동을 찾을 수 있도록 정보를 제공해야 한다. 지원자의 선호도나 특기 및 취미, 활동 동기에 대해 파악하여 이를 토대로 활동을 제안할 수 있다.

'마케팅 식 홍보'는 봉사자와 프로그램이 모두 부재한 상태에서 표적집단을 선정하고, 그들의 욕구와 동기, 특성을 파악하여 그들에게 맞는 프로그램을 개발하는 동시에 참여자를 모집하는 경우를 말한다. 이때는 이미 표적집단의 욕구와 특성을 사전에 파악한 상태이므로, 활동에 대한 지지를 목적으로 자원봉사활동에 대한 동기를 부여하는 데 초점을 둔다.

모집방식에 따른 면접은 유형별로 면접의 목적이나 요령에 차이가 있지

〈표 4-6〉 **모집방식에 따른 면접유형**

<table>
<tr><td>면접목적</td><td colspan="3">정보 제공 ⟵⟶ 지지</td></tr>
<tr><td rowspan="2">모집방식</td><td>세일 방식</td><td>일반 홍보</td><td>마케팅 식</td></tr>
<tr><td>이미 계획된 자원봉사 프로그램을 수행할 자원봉사자나 조직을 모집할 경우</td><td>자원봉사자나 조직이 봉사활동에 관심을 가지고 찾아올 경우</td><td>봉사자와 프로그램이 모두 부재한 상태에서 표적집단을 선정하고 그들의 욕구와 동기, 특성을 파악하여 그들에게 맞는 프로그램을 개발하는 동시에 참여자를 모집할 경우</td></tr>
<tr><td>면접요령</td><td>• 업무를 수행하기에 적합한지 여부를 판단
• 업무수행에 도움이 될 만한 능력이나 경험, 노하우를 보유했는지 파악
• 업무와 관련된 자격증 유무 확인
• 필요시 능력 테스트 실시
• 업무와 관련된 정보 제공</td><td>• 관심 영역 및 분야 파악
• 희망하는 활동 파악
• 특기, 취미 파악
• 활동하고자 하는 동기 파악
• 팀 활동이나 개별 활동에 대한 의견</td><td>• 이미 자격을 갖춘 대상을 면접하는 것이므로 동기를 부여하고 강화하는 데 초점
• 전문성에 대한 인정, 발언
• 프로그램에 대한 의견, 조언 구하기
• 면접을 파트너십 형성의 도구로 삼음</td></tr>
<tr><td>공통 질문사항</td><td colspan="3">① 능력파악 ② 프로그램에 대한 흥미, 태도
③ 활동 가능 시간, 기간 ④ 활동장소의 접근성</td></tr>
<tr><td>면접 시 활용 가능한 문장예시</td><td>• 전에 이 업무를 해 보신 경험이 있으신가요?
• 자격증을 가지고 계신가요?
• 이 업무의 활동일시, 장소, 간격, 목적, 혜택은 이렇습니다.</td><td>• 평소에 해 보고 싶었던 봉사활동이 있으신가요?
• 어떤 분야에 관심이 있으신가요?
• 왜 자원봉사활동을 하려고 하시나요?
• 다른 봉사자들과 팀으로 활동하고 싶으신가요? 혼자 활동하고 싶으신가요?</td><td>• 프로그램에 대한 다른 의견을 주시면 참고하겠습니다.
• 이 일을 어르신만큼 잘하실 수 있는 분도 안 계십니다.
• 이 프로그램이 성공하기 위해서는 어르신의 역할이 필요합니다.
• 아주 대단한 능력을 가지고 계십니다.</td></tr>
</table>

만, 공통적으로 자원봉사자의 능력과 흥미, 동기를 파악하고, 활동 가능한 기간 및 시간, 활동장소에 대한 접근성을 파악해야한다는 공통점을 갖고 있다.

② 시기에 따른 면접유형

면접은 주로 활동 시작 전에 초기면접으로 이해하는 경우가 많지만, 초기 한 번으로 끝나는 것은 아니다. 활동 시작 전과 활동 중, 활동 종료 시에 각각의 면접이 필요하다.

〈표 4-7〉 시기에 따른 자원봉사 면접유형 분류

면접 시기	활동 시작 ←	→ 활동 종료	
	활동 신청 시 면접	활동 중 면접	활동 종료 면접
주요목적	• 자원봉사자의 능력, 관심분야, 욕구 파악 • 직무와 기관의 목표에 대해 정확하고 충분한 정보 제공	활동을 잘하고 있는가에 대한 점검 및 갈등 예방을 위해 실시하며 지지와 인정을 통해 동기를 강화하고 활동을 지속할 수 있도록 함	• 활동 중단 시 피드백을 얻어내기 위한 면접 • 자원봉사자들이 활동을 중단하는 이유를 판단하고 프로그램을 평가하는 데 활용
면접 시 활용 가능한 문장 예시	• 관심 있는 활동분야가 있으신가요? • 봉사활동을 해 보신 경험이 있으신가요? • 봉사활동교육을 받으신 적은 있으신가요? • 활동이 가능하신 시간은 어떻게 되나요? • 활동을 원하는 지역은 어디쯤이지요? • 어떤 취미와 특기를 가지고 계신가요? • 이 활동은 어떠신가요? • 이 자원봉사활동을 하게 되시면 ○○한 혜택이 있습니다. • 건강은 어떠신가요? • 지병은 없으신가요? • 자원봉사를 신청하신다는 것에 대한 가족들의 반응은 어떤가요?	• 활동이 흥미로운가요? • 보람은 있으신가요? • 활동하면서 애로사항이 있으신가요? • 활동하면서 어떤 것이 가장 좋으신가요? • 동료들과 관계는 좋으신가요? • 활동일지는 잘 기록하고 계신가요? • 건강상태는 어떠신가요? • 어르신의 활동이 아주 큰 도움이 됩니다. • 열심히 활동해 주시는 모습이 참 감동적입니다. 감사합니다. • 앞으로도 건강하시고 문제가 생기시면 언제라도 찾아오세요. • 혹시 건의하실 말씀은 없으신가요?	• 활동을 중단하시려는 이유는 무엇인가요? • 동료들과의 관계는 어떠셨나요? • 기관 직원들과의 관계는 어떠셨나요? • 혹시 다른 분야의 활동에 참여해 보고 싶지는 않으신가요? • 활동하시면서 가장 좋았던 점과 가장 아쉬웠던 점은 무엇이었나요? • 이 활동이 본인과 잘 맞았었나요? • 혹시 프로그램이 개선되어야 할 부분이 있나요? • 나중에라도 다시 활동에 참여하고 싶은 생각은 있으세요? • 여건이 되시거나 활동을 다시 시작하고 싶으시면 언제라도 찾아오세요. • 그동안 매우 감사했습니다.

(4) 질문사항이나 면접을 통해 알아야 할 내용

면접 시 질문에 포함해야 할 사항은 많다. 면접의 경험이 많지 않을 경우 필요한 정보를 모두 파악하기 어려울 수 있으므로, 사전 작성된 신청서나 면접질문지를 지참하는 것도 좋다.

면접을 통해서는 활동에 대한 동기파악, 참여경로, 과거의 활동경험 여부, 자원봉사교육경험 유무, 교통편, 자원봉사자의 희망활동, 취미, 특기, 가족의 의견, 활동 가능시간, 건강상태, 종교, 은퇴 전 직업, 기본 인적사항, 학력 및 자격 등에 대한 정보를 파악한다. 직접적인 질문이 어려운 사항에 대해서는 면접 전 양식을 제공하여 작성하도록 하여 자료를 확보할 수도 있다. 세부적인 파악이 부담이 된다고 생각되어 자료를 미흡하게 확보한다면, 차후에 자원봉사자 정보 확보를 위해 반복적인 업무를 해야 할 수도 있다. 필요한 정보에 대해서는 면접 초기단계에서 확보하는 것이 자원봉사자를 관리함에 있어 중요하다.

〈표 4-8〉 면접 시 질문사항

면접사항	질문내용	활용	중요도
활동동기	왜 자원봉사활동을 하려고 하는가?	활동에 참여하고자 하는 동기를 파악하여 욕구에 맞는 활동을 하도록 해야 한다.	필수
참여경로	어떻게 해서 이곳에 오게 되었는가?	어떤 경로로 이곳까지 왔는지를 파악하면 효과적인 홍보계획을 세우는 근거로 활용할 수 있다.	
과거의 활동경험 유무	자원봉사활동을 해 본 적이 있는가?	과거의 자원봉사활동경력을 알면 봉사활동에 대한 태도를 알 수 있으며 배치에도 도움이 된다.	
자원봉사교육 경험 유무	자원봉사활동에 관련된 교육을 받아 본 적이 있는가?	자원봉사와 관련된 어떠한 교육을 받았는지를 알면 적절한 교육정보를 제공하는 데 도움이 된다.	
교통편	거주지역의 교통편은?	활동 배치 시 거주지와 근접하거나 교통이 편리한 곳으로 배치하기 위함이다.	
자원봉사자의 희망활동	평소에 하고자 하는 활동이 있었나?	봉사자에게 특정한 활동을 하고자 하는 욕구가 있을 경우 배치 시 이를 반영할 수 있다.	필수

취미	취미와 관심사는 무엇인가?	취미를 살려 자원봉사활동을 한다면 더욱 즐겁게 활동할 수 있을 것이다 (배치 시 반영). 예) 취미가 등산일 경우는 등산봉사회에 연결	
특기	특기는 무엇이며, 그것을 활용하여 활동하기를 원하는가?	특기를 활용할 수 있는 활동을 한다면 전문적으로 봉사할 수 있다.	
가족의 의견	자원봉사활동에 대한 가족의 의견은 어떠한가?	노인 당사자의 활동이지만, 이에 대한 가족의 의사는 활동의 지속성에 영향을 주는 큰 요인이 된다. 활동에 대한 가족의 의사를 확인하여 적절한 대응을 한다. 예) 자식들이 활동에 반대할 경우, 봉사자를 통해 자식을 이해시킬 수 있게 도와야 함.	
활동 가능시간	활동이 가능한 시간과 희망 활동횟수?	언제, 몇 회 활동이 가능한지를 파악	필수
건강상태	건강상태는 어떠한가?	활동 시 고려해야 하는 건강문제나 질병 여부 확인	필수
종교	종교가 무엇이며 활동과의 영향이 있는가?	종교적인 신념을 가지고 활동을 한다거나, 활동처의 종교를 중시하는 사람인지를 확인하여 갈등을 예방한다.	
은퇴 전 직업	은퇴 전 직업은 무엇이었는가?	은퇴 전 직업을 통해 어느 분야의 노하우를 보유하고 있는지를 파악하여 배치에 반영 예) 퇴직교사는 학습지도나 교육활동에 연결 가능	
성명, 주민번호, 주소, 연락처	성명, 주민번호, 주소, 연락처, 이메일	신청자의 개인 인적사항을 적게 한다. 주민번호의 경우는 자원봉사자 상해보험 가입 시 필요하다.	필수
학력	최종학력은?	최종학력은 배치 시 크게 중요하지는 않다. 하지만 활동종류에 따라서 최소한의 쓰기와 읽기가 되는지 정도는 파악해야 한다.	

(5) 면접단계별 진행사항

면접 시작

- 면접장소 확보
- 신청자와 여유 있게 대화할 수 있는 공간 확보
- 자원봉사신청서
- 자원봉사 팸플릿, 홍보지
- 기관에 관한 소개자료
- 자원봉사교육 및 모임에 관한 정보
- 선발 시는 심사표 준비
- 돋보기 비치

→

면접 실행

- 자기소개 및 기관에 대한 정보 제공
- 신청자에 대한 질문
- 자원봉사활동업무에 대한 설명
- 봉사활동을 하기에 적합한지 판단
- 지원자에게 주요기관에 대한 정보 제공
- 지원자의 흥미, 능력, 동기 등에 대한 질문
- 거절은 정직, 명확, 주의깊게
- 상황에 따라 공정한 심사기준에 따른 심사표 작성

→

면접 종결

- 면접내용을 재검토하고 요약
- 배치가 가능하다고 판단될 경우 활동 배치기한을 약속
- 배치가 불가능하다고 판단되면 봉사자에게 합당한 활동처가 없음을 명확하게 전달
- 감사의 인사

[그림 4-4] 면접단계별 진행사항

(6) 노인자원봉사자 면접 시 관리자의 태도

- 노인이 편안한 느낌을 가질 수 있도록 친절하고 따뜻하게 대해 준다.
- 이야기를 잘 들어주고, 적당히 끊을 수 있는 요령도 필요하다.
- 필요한 정보를 획득하되, 노인이 밝히고 싶어 하지 않는 부분을 억지로 답변하도록 강요하지 않는다.
- 노인이 잘 이해할 수 있도록 프로그램에 대한 정확한 정보를 제공한다.
- 노인이 하는 어떤 말이나 행동도 수용적이고 개방적인 태도를 가지고 반응한다.
- 개인의 장점과 잠재력을 인정하는 태도를 보인다.
- 신청서 작성은 본인이 직접 하도록 하며, 작성자가 어려움을 느낄 때

대신 질문하여 작성해 준다.

- 면접 시에는 다른 전화를 받거나 다른 업무를 하지 않는다(가능하면 독립된 공간에서 면접).

5) 노인자원봉사자를 적재적소로 배치하기

면접을 통해 자원봉사자의 정보를 파악한 관리자는 봉사자가 활동할 수 있도록 적절한 활동처에 연결시켜 주는데 이를 '배치' 라 한다. '배치' 는 자원봉사 초기 신청 시 한 번만 이루어지는 것이 아니라 활동 중의 욕구나 상황에 따라 재배치되기도 한다.

(1) 모집방식에 따른 배치요령

세일 방식으로 모집된 자원봉사자는 이미 참여할 자원봉사 프로그램이 정해진 상태이므로, 어떤 활동에 배치해야 할지에 대한 과정은 생략되지만, 해당 활동을 적절히 수행할 수 있는 인력인지에 대해서는 배치 전 다시 한 번 판단해야 한다. 이러한 과정을 거친 후 최종적으로 배치를 실행한다. 자원봉사자가 부족하다고 해서 무작위로 봉사자를 배치할 경우 미배치보다 못한 결과를 낳을 우려가 있다.

일반 홍보방식으로 모집된 봉사자는 활동일감이 정해져 있는 것이 아니므로 배치할 수 있는 폭이 넓다. 따라서 다양한 일감 중 기존 프로그램이나 봉사자가 필요한 수요처에 봉사자의 욕구와 능력을 감안하여 활동에 배치해야 한다.

마케팅 식 방법으로 모집된 봉사자는 새로운 활동이 표적집단의 욕구에 맞도록 개발되므로, 참여자에게 적절한 배치가 이루어질 확률이 높다.

배치 시에는 공통적으로 접근성을 고려해야 한다. 특히 노인의 경우 교통이 편리하거나, 가까운 활동처에 배치하는 것이 활동을 지속하는 데 부담이 적다. 또한 자원봉사자의 활동에 대한 기대, 보유 자격증, 종교 등에 관해서도 충분히 고려해야 한다.

〈표 4-9〉 모집방식에 따른 배치

	세일 방식	일반 홍보	마케팅 식
모집 방식	이미 계획된 자원봉사 프로그램을 수행할 자원봉사자나 조직을 모집할 경우	자원봉사자나 조직이 봉사활동에 관심을 가지고 찾아올 경우	봉사자와 프로그램이 모두 부재한 상태에서 표적집단을 선정하고 그들의 욕구와 동기, 특성을 파악하여 그들에게 맞는 프로그램을 개발하는 동시에 참여자를 모집할 경우
배치 요령	• 면접 후에 업무를 수행하기에 적합하다고 판단되면 활동에 배치 • 모집계획에 따라 정원을 조정해야 하므로 필요한 봉사자 수와 봉사자 TO를 인지하여야 한다. • 봉사자가 부족하다고 해서 적합하지 않은 봉사자를 무조건 배치해서는 안 된다.	• 기존의 프로그램이나 봉사자가 필요한 수요처에 봉사자의 욕구와 능력을 감안하여 배치 • 새로운 활동을 개발하여 배치하는 것도 가능 • 동기유지를 위해 신속하게 배치하여야 한다. • 활동처가 바로 배치되지 않을 경우 봉사자에게 적합한 활동처를 찾아 배치	• 새로운 활동을 개발하기 때문에 프로그램의 내용에 따라 배치가 이루어진다.
배치 시 고려 사항	① 접근성: 가능한 한 거주지와 활동장소 간의 접근성이 높게 배치하는 것이 바람직하다. ② 자원봉사신청자의 활동에 대한 기대, 목표: 신청자의 기대를 만족시킬 만한 배치 ③ 기술과 재능, 희망업무: 기술과 재능을 발휘하고 희망하는 활동으로 배치 ④ 수요기관에 대한 선호도: 수요기관에 대해 사전에 의견을 물어 선호할 때 배치 ⑤ 고향, 나이, 종교, 연령: 봉사자가 대상자를 배치받는 경우에는 고향과 나이와 종교, 연령이 비슷하면 공감대 형성에 도움이 되므로, 배치 시 이를 고려하면 효과적이다. ⑥ 봉사자의 욕구: 희망하는 요일 · 시간대, 단체활동을 희망하는지에 대한 의견 반영 ⑦ 신속성: 봉사신청자의 동기가 약화되기 이전에 신속하게 배치해 주어야 한다. ⑧ 기술과 재능, 희망하는 업무를 찾지 못할 때에는 타 기관에 의뢰하는 것이 바람직하다.		

(2) 자원봉사자 배치 시 유의할 점

'배치'는 자원봉사자의 기술과 재능을 자원봉사 수요의 특별한 요구와 연결시키는 것으로 자원봉사관리자는 신청자가 활동할 만한 곳을 물색하고 이를 배치하여 활동할 수 있도록 도와야 한다. 자원봉사신청자의 정보를 살펴보고 이에 적합한 수요처의 담당자에게 연락을 취해 활동연결을 실시한다. 신청자의 참여 동기와 재능에 가장 적절한 활동을 할 수 있도록 배치하는 것이 관리자의 역할이다.

아직까지는 자원봉사 수요처의 관리자들은 나이가 많은 노인이 자원봉사자로 활동하는 것에 대해 부담스러워하는 곳이 많다.

노인자원봉사자의 경우 수요처에서 고령이라는 이유로 부정적인 반응을 보일 때는 활동능력이 있다는 것을 강조하고 활동에 나이가 문제되지 않음을 주장하며 활동을 할 수 있도록 기회를 제공받을 수 있게 협의를 시도하는 것이 중요하다. 만일 그래도 부정적인 태도를 보인다면 그 기관에는 노인자원봉사자를 배치하지 않는 것이 좋다.

복지관과 같은 직접수요가 있는 기관의 경우는 기관 내에 배치하는 경우가 대부분이지만, 기관 내에 더 이상 배치할 곳이 없거나 기관 내 활동에 적합하지 않다고 판단되면 해당 관할 자원봉사센터에 의뢰하여 신청자가 활동할 만한 적합한 곳을 찾을 수 있도록 도와야 한다. 다음의 〈표 4-10〉을 보면 노인자원봉사자를 배치할 때 수요가 없을 경우 적합한 수요처를 발견할 때까지 보류했다가 배치하는 사례가 가장 많은 것으로 나타난 반면 타 기관에 연결을 의뢰하는 적극성은 다소 부족하게 나타났다. 기관의 필요와 입장만을 가지고 자원봉사자를 판단하고 배치하기보다는 활동과 참여를 원하는 자원봉사자의 입장을 헤아려 어느 곳에서든 활동을 할 수 있도록 연결해 주는 창구 역할을 해 주어야 한다.

〈표 4-10〉 노인자원봉사자 배치 시 수요처가 없을 경우(복수응답)

	노인복지관(%)	자원봉사센터(%)	전체(%)
적합한 수요처 발견 시 배치	30(50.0)	15(35.5)	46(47.9)
타 기관에 연결 의뢰	15(25.0)	9(29.0)	24(25.0)
새로운 프로그램, 활동 마련	15(25.0)	11(29.0)	26(27.1)

노인자원봉사자 배치 실패 사례

P노인은 중등교사 출신의 퇴직자다. O자원봉사센터에서 교육을 받은 P노인은 청소년을 대상으로 하는 상담활동을 하고 싶어 하였다. 하지만 이 활동을 할 만한 적합한 곳을 찾지 못했다. 그러던 중 급박하게 정신장애인 시설의 차량봉사자를 구한다는 요청이 들어왔다. 운전면허증과 승합차를 보유한 P노인에게 차량봉사활동을 제안했고, 초반에는 의욕적으로 활동하였지만, 시간이 지나자 전문능력을 가진 자신을 단순한 차량봉사활동에 배치했다는 사실에 대해 불만을 터뜨렸다. 결국 P노인의 활동을 종료시키고 다른 활동에 배치하였다. 이러한 실패의 요인은 봉사자의 능력은 활용하였으나, 욕구가 반영되지 않은 탓에 봉사자가 결국 불만족하여 활동을 지속할 수 없었기 때문이다. 이 사례에서 봉사자의 능력과 욕구를 모두 반영한 배치가 필요함을 알 수 있다.

(3) 배치 후 관리

배치를 실시한 이후에는 활동을 시작했는지 여부에 대해 점검하고 활동 업무나 기관에 만족하지 않는 경우 다시 면접을 실시하고, 재배치해 준다.

또한 배치에 만족하여 지속적으로 활동을 하고 있는 봉사자들에게도 욕구에 따라 추가 배치를 실시해 주는 경우도 있다. 단, 추가 배치 시 신규 활동이 기존 활동에 지장을 주지 않는 범위 내에서 활동하도록 안내하는 것이 필요하다.

6) 활동을 더 잘하게 하기 위한 필수 코스: 노인자원봉사교육

노인들을 대상으로 교육을 진행하면서 '과연 긴 세월 형성된 자아와 사고방식이 단기간의 교육을 통해 변화될 수 있을까?'라는 의문을 갖게 될 때가 있다. 하지만 여러 해 노인자원봉사교육 프로그램을 운영해 오면서 변화하는 많은 노인들의 모습을 목격할 수 있었다. 물론 평생을 고수해 온 성격이나 성품을 변화시키는 것은 어려울지라도 그들의 자원봉사에 대한 자세와 마음가짐 그리고 열정을 불어넣어 주는 데는 교육이 확실히 효과적이다. 교육을 함께 받았던 한 노부부가 있었다. 할머니께서 어느날 사무실로 찾아오셔서는 "우리 남편이 원래 말수도 없고 조용하고 집 안에서만 지내던 양반인데, 자원봉사 교육을 받고 나서는 매일같이 봉사하러 밖에 나가고 동료 봉사자들을 집에 초대하고 얼마나 적극적으로 변했는지 몰라요."라는 말을 하였다. 이같이 교육은 그 자체의 효과성도 있겠지만, 활동으로 연결되는 계기를 마련해 주는 중요한 창구가 된다는 점에서 의미가 크다. 특히 노인의 특성을 고려하여 적절하게 교육을 기획하고 운영한다면 교육의 효과는 훨씬 높아질 것이다.

(1) 노인자원봉사교육이란 무엇인가

노인자원봉사교육은 노인들이 자원봉사자로서의 자질과 역량을 충분히 발휘할 수 있도록 자원봉사의 가치 및 업무에 활용할 수 있는 지식과 기술을 교육하는 것으로, 이러한 경험은 노인자원봉사자를 성장시키는 데 도움을 준다.

(2) 노인자원봉사교육의 유형

① 오리엔테이션 및 기초교육

오리엔테이션은 자원봉사자가 처음 기관을 방문하였을 시 기관에 관한 정보를 제공하는 교육이다. 이때는 기관의 조직, 운영, 역할, 사업내용 등에 대해 소개하고 기관을 이해할 수 있도록 돕는다. 오리엔테이션 시에는 기관소개 리플릿이나 소식지를 제공하고, 기관소개가 담긴 시청각자료를 활용하여 이해를 높일 수도 있다. 영상적 요소를 첨가하는 것은 기억을 증진시킨다. 기관소개가 끝나면 기관에 대한 라운딩을 실시하여 공간적인 이해를 돕는다.

기초교육은 자원봉사에 처음 참여하는 노인들을 대상으로 하는 교육을 말한다. 이때는 기본적으로 자원봉사가 무엇인지에 대한 개념정리와 노인들에게 자원봉사자가 어떤 이점을 주는지에 대해 상세하게 전달함으로써 동기부여에 힘쓴다. 기초교육에서 다룰 수 있는 내용은 자원봉사의 이해와 활동내용 소개, 자원봉사자의 자세, 사례 발표, 간단한 레크리에이션 정도다. 이러한 기초교육을 통해 노인들은 자원봉사에 대한 기본지식과 소양을 갖추게 된다.

i) 목적

- 자원봉사의 개념과 의미를 이해하도록 함
- 자원봉사 동기부여
- 기관과 활동, 정보제공

ii) 대상

- 자원봉사 초기 참여자, 예비 자원봉사자

iii) 교육내용

- 기관의 연혁, 조직, 사명, 주요사업
- 참여하게 될 프로그램에 대한 설명
- 기관이 지역사회 또는 다른 기관과 어떻게 관련을 맺고 있는지에 대한 설명
- 자원봉사자들에게 주는 혜택
- 자원봉사자의 권리와 책임
- 자원봉사 가치교육: 노인자원봉사의 의미, 필요성
- 자원봉사 기술교육
- 노인자원봉사 사례 발표
- 노인자원봉사자의 자세

② 보수교육

자원봉사활동을 이미 실시하고 있는 노인들 가운데 자원봉사에 임하는 마인드가 부족하여 대접받기를 원하고 책임감을 가지지 못해 갈등상황이 발생하는 경우가 종종 있다. 이때는 보수교육을 통해 자원봉사에 대한 동기부여와 자세를 새로이 할 필요가 있다. 보수교육은 이미 자원봉사를 경험한 사람을 대상으로 전문성 강화와 활동자 간의 상호 유대 형성 및 소속감을 높이고 지속적인 활동을 고취하기 위해서 실시하는 교육을 말한다. 이것의 목적은 자원봉사자의 자질을 향상시키고, 현장에서 겪은 어려움에 대한 문제 해결방법 토의, 자원봉사자끼리 유대와 소속감 강화 등이 있지만, 대개 노인자원봉사자들이 활동 현장에서 겪었던 문제에 대해 논의할 수 있는 시간이 되도록 계획되어야 한다. 다음 〈표 4-11〉의 설문결과에서 보더라도 보수교육은 봉사활동 관련 전문성을 향상하기 위한 목적으로 실시한다는 응답이 가장 높았다. 같은 활동을 하는 봉사단체나 자원봉사자를 모아 실시하여, 상호 활동을 공유하고 의견을 교환할 수 있도록 한다.

i) 목적

- 자원봉사자의 자질 향상
- 자원봉사자 간 유대 및 소속감 강화
- 자원봉사 동기 강화

ii) 교육대상

- 이미 자원봉사활동의 경험이 있거나 활동 중인 봉사자

iii) 교육내용

- 자원봉사자로서의 의욕을 높이며, 자질을 향상할 수 있는 내용
- 의사소통기술과 인간관계훈련
- 활동분야에 대한 기술교육
- 갈등을 관리하고 해결하는 역량을 강화하는 교육
- 타 자원봉사단체 및 기관 견학
- 참여역할극 실시

〈표 4-11〉 노인자원봉사 재교육의 필요성

		노인복지관(%)	자원봉사센터(%)	전체(%)
재교육의 필요성	중도탈락 방지	3(8.6)	1(5.6)	4(7.6)
	봉사활동 관련 전문성 향상	14(40.0)	6(33.3)	20(37.7)
	참여의식 강화	10(28.6)	6(33.3)	16(30.2)
	자체 중간점검 및 평가	7(20.0)	3(16.7)	10(18.9)
	봉사자 간의 유대 강화	1(2.86)	2(11.1)	3(5.7)

③ 리더 교육

자원봉사활동을 실시하는 단체를 이끌고 지도하는 노인자원봉사 리더에게 체계적인 교육을 제공함으로써, 활동에 대한 비전 수립과 능력 부여를

촉진하며, 더 높은 시너지 효과를 내어 노인자원봉사의 질적 발전과 활성화를 도모한다.

i) 목적

- 노인자원봉사 리더에게 비전 및 능력 부여에 관한 교육 · 훈련 및 현장학습, 슈퍼비전 제공
- 노인자원봉사 리더 간의 네트워크 구축
- 노인자원봉사단체의 효과적인 운영 도모

ii) 교육대상

- 자원봉사 리더

iii) 교육내용

- 자원봉사 리더로서의 사명과 비전 세우기 워크숍, 사명선언문 만들기
- 리더십 훈련
- 갈등관리훈련, 회원모집훈련, 활동회원관리훈련, 활동시간관리요령
- 노인자원봉사 지도자로서의 자세
- 회의진행법
- 자원봉사자 동기부여, 활동인정방법
- 모범 자원봉사 프로그램 현장견학

(3) 노인자원봉사교육 과정 및 실행

① 교육계획 수립

교육계획은 먼저 교육을 통해 이루고자 하는 목표가 분명한 상태에서 수립되어야 한다.

〈표 4-12〉 교육계획 수립내용

구분	내용
교육목표	교육을 통해 얻고자 하는 바가 무엇인지에 관한 명확하고 뚜렷한 목표가 있어야 한다.
참가대상	어떤 노인들을 대상으로 교육할 것인지 정한다.
주요내용	교육의 목적과 대상에 맞도록 교육내용을 구성하여야 하며, 대상 노인의 지식수준이나 욕구를 반영하여 개발한다.
예산	교육계획을 세울 때는 예산지출계획도 필수적인데, 교육장 대여비, 강사비, 교재제작비, 다과비, 진행비 등을 구체적으로 계획한다.
전달방법	교육내용에 대한 충분한 지식과 전달력을 보유한 강사를 섭외하고, 시청각 교재나 기자재를 사용할 것인지 결정한다.
평가	얻고자 했던 교육의 목표가 달성되었는지를 점검하기 위해 교육 후에 측정 가능한 평가도구를 활용한다.

② 홍보 및 참가자 모집

교육계획이 완료된 후에는 교육에 참가할 대상자를 모집하여야 한다. 노인은 대개 교육에 대한 욕구가 높고 활용 가능한 여가시간이 많기 때문에 효과적인 교육홍보를 통해 참여를 잘 유도해 낸다면 참가자 모집이 어려운 일만은 아니다. 홍보는 교육대상에 따라 방법을 달리해야겠지만, 보통 일반적인 노인들을 모집하는 교육이라면 언론을 활용하거나, 노인들이 많이 이용하는 노인복지관, 노인관련기관의 게시판에 홍보문을 부착하면 된다.

교육홍보문을 만들 때는 교육의 목적과 내용, 기간, 모집인원, 신청기간, 신청방법, 연락처 등을 기재하고 눈에 잘 띌 수 있도록 글자크기를 크게 한다. 또한 색깔이나 삽화, 활동사진 등을 첨부하여 관심을 유도하는 것도 좋은 방법이다.

③ 사전 준비

참가자 모집까지 완료가 되었으면 교육의 사전 준비를 해야 한다. 준비가 잘된 교육은 성과도 그만큼 높아질 확률이 크다.

i) 장소

교육장소는 노인들이 쉽게 찾아올 수 있도록 교통이 편리하고 찾기 쉬운 장소가 바람직하다. 교육장 내의 책상과 의자가 충분한지, 기자재나 준비물은 확보되는지 여부도 확인해야 한다.

ii) 강사 섭외

강사는 해당 교육내용을 노인들에게 잘 전달할 수 있는 자로 노인교육의 경험이 있는 자라면 더욱 좋다. 그렇지 않더라도 교육대상인 노인에 대해 이해하고 이에 맞추어 교육할 수 있어야 한다. 지루하거나 목소리가 너무 작은 강사의 경우 졸음을 유발할 수 있으므로 노인교육의 노하우를 가진 강사가 더욱 효과적으로 교육을 해낼 수 있을 것이다. 섭외할 강사가 정해지면, 강의의뢰서를 작성하여 보낸다. 강의의뢰서에는 교육의 목표와 내용, 주관단체, 교육대상자의 특성과 인원수, 교육장소의 약도, 사용 가능한 기자재, 강의희망내용, 원고분량 및 기한, 담당자 연락처 등을 포함하여 작성한다. 또, 노인대상 교육이 처음인 강사에게는 교육 시 고려할 사항에 대해 명시해 준다.

사례: 강의의뢰서

안녕하십니까?

저희 ○○○자원봉사센터는 '제4회 노인자원봉사학교'를 실시하게 되었습니다.

이 사업은 풍부한 사회경험과 폭넓은 지식을 갖고 있는 60~70대의 젊은 노인들 중 자원봉사 희망자를 지역사회 내의 노인자원봉사 리더로 양성하고 노인자원봉사의 활성화 토대를 마련하는 것을 목적으로 하고 있습니다. 인간관계 및 의사소통기술은 상호적인 인간교류활동 중의 하나인 자원봉사활동에 있어 아주 중요한 부분이라고 생각됩니다. 특히 노인분들의 경우는 권위적이거나 자기중심적인 표현을 사용하는 분들도 많이 계셔서 활동 중에 문제가 생기는 사례가 종종 있습니다.

노인자원봉사학교를 기획함에 있어서 '인간관계 및 의사소통훈련'의 강사님으로 모시고자 하오니 부디 바쁘시더라도 시간을 내 주시면 감사하겠습니다.

1. 강의의뢰내용: 노인자원봉사학교 4강 '인간관계 및 의사소통훈련'
2. 일　　시: 2000년 3월 27일(목), 오후 2:00~5:00(180분간)
3. 장　　소: 자원봉사센터 교육실
4. 대　　상: 자원봉사참여를 희망하는 60세 이상 노인 28명
5. 원고작성분량: A4 8~10장 이하
6. 원고제출기한: 4월 10일까지 E-mai로 전송(○○○@○○○○○.or.kr)
7. 강 사 료: 10만 원
8. 사용 가능 기자재: 빔 프로젝트, 노트북, OHP, 화이트보드
9. 주　　관: ○○○자원봉사센터
5. 문의 전화: ○○○)○○○-○○○○ ○○자원봉사센터 담당자 ○○○
http://www.○○○○○○.or.kr

붙 임: 노인자원봉사학교 교육일정표, 교육장 약도 1부

iii) 교육교재 제작

교육교재는 몇 부를 얼마의 분량으로 제작할지를 결정하고, 교육내용의 원고를 담아낸다. 교재는 가능하면 노인이 보기 편하도록 A4 정도의 크기로 하고 글자크기도 크게 만든다.

iv) 기자재 준비

교육 시 사용 가능한 기자재를 확인한다. 노트북, 앰프, 빔 프로젝트, 비디오, 마이크, 단 등 교육에 필요한 기자재를 준비하고 점검하는 작업이 필요하다. 강사가 원하는 기자재가 없을 시에는 타 기관이나 사무기기 대여

점에서 빌려 사용한다. 정보전달방법에 따른 이해도 차이는 시청각(슬라이드를 설명과 함께 한 번 보여 주었을 때: 이해도 56%), 시각(영화를 두 번 보여 주었을 때: 이해도 40%), 청각(말로만 설명했을 때: 24%)이 각기 다르며, 시청각의 효과가 가장 컸다. 따라서 시청각자료의 활용을 활성화하면 교육효과는 높아질 것이다.

v) 참가자 점검

노인들의 경우는 참가신청을 해 놓고도 교육날짜와 시간을 잊어버리거나 착각하는 경우가 종종 있다. 따라서 교육 전날이나 2일 전쯤 일일이 전화로 교육시간과 장소를 확인하는 작업을 반드시 해야 한다.

④ 교육실행

i) 장소 점검

교육장은 청결상태나 환경이 양호한지 살펴보고 주변을 정리한다. 교육장 입구에는 노인들이 쉽게 찾아올 수 있도록 안내문이나 화살표시를 부착한다. 책상이나 단상은 교육내용과 진행방법에 맞도록 배치한다. 화이트보드와 보드마카, 칠판과 백묵 등이 준비되어 있는지 확인하고, 단상은 제 위치에 둔다. 마이크는 제대로 작동하는지 사전 테스트를 실시한다.

ii) 접수, 등록

노인들은 보통 교육시간의 30분 전이나 1시간 전부터 와서 기다리는 경우가 많다. 따라서 교육시작 1시간 전에는 접수대 준비를 완료해 두고, 성명을 확인하면서 교재와 명찰 등을 나누어 준다. 접수를 받는 자는 교육장에 도착한 노인들을 반기는 말로 환영의 뜻을 표한다.

iii) 준비물 점검

카메라, 다과, 교육기자재 상태, 강사료 등을 점검하며, 강사료는 대부분 무통장입금으로 전달되므로 영수증에 강사의 서명을 받도록 한다. 다과는 따뜻한 차와 사탕이나 호박엿 등을 준비해 두면 좋고, 휴지통을 잘 보이는 곳에 두어 다과 테이블이 지저분해지는 것을 방지한다. 그 밖에 교육 시 필요한 준비물이 있다면 가져다 둔다.

⑤ 교육평가

계획된 대로 교육이 실행되고 난 후에는 이의 효과성을 판단하기 위한 평가를 실시하여야 한다.

i) 평가목적

평가를 통해 교육훈련의 목표가 어느 정도 달성되었는지를 파악하고, 이 결과를 향후 진행될 교육훈련을 향상시키는 데 반영하여야 한다. 노인 자원봉사교육의 사후평가는 즉시 이루어져야 한다. 평가지에는 교육내용과 강사, 교육환경 등에 대해 다양한 질문을 하여 구체적인 평가가 나올 수 있도록 한다.

ii) 평가방법

- 평가설문지와 자유토론으로 참가자의 반응과 의견 수렴
- 직원들 간에 교육의 계획과 준비과정, 진행과정 등에 대한 평가
- 교육에 투여된 예산의 적절성과 달성된 목표 비교

iii) 평가내용

- 교육목표에 대한 달성도 파악
- 교육내용에 대한 이해도 평가
- 교육방법 및 기술에 대한 평가(참가인원, 교육방식, 강사, 장소, 시간, 교

재, 기자재, 편의시설 등)

• 교육 참가자 자신이 교육에 임한 자세와 계획, 건의사항

〈표 4-13〉 노인자원봉사자교육의 유형별 비교

	기초교육 오리엔테이션	보수교육	리더 교육
교육목적	1. 자원봉사의 개념과 의미를 이해하도록 함 2. 자원봉사 동기부여 3. 기관과 활동, 정보제공	1. 자원봉사에 대한 동기 강화 2. 새로운 자세를 심어 줌 3. 전문성 강화, 자질 향상 4. 봉사자 간 유대 형성	① 노인자원봉사 리더에게 비전 및 능력 부여에 관한 교육 · 훈련 · 현장학습, 슈퍼비전 제공 ② 노인자원봉사 리더 간의 네트워크 구축 ③ 노인자원봉사단체의 효과적인 운영 도모
교육내용	• 자원봉사의 이해 • 활동내용 소개 • 자원봉사자의 자세 • 사례 발표 • 공동체 훈련 • 자원봉사에 대한 자신의 생각 나누기 • 기관 소개 • 활동 소개 • 기관 라운딩	• 자원봉사자로서의 의욕을 높이며, 자질을 향상할 수 있는 내용 • 의사소통기술, 인간관계훈련 • 활동분야에 대한 기술교육 • 갈등을 관리하고 해결하는 역량을 강화하는 교육 • 타 자원봉사단체 및 기관 견학 • 참여역할극 실시	• 자원봉사 리더로서의 사명과 비전 세우기 워크숍 • 리더십 훈련 • 갈등관리훈련, 회원모집훈련, 활동회원관리훈련, 활동시간관리요령 • 노인자원봉사 지도자로서의 자세 • 회의진행법 • 자원봉사자 동기부여, 활동인정방법 • 모범 자원봉사 프로그램 현장 견학
교육대상	자원봉사 초기참여 노인봉사자 예비 노인자원봉사자	자원봉사를 실시하고 있는 노인봉사자	노인자원봉사 단체의 리더

교육계획안 사례 첨부: 사랑의 산타 교육

2000 사랑의 산타 학교 계획안

1. 목 적

성탄절 산타봉사에 참여하고자 하는 노인들을 대상으로 산타 양성 교육을 실시하여 자신들의 활동에 대한 목적 및 취지를 이해하고, 활동에 필요한 다양한 기술을 습득할 수 있도록 지원함으로써 활동에 대한 자신감을 심어 주고 봉사자와 대상자의 상호 만족도를 높인다.

2. 목 표

– 산타 봉사자들에게 활동 시 필요한 기술을 제공하여 활동의 질을 향상시킨다.
– 산타 활동 경력자에게는 보수교육, 신규 산타 봉사자에게는 새로운 기술훈련 습득의 시간이 되도록 한다.
– 산타 봉사자 교육의 체계를 확립한다.
– 산타 봉사자 및 대상자의 만족도를 높인다.

3. 교육일시: 2000년 12월 13일(월)~14일(화), 오후 1시 30분~5시(2일, 총 7시간 교육)
4. 장 소: 자원봉사교육실
5. 교육대상: 산타 봉사를 희망하는 60세 이상의 노인
6. 참가자 모집: 12월 1일~12월 9일까지
신청접수 후 30명 선발(할아버지 20명/할머니 10명)
선발기준(산타 활동 경력자 우선 선발, 레크리에이션 가능자 우선)
7. 교육내용

〈12월 13일〉

진행시간	진행내용	강사
1:30~1:40	산타 학교 개강식 사랑의 산타 프로그램 취지	○○○ 소장 (○○○자원봉사센터)
1:40~2:00	산타 학교 오리엔테이션 및 자기소개	○○○
2:00~2:30	산타 봉사자의 역할과 자세	어린이집 원장
2:30~3:00	영상으로 보는 산타 활동의 실제	○○○
3:00~3:10	휴식	
3:10~5:00	구연동화 배우기 및 연습 레크리에이션 훈련	○○○ 강사 (색동어머니회 동화구연가)

〈12월 14일〉

진행시간	진행내용	강사
1:30~2:20	산타 기술 훈련 (목소리, 사진포즈, 복장, 덕담훈련 등)	○○○ (○○○자원봉사센터)
2:20~3:20	사례 역할극	○○○
3:20~3:30	휴식	
3:30~4:30	캐롤 배우기	○○○ 강사 (○○○보육정보센터)
4:30~5:00	활동배치, 산타 학교 수료증 전달	○○○

8. 소요예산: 총 760,000원

강사비 – 산타 봉사자의 역할과 자세 강사비 5만원
– 구연동화 강사비 10만원
– 캐롤 지도 강사비 7만원

현수막 제작 – 5만원

교재 제작 – 6,000원 × 40부 = 240,000원

교구 구입비 – 마술도구 구입비 15,000원 × 10개 = 150,000원
– 기타 재료 구입비 100,000원

9. 예산과목: 노인센터사업비 / 교육사업비

(4) 노인자원봉사교육 시 주의사항

- 참가자 모두의 자유로운 발언을 허용함
- 질문할 수 있어야 함
- 진지한 태도로 대함
- 실수 허용
- 경험과 수준에 기초하여 대함
- 대화하는 형식으로 운영

- 적절한 의견 취합, 체계화, 경청
- 화기애애한 분위기 조성
- 공정한 학습 분위기 조성, 참가자에게 자극을 줌
- 참가자들에게 그들이 제시한 의견이 중요하다는 피드백을 줌
- 참가자들의 이해를 돕고, 학습 진행 중 발생할 수 있는 갈등요인 해소
- 시청각 보도자료 활용
- 장시간 강사에 의한 구두제시보다 시청각 보조자료 활용을 통한 흥미 유발
- 신체적 능력을 감안해서 강의 속도, 음성에 주의
- 학습자들이 잘 볼 수 있는 곳에 있으면서 누구나 잘 들릴 수 있도록 육성을 크게 함
- 이론보다는 실생활의 것을 소재로 예를 들어야 함

교육훈련 사례: 노인자원봉사교육 실패 사례

○○자원봉사센터에서는 정기적으로 자원봉사 초기 참여자들을 대상으로 기초교육을 실시한다. 그 교육에는 주부와 대학생, 노인 다양한 연령층이 함께 참여하고 있었다. 그런데 인간관계훈련시간에 아이스 브레이킹을 위해 음악을 틀어 놓고 서로 몸을 움직이는 율동을 하는 도중, 갑자기 한 노인교육생이 "내가 유치원생인 줄 알아?"라며 소리를 크게 지르고 나가 버린 사건이 생겼다. 처음에는 그 노인의 개인적인 성향이라 생각했는데, 다음 교육 때도 같은 사건이 일어났다. 같은 인간관계훈련시간에 "이런게 자원봉사교육에 왜 필요하냐?"라며 한 노인이 교실 밖으로 빠져나왔다. 그러면서 "노인들끼리 있으면 할 텐데 젊은 사람들과 함께 하려니까 민망하다."는 말을 하였다. 이후 ○○자원봉사센터에서는 노인들을 위한 별도의 자원봉사교육 프로그램을 운영하게 되었다.

(5) 노인자원봉사교육의 효과를 높이는 교육방법

① 게임을 활용한 교육기법

• 엄숙하게 침묵하는 어색한 분위기를 해소하고 대화의 물꼬를 트는 워밍업 단계로 사용 가능하며 공동체 팀워크를 형성하고 즐겁게 교육에 몰입하게 할 수 있는 유용한 방법이다. 일단 교육은 흥미를 끌 수 있어야 한다.

– 빙고게임: 노인자원봉사자의 활동 영역에 대한 강의 전에 자신들의 생각을 정리하고 환기시키는 데 도움이 된다.

– OX 퀴즈: 노인자원봉사자들에게 OX 퀴즈판을 하나씩 나누어 주고 자원봉사 관련 문제를 출제한다. 퀴즈를 통해 자원봉사교육의 효과를 확인해 볼 수 있고 알지 못하는 부분에 대해서는 보충설명을 해줄 수 있는 좋은 도구가 된다.

② 역할극

• 집단구성원 간의 친근감을 증대시키고 교육 중에 체험을 통해서 배우고 익히게 된다. 운영에 융통성이 있고, 연습이 가능하며 연습 자체가 교육효과를 내기도 한다. 자칫하면 희극화되어 본래의 교육효과를 달성하기 어렵게 되는 경우가 있다. 직접 연기하는 사람과 청중에 그치는 사람, 시간 소요 등에 주의하고, 극의 질과 연기력이 중요하지 않다는 점을 모두에게 주지시킨다.

– 적용: 노인자원봉사자의 자세교육 시 문제 상황을 역할극으로 발표하게 한 후 토의함

3. 프로그램 실행단계의 관리

1) 노인자원봉사자들과의 공식적 의견교환: 각종 회의진행법

노인자원봉사자 또는 봉사단을 운영하는 데 있어 관리자는 비공식적인 방법에 의해 조직을 관리하고 의사를 결정할 수도 있다. 그러나 공식적인 절차에 의해 의사를 결정하는 데 있어 회의방법을 적절히 활용하지 못하게 된다면 예기치 못한 여러 가지 경험을 겪게 되는데, 자원봉사자들에게 관리자의 무능함을 보여 준다거나, 봉사자들의 의사를 적절히 수용 또는 반영하지 못한다거나, 구성원의 긍정적인 동기를 저하시키는 등의 어려움을 겪는 경우가 있다. 따라서 본 장에서는 회의 준비에서부터 마무리 단계인 결과 보고까지의 과정에서 주의해야 할 내용을 각각의 사례를 통해 제시하고자 한다.

(1) 회의 종류

회의는 통상적으로 어느 하나에 의해 이루어지기보다는 복합적인 방법에 의해 이루어지는 것이 보통이나 보통 기관에서 하는 회의를 몇 가지로 나눈다면 다음과 같다.

- 월례회의
- 간담회의
- 평가회의
- 임원회의 등

(2) 회의를 위한 사전 준비 체크리스트

회의를 준비하는 실무자는 '회원 전원이 참석했으면' 하는 기대와 '원하는 목적이 순조롭게 잘 진행되었으면' 하는 마음을 가지게 된다. 실무자들을 대개 회의를 통해 기관의 입장을 전달하는 데 주력하여, 자칫 회원들의 기대나 욕구에는 소홀할 수 있다. 그럼 좀 더 효과적인 회의를 이끌어 내기 위한 방법은 무엇일까? 회의를 준비하는 데 있어 가능한 한 시행착오

〈표 4-14〉 회의 준비 체크리스트 예

	내용	담당자	준비 정도		비고
			○	×	
1	전 회의록 준비				
2	회의목적 및 의제 결정				
3	참석대상 결정				
4	일시, 장소 결정				
5	내부기안				
6	참석 대상자에 대한 연락				
7	회의자료 준비				
8	참여자 확인				
9	좌석배치				
10	업무분장표 작성				
11	식순지 작성				
12	시청각 기자재 확인				
13	이름표, 명패				
14	옷걸이				
15	시계				
16	녹음기, 촬영기				
17	회의실 환경미화				
18	회의장소, 화장실 등 안내				
19	안내지 및 유도지 준비				
20	현수막				
21	다과 및 음료				

를 줄이고 싶다면, 〈표 4-14〉와 같이 회의준비를 위한 사전 체크리스트를 작성하여 준비하는 방법을 제안한다.

(3) 성공적인 회의 운영방법

열심히 회의를 준비하고도 만족할 만한 결과를 얻어 내지 못하거나, 회의진행의 미흡으로 본래의 회의목적을 달성하지 못한 경우, 또는 조직 운영에도 악영향을 미치게 되는 경우 이러한 실수를 줄이기 위해 최소한 지켜야 할 성공적인 회의 운영의 몇 가지 조건은 다음과 같다.

- 회의 진행이 목적에 부합해야 한다.
- 자신의 의견을 강조해서는 안 된다.
- 참석자 전원에게 발언기회를 주어야 한다.
- 회의시간이 길어지지 않게 사전에 예측하여 준비한다.
- 결론 도출을 조급하게 강행하지 않는다.

(4) 회의 시작 전 진행자의 유의사항

회의를 주관하는 관리자가 준비에 전념하다가 실질적인 회의 진행에 소홀해서 본인에게는 관리자로서 상처와 좌절감을, 회원들에게는 회의에 대한 불신을 유발하는 경우가 있다. 이는 회의 전에 갖추어야 할 조건들을 지키지 못했기 때문이다. 그러한 필수적 조건의 예는 다음과 같다.

- 회의목적 및 안건을 충분히 숙지한다.
- 회의시간이 늦어지지 않도록 시간을 준수한다.
- 회의에 참석 가능한 자 등을 사전에 확인한다.
- 배부된 자료를 충분히 숙지한다.
- 회의 참석자들에 대한 정보를 사전에 파악한다.

- 회의 진행 시 발생 가능한 것들을 예측 · 정리해 보고 들어간다.

(5) 회의 종료 후 유의사항

회의 종료 후의 관리는 그 무엇보다 중요하다. 의결된 사항을 중심으로 결과 보고를 철저히 하여 정보를 공유할 수 있도록 노력해야 한다.

- 결과는 신속하게 기안 처리해서 보고한다.
- 결과자료에는 관련 영수증과 함께, 회의록 및 관련 사진까지도 첨부한다.
- 결정사항은 정확하게 실행에 옮기고 기록에 남기며, 그 결과를 신속하게 공개한다.

2) 노인자원봉사관리자의 어렵고 힘든 숙제: 갈등관리

우리는 실천 현장에서 자원봉사자에 대한 모집에 대해서는 많은 노력을 기울여 왔지만 관리에는 소홀하여 긍정적인 동기를 갖고 참여했던 봉사자들이 중도에 탈락하는 비율이 높음을 많이 경험하였다. 자원봉사조직을 관리해야 하는 관리자에게 자원봉사조직 내외에서의 갈등문제를 어떻게 조정 · 관리하느냐는 중요한 문제다. 갈등에 대해 이성록(2005)은 "두 사람 이상의 사이에서 목적과 방법, 가치와 욕구가 서로 대립된, 혹은 반대인 것처럼 보이는 상황으로서 경쟁과 권위에 따른 다양성과 민감성 그리고 아이디어, 욕망, 필요사항 등의 불일치에서 비롯된 상호작용 과정"이라고 정의하고 있다. 자원봉사자관리 시 어려운 점에 대한 이금룡(2003)의 조사연구에 의하면, 갈등과 관련한 어려움이 전체 응답자의 32%(1, 2, 3번 문항 합계)를 보이고 있다. 이는 자원봉사자 관리자에게 있어 갈등에 관한 문제는, 자원봉사자 관리에 있어 가장 중요한 사안이 되었다고 볼 수 있겠다.

〈표 4-15〉 봉사자 관리 시 가장 어려운 점

봉사자의 불만사항	빈도(%)
1) 봉사자와 대상자와의 갈등	15(12.0)
2) 다른 봉사자와의 갈등	12(9.6)
3) 기관 및 직원과의 관계	5(4.0)
4) 봉사활동 지역 및 내용	16(12.8)
5) 봉사자 가족의 이해 부족	1(0.8)
6) 봉사활동 인정 및 보상 부족	36(28.8)
7) 봉사업무 과중	8(6.4)
8) 활동경비문제	22(17.6)
9) 기타	10(8.0)

따라서 이 장에서는 갈등관리의 유형을 크게 ① 봉사자와 봉사자 간의 갈등, ② 직원과 봉사자 간의 갈등, ③ 봉사자와 클라이언트와의 갈등으로 구분하였다. 이러한 갈등유형에 따른 문제점을 파악하기 위해, 다음과 같은 질문을 통해 원인을 찾아 분석하고 보완하기 위한 노력을 하여야 한다.

(1) 봉사자와 봉사자

- 갈등의 요인이 개인적인 문제인가, 봉사활동에 관련된 문제인가?
- 당사자가 집단 내에서 영향력을 행사하고 있는 오피니언 리더인가?
- 최근에 야기된 문제인가, 아니면 처음부터 있었던 문제인가?

(2) 봉사자와 직원

- 봉사자는 기관의 목표와 정책을 충분히 이해하고 있는가?
- 기관의 근무조건이나 봉사활동 장소 혹은 분위기가 봉사활동에 부정적인 영향력을 끼치지는 않았는가?

갈등해결 사례 1. 봉사자 VS 봉사자

- 갈등배경: 신규 전화말벗봉사단으로 활동하기 위해 신청한 안○○ 회원이 복지관 회원인 조○○ 회원과 재혼을 하게 되었음. 그러나 그 재혼이 부도덕하게 이루어졌다는(조○○ 회원 부부를 이혼시킨 후 재혼을 하였다는 소문) 이유로 기존 전화말벗봉사단원 중 이○○, 정○○, 윤○○ 봉사자가 안○○ 회원의 봉사단 활동을 반대하였음
- 갈등원인: 안○○ 회원의 활동을 반대하는 기존 몇몇의 봉사자들은 굳이 부도덕한 인격을 지닌 사람이 봉사활동을 하는 것은 말이 되지 않으며, 본인들도 같은 사람이라는 오해를 사게 되는 것이 못마땅하다고 생각함. 기존에 잘 운영되어 왔던 전화말벗봉사단에 그 사람으로 인해 평지풍파를 일으킬 이유가 없다고 생각하며, 오히려 화합이 잘되던 봉사단원들 간의 불신만이 커질 것이라는 의견을 보임
- 안○○ 봉사자: 대꾸할 가치가 없는 소문들이라 판단하며 일일이 대응하지 않고 무시하고 있는 상황임
- 해결과정: ① 안○○ 봉사자와 만나 지금 현 상황 전개에 대해 의견을 나눔. 지극히 개인적인 사생활 부분이며 소문이 다소 과장되고, 또한 타인의 편견이지만 본인으로 인해 기존에 잘 운영되고 있던 봉사단에 불협화음이 생긴다면 굳이 활동에 대한 욕심을 부리지 않겠다는 의견을 보임

  ② 이에 전화말벗봉사자들과의 긴급 간담회를 실시하여 현재 상황에 대한 전체 의견을 공유하였음. 몇몇 봉사자들이 안○○ 봉사자의 가입은 전화말벗봉사단에 유익하지 않다는 의견을 보이며 복지관 측에서 그러한 부분들을 원활하게 처리해 주기를 희망함

  ③ 다수의 봉사자들이 그것은 지극히 개인적이고 사생활적인 부분이며 또한 지나치게 부풀려지고 사실과는 다른 부분이 있다는 것에 공감하였음. 또한 사생활 부분이 봉사활동과는 별개의 문제이니 스스로가 판단할 부분이라는 것과 전화말벗봉사단은 주어진 활동에만 전념하는 것이 바람직하다는 의견을 보임
- 종결: 복지관 측은 안○○ 회원의 지극히 개인적인 사생활에 대해 간섭할 권한이 없으며 그러한 개인적인 문제가 봉사활동 수행 여부와 결부시킬 만한 사유가 되지 않는다고 판단함. 또한 봉사단원들 역시 복지관의 입장을 주지하고 같은 차원에서 생각해주기를 당부함. 이러한 결정에 수긍할 수 없는 봉사자의 경우 본인 스스로의 판단에 따라 행동하시기를 권고함. 이후 주동적으로 안○○ 회원의 활동반대 의사를 보인 기존 이○○ 봉사자는 전화말벗봉사단을 탈퇴함. 또한 담당 사회복지사는 기존 전화말벗봉사단원들을 대상으로 이○○ 봉사자의 전화말벗봉사단 탈퇴를 공식화함

- 직원들의 태도가 봉사자의 심기를 불편하게 하지는 않았는가?
- 최근에 야기된 문제인가 아니면 처음부터 있었던 문제인가?

갈등해결 사례 2. 봉사자 VS 직원

- 갈등양상: 전화말벗봉사단이 조직된 직후 전체 직원 간의 인사이동 관계로 전화말벗 담당 직원이 변경됨
  신규 담당 사회복지사는 전화말벗봉사단의 체계적 관리를 위하여 반장제도가 필요하다고 판단하여 월례회의 시 무기명 투표로 반장을 선출하게 함(반장 선출에 있어 사전에 홍보를 통해 봉사자들의 동의를 구하였음). 그리하여 봉사단 전체 인원에서 과반수 이상의 동의로 소○○ 회원이 반장으로 선출되었으며 2년의 반장의 임기를 수행하게 되었음. 그러나 반장 선출 이후 초기에 전화말벗봉사단을 조직하는 데 많은 역할을 하여 실질적으로 반장 역할을 해 왔던 신○○ 회원이 이에 대해 담당 사회복지사에게 강한 불만을 제기하였음
- 신○○ 봉사자: 봉사자를 모집하기 위해 본인이 복지관 회원들을 대상으로 많은 홍보를 하였고 실질적으로 일을 하였음에도 불구하고 자신을 반장으로 인정하지 않은 것에 대해 분노하며 이번 일에 대해 구청장에게 민원을 제기하겠다고 표현함. 또한 일일이 전화말벗 단원들을 만나거나 전화를 통해 이번 일에 대한 본인의 일방적인 심정만을 호소하며 담당 복지사에 대한 악의적인 말들을 퍼뜨림
- 담당 사회복지사: 공식적으로 인정된 반장이 아니었으며 인수인계과정에 있어 그러한 부분이 전혀 언급되어 있지 않았음. 또한 봉사단원들에게 반장 선출에 관하여 홍보함에 있어서도 신○○ 회원의 반장으로서의 역할에 대한 부분들이 전혀 거론되지 않았으며 이리하여 필요에 따라 반장 선출이 이루어졌음을 설명함
- 해결과정: ① 신○○ 회원과 몇 차례의 전화와 만남으로 이번 반장 선출 건에 대한 일처리 부분과 사실적인 상황 등에 대해 이야기를 나누었으며, 다만 본 갈등이 야기된 원인에 대해 담당 사회복지사로서 미처 신경 쓰고 배려하지 못한 부분에 대해 사과함. 이에 대해 신○○ 봉사자는 받아들이지 않음. ② 전화말벗봉사단 긴급 간담회를 실시하여 봉사단원들에게 이번 갈등사례에 대한 사실적인 정황을 설명하였으며 더불어 해결과정에 대하여도 의견을 공유하였음. 봉사단원들 대다수가 복지관 측의 적절한 대응에 동의하였으며 지지를 표시하였음. ③ 재가팀장과 함께 신○○ 봉사자의 집을 직접 방문하여 봉사자와의 관계회복을 위한 노력을 시도하였으며 이에 대해 봉사자가 많이 감화되어 서로의 생각들을 이해하고 관계를 회복하였음

(3) 봉사자와 클라이언트

- 봉사자가 자신의 봉사활동에 대해 충분히 교육받고 훈련을 받았는가?
- 봉사자가 맡은 영역에서 자신의 능력을 십분 발휘하고 있는가?
- 봉사활동에 실증을 느끼고 있는가?
- 최근에 야기된 문제인가, 아니면 처음부터 있었던 문제인가?

갈등해결 사례 3. 봉사자 VS 클라이언트

- 클라이언트 정보: 치매증상이 다소 경증인 남자 어르신. 그러나 성격이 예민하여 소리, 거스르는 행동들을 보이는 사람에게 본인의 언짢은 반응을 표현함
- 자원봉사자 정보: 주간보호 자원봉사 경력 2년 이상으로 명랑하고 쾌활한 성격으로 어르신들과 관계, 직원협조가 매우 적극적으로 이루어지는 봉사자
- 갈등상황: 평상시처럼 봉사자는 주간보호 어르신들에게 노래를 불러 드리며 다들 즐기는 가운데 갑자기 심기가 불편해진 클라이언트가 시끄럽다며 봉사자에게 큰소리를 내심(이 상황에 잠시 직원 부재중이었음). 이에 봉사자는 자연스럽게 대처하였으나, 이후 클라이언트의 행동에 마음에 상처를 받아 다소 서운하다는 의사를 표현함
- 개입: 사건 직후 담당사회복지사의 상담이 이루어졌으나, 타 어르신들이 있는 자리에서 공개적으로 겪은 일로 인하여 봉사자는 이전과 달리 사건이 있었던 클라이언트를 의식하여 주간보호활동 시 다소 소심한 모습을 보임. 이에 담당 사회복지사와 생활지도원이 치매노인에 대한 특성과 이에 대처하는 간병인의 태도, 마음가짐에 대하여 재차 상담하였고, 클라이언트에 대한 개별적 상황을 이야기함
- 이후 변화: 봉사자는 예상보다 다소 시간이 걸렸으나(장기간 봉사활동하였던 능숙한 봉사자였으므로) 상황에 적응하여 다시 예전과 같은 모습으로 봉사활동을 하게 됨
- 바람직한 조치: 클라이언트가 감정 컨트롤이 어려운 치매환자라는 특수성 때문에, 그들의 반응으로 간병인이 마음에 상처를 받는 경우가 종종 있을 수 있음. 따라서 효과적인 봉사자 사전 교육이 필요하며, 아무리 능숙한 봉사자라 하더라도 정기적인 피드백(상담, 교육)이 이루어지도록 해야 할 것임

3) 왜 그만두는가: 노인자원봉사자의 활동중단

노인자원봉사자를 관리하는 데 있어 중도탈락은 여러 가지 측면에서 많은 지장을 초래한다. 이는 자원봉사자를 운영하는 기관에게도 커다란 지장을 초래하지만 봉사활동에 긍정적인 동기로 참여하게 된 노인자원봉사자에게도 만족스런 경험의 기회를 제공해 주지 못해 좌절감과 불신감을 갖게 한다. 이는 봉사자의 활동으로 인해 서비스를 받던 대상자들에게도 부정적인 영향을 미칠 수 있다. 따라서 노인자원봉사관리자에게는 이러한 중도탈락의 원인 파악 및 예방을 위한 노력이 요구된다 하겠다.

중도탈락이라 함은 자원봉사자 모집에 참여한 봉사자가 교육훈련과정을 거쳐 활동에 이르러 종결하기 이전의 과정에서 나타나는 탈락을 말하는데, 그 비율과 원인에 대한 조사결과는 다음과 같다(고양곤 외, 2003).

(1) 노인자원봉사자의 중도탈락 비율

노인자원봉사자들의 중도탈락률을 살펴보면, 전체 응답자 중 33.0%가 11%에서 30% 이내의 중도탈락률에 응답하였고, 10% 이내의 중도탈락률에 응답한 기관은 전체 응답자의 31.1%를 나타냈다. 31%에서 50% 이내의 중도탈락률에 응답한 경우는 26.2%였으며, 51% 이상의 탈락률에 응답한 기관도 9.7%나 되었다.

〈표 4-16〉 노인자원봉사자 중도탈락률

중도탈락률	빈도(%)
10% 이하	32(31.1)
11~30%	34(33.0)
31~50%	27(26.2)
51% 이상	10(9.7)

(2) 노인자원봉사자의 중도탈락 원인

봉사자의 중도탈락에 대한 이유를 묻는 질문에서 '본인의 건강 등 개인 사정'으로 인한 중도탈락이 62.3%로 가장 높은 비율을 나타내고 있다. 그 다음으로는 '심리적 만족감을 느끼지 못해서'(16.4%), '봉사자의 책임감 및 자질부족'(1.5%) 등의 순이다.

〈표 4-17〉 노인자원봉사자 중도탈락의 이유

중도탈락 이유	빈도(%)
직원 및 동료와의 갈등	4(3.3%)
봉사 대상자와의 문제	0(0.0)
본인의 건강 등 개인사정	76(62.3)
심리적 만족을 느끼지 못해서	20(16.4)
봉사자의 책임감 및 자질부족	14(11.5)
경제적으로 부담이 되어서	6(4.9)
기타	2(1.6)

(3) 중도탈락의 사례

중도탈락 사례 1: 노인자원봉사자의 책임감 및 자질 부족으로 인한 활동중단

2003년 하반기부터 2004년 상반기까지 약 10개월간 활동하신 김○○ 봉사자의 경우, 자원봉사 초기에는 매우 성실하고 열심히 활동했으나, 6개월이 넘어가면서 상담하며 껌을 씹는 일이 잦았고, 사무실에서 사적인 전화를 너무 많이 하여 업무에 도움이 되는 것이 아니라 오히려 방해가 되었다.

비교적 장기간 활동을 하고 본인이 활동을 하는 것을 너무 좋아하여 활동을 중단시키는 것이 매우 힘든 상황이었다. 활동의 자세에 대한 부분에 대해 관리자가 개별상담을 실시하여 개선해 줄 것을 요청하였지만, 개선의 의지와 자세에 변화가 없어 결국 활동중단을 권유하게 되었다. 하지만 봉사자는 자신의 활동을 중단시키는 관리자에 대해 부정적인 감정을 갖고 화를 내며 활동을 중단하게 되었다.

중도탈락 사례 2: 클라이언트와의 갈등으로 인한 활동중단

- 봉사자: 복지관 당구장 자율이용 도우미 ○○○
- 클라이언트: 복지관 당구장 이용회원 중 · 상급자들
- 사례발생일: 2004년 4월
- 당구장 도우미 역할

① 당구장 청소 및 당구용품 관리
② 당구장 이용안내-시간표에 의해 초급/자율이용 회원들의 활동시간 분리
③ 초급회원 지도

- 당구장 운영(당구대 2대 비치)

① 시간별 초급/자율이용 이용시간 분리
② 초급시간에는 당구를 처음 접하는 분들에게 도우미들이 당구교육 실시
③ 자율이용 시 상급(200점 이상), 하급(150점 이하) 당구대 분리

- 갈등배경: 복지관 당구장 도우미 ○○○와 당구장 이용회원들이 사무실로 찾아와 시시비비를 가릴 수 있도록 요청하는 가운데 봉사자와 이용회원 ○○○ 사이에 심한 말다툼이 발생하여 ○○○ 회원은 복지관 이용을 중단하였으며 ○○○ 도우미는 스스로 봉사활동 중단을 요청하고 복지관을 떠남
- 갈등원인: 당구장 도우미 ○○○는 시간표에 의해 초급시간에 상급(200점 이상)자들에게 당구장 이용을 금지하라고 하였으나, 당일 초급이용회원의 수가 적어 상급자들이 융통성 발휘를 요구하면서 말다툼 발생
- ○○○ 봉사자 측 의견: 당구장 도우미로서 질서를 잡기 위해 초급시간에는 상급자들의 이용을 제한하였으며, 초급회원들의 경우 상급자들이 옆에 있으면 의기소침하여 제대로 당구를 배울 수 없어 한 명이 이용하더라도 초급시간은 초급자들에게 주어진 권리라고 설명
- 당구장 이용 상급자들의 의견: 당구장 이용회원에 비해 당구대 2대는 부족한 실정이며 이용회원의 대다수가 자율이용을 하고 있음. 따라서 초급시간에도 초급이용자가 없으면 2대 중 1대는 함께 이용할 수 있는 융통성을 보여 주었으면 좋겠음
- 관리자의 개입

① 봉사자 옹호 및 연락
② 상급자들에게 복지관 운영 대안 마련 촉구(연대 책임의식 제고)

중도탈락 사례 3: 직원 퇴사에 의한 활동 중단

- 봉사자: 도시락배달봉사자 박○○
- 사유: 담당 직원과의 개인적인 친분으로 봉사활동 시작, 담당자 교체로 인하여 중도탈락함
- 사례: 도시락 서비스 담당 직원의 엄마 친구로서 부탁을 받고 처음 봉사활동을 시작하였으며 도시락 서비스 지역에 거주하고 있어 1년 동안 도시락 명찰 제작 및 배달봉사를 해 왔음. 그러나 담당 직원의 퇴사로 인해 지속적으로 봉사활동을 해야 할 명분이 없어졌으며 중단 의사를 새로운 담당 직원에게 간접적이고 지속적으로 표현함'
- 개입: 서비스를 받으시는 무의탁 어르신들에게 직접적으로 제공하는 매우 뜻깊은 봉사활동이라는 점을 강조하며 지속적인 봉사활동을 유도하였으나, 개인적인 문제 등으로 지속적인 봉사가 힘들다는 의견을 보이며 자주 활동을 거르는 등 봉사활동을 지속할 수 있는 상황이 되지 못하였음. 무엇보다 봉사자 스스로 봉사활동에 더 이상 뜻이 없음을 밝혀 활동을 종결키로 하였음
- 이후 신규 봉사자를 섭외하여 서비스를 진행함

중도탈락 사례 4: 적성에 맞지 않아 활동중단

- 활동장소: 치매주간보호센터
- 자원봉사자 정보: 젊은 시절 간호사로 활동하였고 치매노인의 봉사를 희망하여 6개월 정도 활동함
- 갈등상황: 평소 타 분야에서 자원봉사를 해 오던 봉사자로 대부분 무료급식소에서 주방일 봉사를 하시던 것에 익숙한 봉사자였으나 주간보호에서는 주로 치매 어르신들을 돌보는 봉사(말벗, 산책 동행, 프로그램 보조)에 다소 적응하지 못하심. 그러던 중 봉사자 개인의 건강약화와 같은 나이 또래인 노인보다는 아동을 대상으로 봉사하고 싶다며 담당 사회복지사에게 봉사활동 중단 의사를 전달함
- 개입: 관리자는 봉사자의 중단 희망 의견 중 치매노인을 상대하다 보니 더 피곤이 느껴지고, 힘든 일을 하는 것도 아닌데 노인에게 기가 빼앗기는 것 같다는 말을 하는 것을 보아 개인의 건강악화와 함께 봉사자 개인의 성향

과 클라이언트가 잘 맞지 않는 것으로 판단, 더 이상의 봉사활동의 지속을 권하지는 않았음

- 사후 조치: 주간보호에서 봉사자의 개인 활동은 중단되지만, 주간보호 어르신들의 간식은 후원하고 싶다는 봉사자의 의견을 수렴하여 이후 여러 차례의 간식 후원이 이루어졌고 현재는 종결되었음

(4) 중도탈락 방지방안의 모색

노인자원봉사활동을 활성화하는 데 있어서, 노인들을 봉사활동의 장(場)으로 이끄는 것도 중요하지만, 봉사활동을 지속하도록 하는 것도 매우 중요한 작업이다. 한 연구(Clary & Snyder, 1999)에서는 자원봉사활동을 지속하게 하는 중요한 요인은 자신의 활동이 대상자에게 도움을 주었다는 자신감, 성취감을 느끼는 것이라 하였다. 노인들의 경우 활동에 자신감이나 능력에 확신이 부족한 경우가 많으므로, 자원봉사활동을 처음 시작할 때 긍정적 경험을 갖도록 돕는 것이 중요하다.

① 중도탈락 징후파악

자원봉사자 및 조직을 운영하는 관리자의 경우 봉사자의 중도탈락의 징후를 파악할 수 있다면 사전에 이를 대처하고 예방하는 데 도움이 되리라 생각되며 이에 대해 경험에 의한 범위 내에서 나열하자면 다음과 같다.

- 기관 및 구성원 간에 비협조적인 자세를 보일 때
- 봉사활동 및 모임 등의 참여율이 저조할 때
- 기관의 운영에 부정적인 감정표현이나 언행으로 대하기 시작할 때
- 클라이언트의 불만이나 민원 제기가 들어오기 시작할 때
- 만족도 조사에 의한 평가점수가 낮아질 때
- 일지작성이나 제출해야 할 역할 등이 소홀해질 때

② 중도탈락 방지방안

- 봉사자의 욕구에 맞는 다양한 프로그램 개발에 의한 기회 제공
- 모집에서부터 평가에 이르기까지 철저한 지지 및 관리에 의한 목표달성 유도
- 면접 후 신속한 배치로 동기저하 방지에 의한 활동의 기회제공
- 봉사자들 간의 적정한 역할 부여로 갈등 및 소외감 해소에 의한 탈락 예방
- 체계적인 교육 및 재교육으로 책임감과 의무감 고취에 의한 봉사동기의 지속적인 유지
- 봉사자 개개인에 대한 애정과 관심표명에 의한 소속감 및 연대의식 고취
- 정기적인 모임이나 봉사자들의 불만과 건의사항 등을 수렴할 수 있는 창구 마련과 즉각적인 대처
- 격려와 봉사활동에 대한 인정을 통한 만족감 증진 및 적절한 정신적, 물질적 보상
- 봉사업무와 직접적인 관련이 없다 할지라도 봉사자가 원하는 교육지원 노력
- 철저한 사후 관리에 의한 즉각적인 대처로 봉사자 관리

4) 노인자원봉사자를 지치지 않게 하는 비결: 인정과 보상

자원봉사자에게 있어 가장 좋은 보상은 활동을 통해 얻는 보람과 기쁨일 것이다. 뿐만 아니라 자원봉사활동을 통해 전문성을 기르고 배움의 기회를 가질 수 있으며, 인간관계를 넓히는 계기가 마련되기도 하며, 정신적 · 신체적 건강 등 돈 이외의 많은 것을 얻을 수 있다. 만일 누군가 나의 자원봉

사활동에 관심을 가져 주고 격려해 준다면 그것 또한 신바람 나게 봉사활동을 지속할 수 있게 하는 동력이 된다. 특히나 노인자원봉사자의 경우 어떻게 인정하는가에 따라 활동에 참여하는 모습이 크게 달라진다. 작은 것에 감동하고 작은 것에 서운해하는 특징이 있으므로 관리자의 세심함이 요구되는 부분이 바로 인정과 보상이다.

(1) 노인자원봉사자 인정 · 보상의 개념

노인자원봉사자 인정 · 보상이란 활동으로 기여한 바를 알려 주고 그 가치를 인정하며 감사를 표현하는 일로 지속적으로 활동할 수 있도록 동기화하는 수단이 되기도 한다.

효과적인 인정은 자원봉사자에게 용기를 줌으로써 그들이 다시 오게 하고, 더욱 의욕적으로 만들어 활동의 능력을 향상시키는 데 영향을 주기도 한다. 또한 사람들이 조직에서 일할 때 좋은 감정을 갖고 일할 수 있도록 도와주며, 자원봉사자가 오랫동안 봉사할 수 있는 용기를 주기도 한다. 뿐만 아니라 효과적인 인정은 자원봉사자들의 사기와 봉사단 정신을 높여 준다.

노인자원봉사자들은 관심과 인정에 대한 욕구가 더욱 크기 때문에 개별화된 인정이 필요하다. 특히 노인자원봉사자를 인정할 때 주의해야 할 것은 샘이 많고 비교하기를 좋아하는 특성을 나타내는 경향이 있어 인정에 대한 공정성을 철저히 유지해야 한다는 것이다.

인정(recognition)과 보상(reward)으로 구성되는 보상체계는 노인자원봉사자들에게 봉사활동으로 기여한 바를 알려 주고 그 가치를 인정하며 감사를 표현하는 것으로, 자원봉사자들이 봉사활동의 경험을 통해 만족감을 느끼고, 자원봉사활동을 지속적으로 유지할 수 있도록 하는 데 중요한 역할을 한다.

근본적으로 자원봉사활동에 대한 보상은 봉사자의 동기와 욕구를 만족시켜 주는 데 있다. 봉사활동이 내재적 동기, 즉 목적 지향적 동기에 의한 것이라면 그것에 맞는 봉사 프로그램을 개발하고 수행하도록 함으로써 활동에 대한 만족감을 갖게 하는 것이 가장 근본적이고 중요한 보상이라고 할 수 있으며, 외재적 동기인 수단 지향적 동기에 의한 봉사자들에게는 봉사활동이라는 수단을 통해 그들이 궁극적으로 얻고자 하는 목적이 무엇인지를 파악하고 이를 이룰 수 있게 해 주는 것이다.

하지만 봉사활동에 대한 만족감과 지속적인 활동을 도모하기 위해서는 봉사자에게 다양한 형태의 인정(recognition)과 물질적 · 비물질적인 보상(reward)이 제공되어야 할 것이다.

이러한 보상체계는 내용적으로 물질적이거나 정신적인 요소들 그리고 추상적이거나 구체적인 요소들을 모두 포함하는 것이다. 또한 보상체계가 수행되는 행태에 따라서 공식적이거나 비공식적 그리고 예산이 투입되거나 비예산으로 실행할 수 있는 것으로 구분할 수 있다. 이 책에서는 보상체계의 행태적 분류를 통해서 향후 보상체계의 발전방향을 제시해 보고자 한다.

(2) 인정의 목적

- 잠재적 자원봉사자들의 참여동기를 유발시킴
- 자원봉사자들의 사기 진작
- 자원봉사자들의 지속적인 참여 유지
- 지역사회에서 자원봉사의 가치를 높이고 확산시킴

(3) 인정의 유형

자원봉사자에게 인정을 제공하는 형태는 크게 공식적인 인정과 비공식적인 인정, 두 가지 유형으로 나누어 살펴볼 수 있다. 또한 예산이 소요되는 보상과 예산 없이 할 수 있는 보상으로 분류할 수도 있다.

(4) 효과적인 인정과 보상의 요령

- 지속적이어야 한다.
- 융통성 있게 개별적으로: 받는 사람에게 의미가 있어야 하고 성향에 따라 다양하게
- 다양화된 인정기준이 필요: 양적 평가 + 질적 평가
- 자신들의 노고가 감사받고 있음을 느끼게
- 변화를 이루어 내고 있음을 느끼게
- 코트를 걸 장소, 주차할 장소, 즐거운 공간, 존경과 감사
- 시기적절한 보상
- 자연발생적, 비용이 들지 않는 인정을 많이 활용
- 지속적이고 자주
- 활동기간에 따른 인정
- 새롭고 창의적인 인정
- 자원봉사자의 가장 큰 인정은 일에 대한 성취감이다. 적합한 일에 배치하는 것이 생산성도 높이고 인정하는 핵심이 된다.

인정과 보상 성공 사례

○○○자원봉사센터에서는 ○○봉사단체에서 활동하는 봉사자들에게 감사의 마음을 표시하기 위해 한 명 한 명의 특징을 살려 상장을 만들었다. 상 이름도 '알뜰살뜰상', '수요일엔 빨간 립스틱을상' 등으로 재미있게 지었으며 봉사자의 활동사진을 상단에 붙여 한 명 한 명 차별화한 상장을 만들어 수여하였다. 봉사자들은 감동을 받아 눈물을 흘리기도 하는 등 보편적인 표창장과 상장과는 다른 감동을 전할 수 있었다. 2000년에 상장을 받았던 이 봉사단체는 현재까지도 어느 봉사단체보다 활발한 활동을 지속하고 있다.

〈표 4-18〉 인정의 유형

구분	예산이 소요되는 보상	예산 없이 할 수 있는 보상
비공식적인 인정	• 감사장 보내기 • 가족에게 감사편지 보내기 • 생신 축하카드 발송 • 더 나은 음료수 제공	• "고맙습니다" 라고 말하기 • 미소짓기 • 감사 이메일 • 추천서 • 친절, 호의 • 칭찬해 주기 • 봉사자, 단체의 역량을 지지해 주기 • 가족이나 사생활에 대한 관심 표현 • 안부전화 • 자원봉사자의 관심에 동조 • 악수 • 이름을 부르며 인사 • 다시 한 번 감사 인사
공식적인 인정	• 봉사자 ID 카드 제공 • 봉사자 유니폼, 조끼, 모자 등 제공 • 명함 만들어 주기 • 기념품 지급 • 기관 정기간행물에 사례 소개 • 사례발표기회 제공 • 자원봉사 명예의 전당 운영 • 리셉션, 다과회, 상패, 자원봉사자 핀 지급 • 활동인증서 지급 • 상해보험 가입 • 자원봉사자를 위한 연말 파티 초청 • 무료주차권 • 다과 제공 • 명절 축하카드	• 미담 사례로 언론에 소개 • 개인표창 추천 • 공연에 단체를 초청함 • 공동 인터뷰 • 야유회, 여행 지원 • 단체에게 점심 제공 • 그룹 유니폼 제공 • 이름표 • 우수 프로그램으로 추천 • 교육 제공 • 봉사자 활동결과, 사진 게시 • 기관의 할인혜택 • 기관회보나 웹 페이지에 자원봉사자 소개 • 선임된 임원들로부터 칭찬 • 지역, 국가의 표창 • 사례발표의 기회를 제공 • 주차공간 확보 • 회의 참여

(5) 보상체계의 발전방향

자원봉사활동에 대한 보상으로 가장 중요한 것은 봉사동기와 욕구에 맞는 봉사활동을 할 수 있게 하는 것이다. 이를 통해 봉사자들의 내재적 동기를 최대한 만족시키는 것이 최상의 보상이라고 할 수 있다. 이를 위해서는 노인자원봉사자들의 욕구와 동기에 맞는 다양한 프로그램을 개발하는 것이 최우선의 과제라고 할 수 있다.

노인자원봉사자들에게 제공되는 다양한 인정(recognition)과 보상(reward)은 봉사활동에 대한 만족도를 높이고, 지속적인 활동을 도모하는 데 있어서 매우 중요한 역할을 하기 때문에 이에 대한 실질적이고 체계적인 연구가 필요하다. 서울시 소재 노인복지관을 대상으로 한 보상체계의 현황을 보면, 실무자나 노인자원봉사자 모두 예산이 소요되지 않는 보상체계에 중요한 의미를 부여하고 있으며, 이에 따른 인정과 보상이 상대적으로 더 많이 제공되고 있음을 확인할 수 있었다. 하지만 본 연구에서 제시된 서른다섯 가지의 인정과 보상 방법 중 많은 부분들이 중요도에서나 실행도에서 실무자와 노인자원봉사자의 인식을 얻어 내지 못하고 있을뿐더러, 현장에서는 기존의 인정과 보상 방법 이외의 보다 더 다양하고 효과적인 방법들의 개발이 요구되고 있는 시점에서 향후 보상체계의 발전방안을 모색할 필요가 있다.

보상체계의 발전방향으로는 예산이 소요되지 않는 공식적 혹은 비공식적 보상 및 인정 방식을 더욱 강화하는 동시에, 예산이 소요되는 공식적 혹은 비공식적 보상 및 인정 방식을 활성화시키는 방향으로 모색되어야 할 것이다. 또한 보상체계의 궁극적인 목적을 자원봉사활동을 통한 봉사자 개인의 만족에 국한하기보다는 지역사회와 연계하고 사회활동을 활성화하게 하는 지원방안으로서의 보상체계를 정립하는 것이 바람직할 것이다.

이에 따라서, 보상체계의 개발전략을 i) 새로운 보상 및 인정 아이템 개

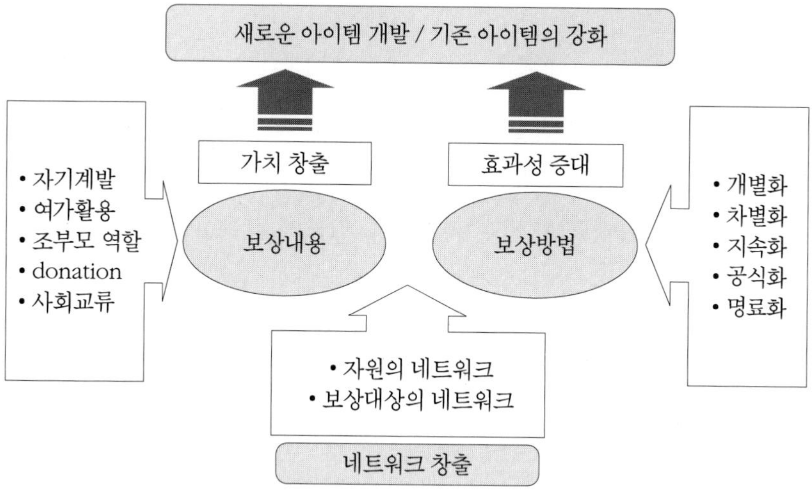

[그림 4-5] 보상체계의 개발전략모형

발과 ii) 기존의 보상 및 인정 방식의 효과성 및 효율성을 증대하는 방향으로 설정해 보았다. [그림 4-5]는 이러한 논리를 근거로 하여 보상체계의 개발전략을 도식화한 것이다.

① 보상내용

네트워크 창출을 통해서 새로운 보상내용이 개발될 수 있음을 설명하였다. 보상내용에 대한 방향성을 제시하는 것은 매우 중요한 일이다. 마케팅에서는 '가치발견'과 '가치창출'이라는 용어가 있다. '가치발견'이란 소비자의 표현된 욕구를 발견하는 것을 의미하지만, '가치창출'이란 소비자의 잠재적인 욕구를 찾아내고 이를 만족시켜 주는 것을 의미한다. 이는 곧 '고객만족'을 넘어 '고객감동'으로 이어질 수 있는 메커니즘이다.

보상내용에 있어서도 단순히 봉사활동에 대한 동기를 만족시키는 '가치발견'의 차원을 넘어서서, 노인봉사자 자신도 미처 인식하지 못하는 잠재적인 욕구들을 보상의 차원으로 제공할 수 있는 '가치창출'의 방향으로 나아가야 할 것이다.

그러기 위해 보상의 내용은 단지 봉사활동의 영역에 국한되어서는 안 되며, 고령사회의 기회요인과 위협요인들의 분석과 노년기의 특성들을 고려한 포괄적인 관점에서 보상체계를 구성해야 할 것이다. 즉, 노인봉사자들이 봉사활동 이외에도 자기계발을 할 수 있도록 고무시키고, 여가활용을 활성화할 수 있게 하고, 사회적 교류와 세대 간의 교류를 할 수 있는 기회를 부여하며, 역할상실의 노년기에 유일하게 획득하는 조부모 역할을 잘 수행할 수 있게 하고, 봉사활동을 통해 또 다른 봉사활동을 할 수 있도록 보상실적을 다른 사람에게 기부할 수 있게 함으로써 내재적 동기에 대한 만족도를 극대화시키는 것이 필요할 것이다.

이와는 상반되게, 직접적이고 금전적인 보상은 지양해야 한다. '밀어내기 효과'에서도 시사점을 얻을 수 있듯이, 금전적인 보상은 봉사활동의 기본정신을 위축시키고, 봉사자의 내재적 동기를 약화시킬 수 있기 때문이며, 금전적 보상을 지원할 수 있는 예산을 마련하는 것도 쉽지 않은 일이다. 또한 앞에서 살펴본 설문조사결과에서도 알 수 있듯이 노인봉사자들은 예산이 소요되는 보상체계에 대해 그다지 감동하지 않는다.

② 보상방법

2장에서 제시된 여섯 개의 프로그램 개발유형들 중에 '기존 프로그램의 수정 · 보완'이 있다([그림 2-4] 참고). 이는 기존 프로그램의 내용을 변화시키지 않고, 방법론적인 측면에서 변화를 주는 것이다. 즉, 봉사시간을 연장하거나, 봉사 대상자를 확대하는 등 물리적인 변화를 통해서 새로운 효과를 기대하는 방법이다. 보상방법에서도 동일한 보상 아이템에 대한 보상방식의 변화를 통해 기존의 보상 아이템의 효과성을 증대시킬 수 있을 것이다.

앞의 보상체계 설문조사에서 활용된 서른다섯 개의 보상 아이템에 대한 분석은 실행 정도와 중요도에 관해서만 설명되어 있고, 어떻게 실행하고 있는지에 대한 보상방법은 조사하지 못했다. 동일한 보상 아이템이라 하더라도 어떻게 실행하느냐에 따라 보상의 대상자인 노인자원봉사자들의 인식은 달라질 수 있으며, 이에 따라 보상의 효과는 크게 좌우될 수 있을 것이다.

여기서는 보상의 효과를 극대화할 수 있는 방법으로 보상의 개별화, 차별화, 지속화, 공식화 그리고 명료화 등을 제시하고자 한다.

i) 보상의 개별화

모든 봉사자들에게 유사한 방식과 내용으로 보상과 인정을 제공하는 경우와 봉사자 개개인의 특징에 맞게 그 봉사자만이 느낄 수 있는 방식을 제공하는 경우는 보상의 효과에서 많은 차이를 나타낼 것이다. 예를 들어, 봉사자를 위한 티셔츠를 제공한다고 했을 때, 예산이 조금 더 소요되더라도, 티셔츠나 유니폼에 개별 봉사자들의 이름들을 멋있는 디자인으로 새겨 넣는다면 훨씬 더 감동적일 수 있을 것이다. 이미 기존에 활용하고 있는 많은 보상 아이템에서도 개별화를 강조하고 있지만, 개별화에 대한 인식이 미치지 못했던 아이템들에 대해서 충분히 고려해 볼 만하다.

ii) 보상의 차별화

차별화란 개별화와 유사한 의미가 될 수 있지만 사람을 대상으로 한 차별화가 아니라 보상내용에 대한 차별화를 의미한다. 봉사활동의 다양성에도 불구하고 보상의 내용이 동일하거나 유사할 경우 보상의 효과는 반감될 가능성이 크다. 일회성 봉사활동과 장기적인 봉사활동의 경우 더욱 그러하다. 'Match the reward to the achievement', 즉 봉사활동의 성취도에 따라 보상이 차별화될 필요가 있고, 이것을 봉사자들에게 이해시킬 필요가 있다. 이는 곧 봉사활동에 대한 보상의 가치를 알게 하고, 봉사활동에 대한 동기부여와 지속성을 유도하는 데에도 긍정적인 역할을 할 수 있다.

iii) **보상의 지속화**

보상의 내용이 달라지거나 폐지된다면, 봉사자에게 혼란을 줄 수 있으며 보상의 효과를 저해하는 결과를 가져오게 될 것이다. 반면에 보상의 지속성은 봉사자로 하여금 기대를 하게 하고, 이러한 기대는 봉사활동의 내실을 가져올 수 있다. 이러한 지속성은 실무자와의 관계에서도 중요한 역할을 한다. 실무자의 한결같은 태도와 응대는 봉사자로 하여금 신뢰감과 책임감을 가지게 하지만 때와 장소 그리고 개인의 감정기복에 따라 태도와 응대가 시시각각 변화한다면 아무리 훌륭한 인정(recognition)과 보상(reward)이라도 그 효과는 크지 못할 것이다.

iv) **보상의 공식화**

같은 내용의 보상이라 하더라도 공개적인 장소에서 공식적으로 제공하는 것과 사적인 장소에서 비공식적으로 제공하는 것과는 보상에 대한 효과의 차이가 있을 것이다. 공식화의 방식은 개별화의 방식과 상반되는 것일 수 있지만 보상의 아이템에 따라서 적절하게 보상방식을 활용할 수 있을 것이다.

v) **보상의 명료화**

보상에 대한 기준과 목적이 명료해야 한다. 즉, 봉사자가 어떻게 해서 이런 보상을 받게 되었는지에 대해 분명하게 설명해 주어야 하며, 이는 공식적인 장소에서 공개적으로 이루어지는 것이 더 바람직하다. 보상이 명료하지 못할 경우, 보상을 받지 못하는 다른 봉사자들의 사기를 저해시킬 우려가 있으며, 보상을 받는 봉사자 자신에게도 큰 의미로 다가오지 않을 수 있다.

이외에도 시기적절하게 보상을 제공함으로써 효과를 증대시킬 수 있으며, 보상체계를 구성하는 자리에 봉사자를 참여시킴으로써 보상의 의미를 효과적으로 부여할 수도 있다.

③ 네트워크 창출

보상을 제공할 수 있는 자원들을 연계(networking)하여 예산부족을 극복하면서 보다 다양한 보상방안을 개발할 수 있게 하는 동시에, 보상대상을 노인자원봉사자에게 국한하는 것이 아니라 봉사자를 그들의 가족(배우자, 성인 자녀, 손자녀), 주변인, 지역사회주민, 소외계층 등과 연계하여 기부하게 함으로써 인정과 보상의 방식을 다양화할 수 있도록 해야 할 것이다.

자원의 네트워킹은 새로운 보상 아이디어를 창출하고, 기존의 보상방식을 강화시키는 데 있어서 매우 중요한 역할을 한다. 예를 들어, 지방자치단체와의 네트워킹을 통해 세금감면이라는 인센티브를 제공할 수도 있으며, 지역사회 공공시설(미술관, 박물관, 도서관 등)의 이용할인권(혹은 도서대출)을 제공받을 수 있고, 대학교 도서관을 이용할 수 있는 혜택을 지원할 수 있으며, 지역사회 문화시설에서 제공하는 다양한 교육 프로그램을 할인받을 수 있는 중요한 자원이 되기 때문이다.

또한 민간영역(기업)과의 네트워크 창출을 통해서 물질적, 비물질적 보상을 지원받을 수 있다. 특히 기업의 사회공헌활동은 기업이윤의 사회적 환원 차원에서 벗어나 기업의 이미지를 향상시키는 홍보전략의 일환으로,

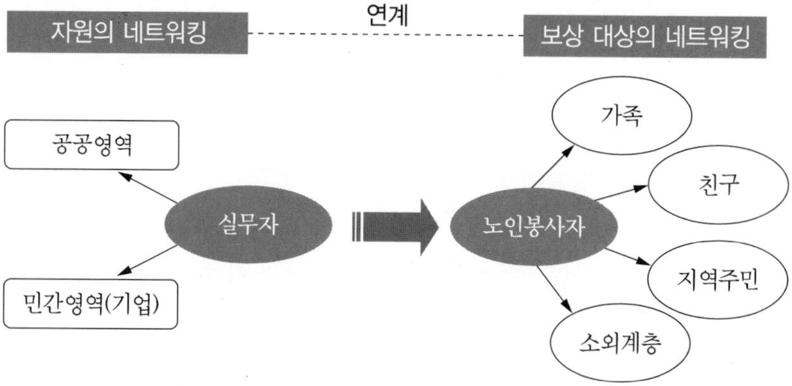

[그림 4-6] 보상체계의 네트워크 창출모형

장기적으로는 경영전략적 입장에서 추진되고 있기 때문에 기업의 미션과 비전에 맞는 사업을 통해서 네트워크를 구축한다면 기업의 상품이나 서비스를 통해서 노인봉사자들의 보상체계에 기여할 수 있을 것이다. 예를 들면, 핸드폰 관련 기업에서는 노인봉사자들에게 보상으로 문자 서비스를 제공할 수 있게 하고, 노인봉사자 본인은 이를 손자녀에게 기부(reward credit donation)할 수 있게 한다면, 노인봉사자의 조부모 역할에서의 만족감과 함께 손자녀들에게는 조부모의 활동적인 이미지를 긍정적으로 인식할 수 있는 계기를 마련할 수도 있을 것이다.

한편, 보상 대상의 확대를 통한 네트워킹 또한 보상내용과 방법에서의 다변화를 도모할 수 있게 한다. 자원봉사활동으로 인한 실적을 다른 사람에게 기부할 수 있는 '보상실적기부제도(reward credit donation system)'는 봉사활동을 통해 얻은 결과를 또다시 다른 사람에게 기부함으로써 외재적 보상으로 인해 내재적 동기가 침해당하는 '밀어내기 효과(crowding-out effect)'를 방지할 뿐 아니라 오히려 봉사활동에 대한 내재적 동기를 극대화할 수 있고, 기부를 받은 사람들은 노인봉사자에 대한 긍정적인 이미지를 정립할 수 있으며, 상호 간의 교류를 활성화시킬 수 있는 계기가 될 수 있을 것이다.

이와 같이 자원과 보상 대상의 네트워크 창출과 연계는 새로운 보상내용을 창출할 수 있으며, 보상실적기부제도와 같은 방법을 활용한다면 보상의 방법에도 다변화를 꾀할 수 있을 것이다.

노인자원봉사자들에 대한 최대의 보상은 그들의 동기에 적합한 봉사 프로그램을 개발하고 실행하는 것이다. 보상과 인정은 봉사활동에 대한 만족감을 증대시키고, 지속적인 봉사활동을 유지하게 하는 데 있어서 매우 중요한 역할을 한다. 그리고 이러한 보상체계는 단순히 봉사활동의 영역을 넘어서서 고령사회의 노년기 삶의 질을 제고할 수 있는 포괄적인 관점에서 제공되어야 할 것이다. 보상체계의 개발전략은 새로운 보상 아이템을 개발하거나 기존에 제공되고 있는 보상 아이템의 효과성을 강화시키는 방향이 되어야 하며 이를 위해서는 자원과 보상 대상의 네트워크의 창출과 연계를 바탕으로 하여 보상내용을 통해 '가치창출'을 이끌어 내고, 보상방법의 보안을 통해 '효과성의 증대'를 도모해야 할 것이다.

(6) 자원봉사상해보험 가입

① 자원봉사상해보험의 필요성

- 자원봉사활동에 대한 사회적 책임과 지지망 형성
- 위험요소로부터 자원봉사자 보호
- 치료과정에서 발생하는 봉사자의 경제적 손실 감소
- 자원봉사활동의 지속성 유지
- 우수 자원봉사활동 참여자의 증대
- 정기적 봉사활동자에 대한 정보관리능력 확보

② 보상하는 손해

봉사자가 보험기간 중에 급격하고도 우연한 외래의 사고(이하 사고)로 신체에 상해를 입었을 때(다음과 같은 예)

- 무료급식활동 중 뜨거운 물에 손을 데었을 때
- 목욕봉사활동으로 대상자를 옮기던 중 허리를 삐끗하였을 때
- 집수리 봉사활동 중 망치질을 하다 손을 다쳤을 때
- 봉사활동 가던 중 돌부리에 걸려 넘어졌을 때
- 봉사활동 중 실수로 상대방에게 상해를 입혔을 때

자원봉사상해보험 사고처리 사례

신 ○ ○ (○○○보건소 말벗자원봉사자)

- 현재 실시 중인 또래노인돕기 말벗활동의 월례회의를 마치고 4시경 집으로 돌아가던 중 원미시장 입구 새마을금고 앞에서 잘못 놓인 맨홀 뚜껑에 걸려 넘어짐
- 2000년 3월 26일~5월 29일-○○정형외과에서 입원 및 통원치료
- 2000년 6월 7일(토)-○○○한의원에서 침치료
- 2000년 7월 3일(목)-보험금 지급

③ 보상하지 않는 손해

- 고의로 상해를 입었거나 입혔을 경우
- 피보험자의 자해, 자살, 자살미수, 형법상의 범죄행위 또는 폭력행위
- 피보험자의 질병 또는 심신상실
- 피보험자의 정신질환으로 인한 상해
- 피보험자의 의수, 의족, 의안, 의치 등 신체보조 장구에 입은 손해
- 봉사활동이 아닌 개인의 일상 중 일어난 사고
- 이동 경로 중 다쳤을 때 목격자와 활동 증거 자료가 없을 경우

자원봉사상해보험 사고처리 실패 사례

강○○(○○○캠페인 자원봉사자)

드라마 세트장에서 안전관리 봉사활동을 하던 강○○ 봉사자는 봉사 팀의 리더로서 아주 적극적으로 활동하는 봉사자이며, 여름날에 뜨거운 태양 아래에서 종일 활동을 하는 등 적극적이고 의욕적인 모습을 보여 왔다. 2003년 ○월 ○일, 이날도 봉사활동을 하고 집으로 돌아간 강○○ 봉사자는 갑자기 어지럼증이 생겨 쓰러진 후 병원으로 후송되었다. 중풍판정을 받은 강 봉사자는 봉사활동 때문에 무리를 해서 이렇게 쓰러진 것이니 상해보험으로 처리해 달라고 요구했다. 하지만 자원봉사상해보험의 경우 내과질환은 봉사활

동이 직접원인은 되지 않는다고 하여 보상하지 않는 범주로 약관에 기록되어 있다. 무리한 활동이 영향을 미쳤다고는 추측되지만, 지병이 이미 있었던 것이고, 봉사활동 때문만은 아니라는 것이다. 따라서 강 봉사자는 상해보험으로 보상받지 못하게 되었고, 이 일로 인해 기관을 불신하고 부정적인 발언을 하고 다녔다. 보험증서에 약관을 요약하여 봉사자들에게 배부하지만, 노인들의 경우는 상해보험이 모든 질환에 대한 보상을 다 해 주리라는 기대를 가진 경우가 많다. 따라서 상해보험에 대한 의미와 보상한도에 대한 교육을 실시해 주는 것이 필요하다. 또한 자신의 건강상태를 무시하고 봉사활동을 하는 것도 사전에 관리자에 의해 지도되어야 할 부분이다.

④ 상해보험 가입 및 사고처리

i) 자원봉사 관련 사고가 발생했을 경우 자원봉사자를 병원에서 치료받도록 함

ii) 치료가 종료되면 보상금 청구 시 필요한 다음 서류를 보험회사(혹은 관할기관)에 제출

① 청구서(별지1) ② 사고경위서(별지2) ③ 진료비 영수증
④ 약국 영수증 ⑤ 주민등록증 사본
⑥ 진단서(청구액이 10만원 이상 시) ⑦ 통장 사본

iii) 보상 여부를 확인 후 사고처리 보고서 작성

자원봉사자상해보험 가입규칙

제1조 (목적) 이 규칙은 자원봉사자들이 활동과 관련하여 발생할 수 있는 만일의 사고에 대비하여 사회적 지지망과 책임망을 형성함으로써 안전한 환경에서 활동할 수 있도록 함을 목적으로 한다.

제2조 (보험상품) 보험상품은 자원봉사활동 중 발생하는 위험을 담보하고 예기치 못한 사고로부터 발생할 수 있는 경제적 손실 및 배상책임 손해를 담보로 하는 상해보험으로 하며 다음과 같은 담보를 충족하는 상품으로 한다.

담보내용	초/중/고등학생	대학생/일반인
상해사망/후유장애	1,000만 원	3,000만 원
상해의료비	100만 원	100만 원
배상책임 손해	500만 원	500만 원
일당입원비	1만 원	1만 원

제3조 (보상내용) 보상내용은 보험약관에 따른다.

제4조 (보험계약) 보험계약자는 ○○○자원봉사센터로 하며, 피보험자는 상해보험에 가입할 자원봉사자로 한다.

제5조 (가입기준) 가입대상자는 다음과 같은 조건을 모두 충족하여야 한다.

1. ○○○자원봉사관리시스템에 등록이 되어 있는 자원봉사자
2. 가입예정일을 기준으로 하여 40일 이내에 활동실적이 1건 이상 등록되어 있는 자원봉사자
3. 재해복구, 위험활동, 교통정리, 차량운송 등의 활동을 하는 자원봉사자의 경우는 1, 2의 조건을 충족하지 않아도 예외로 인정

제6조 (가입절차) 가입은 ○○○자원봉사센터에서 일괄 실시한다.

1. 가입방법: 매년 11월 중에 가입 대상자 자격에 해당되는 자원봉사자를 검색하여 보험회사에 명단을 제출하여 가입 처리한다.
2. 추가 가입: 신규 자원봉사자들을 위해 매월 1회 상해보험 가입 대상자를 검색하여 추가 가입을 실시한다.

제7조 (가입기간) 보험가입기간은 1년으로 한다.

제8조 (사고처리) 자원봉사 관련 사고가 발생했을 경우 다음과 같은 절차로 처리한다.

1. 사고가 발생하면 자원봉사자를 병원에서 치료받도록 함
2. 병원에서의 치료가 종료되면 보상금 청구 시 필요한 서류를 준비

① 청구서(별지1) ② 사고경위서(별지2) ③ 진료비 영수증
④ 약국 영수증 ⑤ 주민등록증 사본
⑥ 진단서(청구액이 10만 원 이상 시) ⑦ 통장사본

3. 공문을 작성하여 서류를 보험사에 제출하여 보험금 청구
4. 보상 여부를 확인 후 사고처리 보고서 작성

제 5 장

노인자원봉사 프로그램 평가

Senior Volunteering Program Evaluation

당신은 노인자원봉사 프로그램을 개발하고 운영해 본 경험이 있는가? 있다면, 그 프로그램에 대해 어떻게 평가를 실시했는가? 적당한 평가도구가 없어 평가에 어려움을 겪어 본 적이 있는가?

아마 대부분은 자원봉사자의 만족도나 간단한 프로그램 진행에 대한 평가를 관리자의 주관적인 의견과 함께 평가서를 작성하는 데 참고로 삼았을 것이다. 하지만 그러한 평가서조차 차후 프로그램에 반영하지 못하지는 않았는가?

효과적인 자원봉사 프로그램 평가를 토대로 성공적인 자원봉사 프로그램을 기획해 낼 수 있을 것이다. 5장에서는 노인자원봉사 프로그램 평가의 모든 것을 정복해 보도록 하자.

1. 프로그램 평가의 어려움

이제까지 현장에서 프로그램에 대한 평가작업이 활성화되지 못한 이유는 다음과 같다. 첫째, 평가작업이 어렵다는 것이다. 평가를 실시하기 위해서는 전문적인 통계지식과 기술을 갖추어야 하기 때문에 실무자의 입장에서 이러한 점이 한계로 다가오는 경우가 많다. 둘째, 관행적으로 평가작업이 이루어지지 않아 왔기 때문이다. 특히 외부과제에 의해서만 평가가 이루어져 왔으며, 이것도 외부지원과제가 요구하는 차원에서만 필요조건으

〈표 5-1〉 프로그램 평가작업에 대한 실무자 대상 설문결과

설문	내용	노인복지관(%)	자원봉사센터(%)	전체(%)
평가작업이 활성화 되지 못한 이유	• 평가작업의 어려움	–	4(22.2)	4(8.0)
	• 관행적으로 이루어지지 않았음	6(18.8)	5(27.8)	11(22.0)
	• 적절한 평가도구를 알지 못함	20(62.5)	6(33.3)	26(52.0)
	• 평가결과를 통한 활용도를 모름	5(15.6)	2(11.1)	7(14.0)
	• 기타	1(3.1)	1(5.6)	2(4.0)
평가도구	• 타 기관의 유사한 평가보고서 및 자료를 통해	13(39.4)	5(29.4)	18(36.0)
	• 평가 관련 전문서적을 통해	–	–	–
	• 기존 프로그램에서 활용된 평가척도 활용	15(45.5)	10(58.8)	25(50.0)
	• 상사의 슈퍼비전을 통해	1(3.0)	1(5.9)	2(4.0)
	• 인터넷을 통해	2(6.1)	–	2(4.0)
	• 기타	2(6.1)	1(5.9)	3(6.0)
평가결과 활용화	• 문서작업에 그침	7(21.2)	3(16.7)	10(19.6)
	• 기존 프로그램을 지속 · 중단하는 결정에 활용	6(18.2)	2(11.1)	8(15.7)
	• 실행과정에 참고하는 정도	13(39.4)	7(38.9)	20(39.2)
	• 새 프로그램 기획, 개발에 활용	7(21.2)	6(33.3)	13(25.5)

로 이루어져 왔었다. 셋째, 기존에 있는 평가척도들을 프로그램의 개발 및 실행과정에서 활용하는 정도가 매우 낮았다. 이는 실무담당자들이 실제로 프로그램에 활용할 수 있는 기존의 평가척도들이 매우 적거나 획일적인 경우가 대부분이어서, 다양한 기관에서 실행되는 다양한 프로그램의 특수성을 반영하지 못하는 경우가 많기 때문이었으며, 더욱 중요한 것은 평가를 실시한 이후에 그 결과를 프로그램에 어떻게 활용해야 하는지에 대한 가이드라인이 없다는 것이 평가작업이 활성화되지 못한 이유로 조사되었다.

〈표 5-1〉은 실무자들을 대상으로 프로그램 평가작업에 대한 설문결과다. 이 장에서는 이러한 조사결과를 바탕으로 프로그램 평가의 목적과 유형을 설명하고, 평가를 위한 구체적인 방법과 더불어 평가에 활용되는 척도들을 소개하며, 평가결과에 대한 분석과 효율적인 활용방안을 사례를 통해서 제시하고자 한다.

2. 평가의 목적과 유형

프로그램에 대한 평가는 재정부담자들에게는 중요한 관심요인으로 부각되고 있다. 이러한 경향은 한국사회에서도 1990년대 이후 사회복지 프로그램의 책임성과 효율성이 중요한 요소로 간주되기 시작하면서, 프로그램의 재정부담자들이 사회복지분야에서 적격의 클라이언트들을 위해 서비스가 제대로 제공되기 위해 돈이 낭비되지 않고 쓰이고 있다는 것을 확인하고자 하는 욕구가 강해졌기 때문이다. 즉, 사회적으로 사회복지재정이 제대로 쓰이고 있는지에 대한 관심이 높아진 것이다. 또한 2005년부터 실행된 지방분권화 시대에 접어들면서, 노인복지정책이 지방자치단체의 재정자립도에 주로 의존하게 됨으로써 비용-효과적인 프로그램, 즉 효율성과 효과성을 강조하는 프로그램의 필요성이 더욱 절실히 요구되었다.

1) 평가의 활용

프로그램의 평가는 이론적인 관점과 경험적인 증거들을 통해서 프로그램의 실행과정과 성과 그리고 이 둘의 관계를 보다 더 잘 이해할 수 있게 함으로써 기관 내부적으로나 외부적으로 다음과 같이 활용할 수 있다.

(1) 기관의 내적 활용

- 실무자에게 프로그램 실행에 대한 환류과정(feedback)과 방향성을 제공한다.
- 기관의 정책이나 실천전략에 영향을 준다.
- 프로그램에 필요한 교육 및 훈련 그리고 기술적 지원이 무엇인지를 알려 준다.
- 프로그램 전달과정에서 주의와 관심이 필요한 서비스가 무엇이고, 참여자 혹은 대상자집단이 누구인지를 말해 준다.
- 프로그램의 효율적인 예산배정 및 자원배분을 가능하게 한다.
- 대안적인 실천전략 및 서비스와 비교할 수 있게 한다.
- 프로그램의 성과목표를 명확히 설정할 수 있게 한다.
- 프로그램의 장기적인 기획을 가능하게 한다.
- 프로그램의 효율성과 효과성을 향상시킨다.
- 평가된 프로그램을 통해서 실무자나 참여자들에게 그들이 실행하고 있는 일에 대한 자부심을 고취시킬 수 있다.

(2) 기관의 외적 활용

- 능력 있는 실무자나 자원봉사자를 모집할 수 있게 한다.
- 협력이 필요한 파트너가 누구인지를 알 수 있게 한다.

- 홍보자료로 활용함으로써 기관의 대외적 이미지를 향상시킨다.
- 재정부담자들(funders)을 쉽게 설득하게 함으로써 재정적 지원을 유지하거나 증진시킨다.

2) 평가의 유형

프로그램 평가에는 그 목적에 따라 매우 다양한 형태의 유형들이 존재한다. 일반적인 평가유형은 욕구평가(needs assessments), 과정평가(process evaluations), 성과평가(outcome evaluations) 그리고 효율성 평가(efficiency evaluations) 등으로 분류된다(Yvonne, Gabor & Grinnell Jr, 2007). 욕구평가는 프로그램이 제공되는 대상집단이 안고 있는 사회문제들을 밝히고, 이를 통해 어떠한 사회적 서비스를 제공해야 하는지에 대한 욕구를 조사하는 것이다. 즉, 욕구조사는 프로그램이 실행되기 이전에 실시되어야 할 평가작업이다. 한편, 효율성 평가란 프로그램이 얼마나 효율적으로 실행되었는지에 대한 평가로서 크게 비용-효과적(cost-effective) 평가와 비용-이익적(cost-benefit) 평가가 활용되고 있다. 이러한 효율성 평가를 위해서는 두 가지 이상의 비교 프로그램이 필요하며, 이를 수행하기 위해서는 전문적인 지식과 기술 그리고 많은 비용이 소요된다. 이 장에서는 실무자들이 직접적으로 수행해야 하는 프로그램의 평가유형으로 과정평가와 성과평가를 중심으로 설명하고자 한다.

3) 로직 모델

프로그램의 평가를 과정평가와 성과평가로 나누어 설명하기 이전에 우선 로직 모델(Logic Model)에 대한 이해가 필요하다. 로직모델은 Kellog 재단에서 개발한 프로그램 평가방식으로, 계획한 자원 및 활동들과 의도했

〈표 5-2〉 과정평가와 성과평가에 대한 요약 · 정리

평가 유형	과정평가 (formative evaluation)	성과평가 (outcome evaluation)
평가 목적	• 프로그램 운영의 효율성 평가 • 운영과정상 세부목표들의 달성 정도 및 효율적인 연계성 평가 • 개별운영과정에 대한 만족도 평가 • 프로그램 결과의 만족도 평가	• 프로그램 참여자의 질적 변화 평가 • 프로그램 결과의 효과성 평가 • 프로그램 결과의 효율성 평가
평가 대상	• 프로그램 담당자/봉사자/대상자	• 봉사자/대상자/지역사회 • 기관 및 프로그램 담당자
평가 내용	1) 자원봉사 프로그램 운영과정 (홍보/모집, 면접/배치, 교육/훈련, 인정/보상, 갈등관리 등)에서의 비용 측면(인력, 예산, 시간)과 만족도/중요도 조사 2) 프로그램에 대한 만족도 (참여만족도/기대충족도/지속적인 참여의지/구전효과)	1) 봉사자 및 대상자의 질적 변화(상태/지위/행동/기능/태도/감정/인식) 예) 자아통제감, 자아존중감, 정신건강(mental well-being), 사회통합감, 생산성, 자기이미지 변화 등 2) 기관의 변화 • 해당 기관 실무자의 인식 변화, 기관내규의 변화, 기관의 정책 변화, 기관의 서비스/프로그램의 변화 3) 지역사회의 변화 • 정책 변화, 지역사회 인식 변화 • 사회적 · 문화적 여건의 변화 • 경제적 여건의 변화
평가 시기	• 프로그램 중간 • 프로그램 종결 후	• 프로그램 종결 후
평가 방법	1) 설문조사를 통해(빈도, 백분율, 상관관계, 회귀분석 등) 2) 스태프 평가회의 3) 질적조사(인터뷰, 초점집단 인터뷰, 관찰) 4) 중요도–실행도 분석(IPA)	1) 사전–사후평가 (t-test) 2) 통제–실험집단 간 비교(t-test/Anova/Ancova) 3) 스태프 평가회의 4) 질적 조사(인터뷰, 초점집단 인터뷰, 관찰) 5) 중요도–실행도 분석(IPA)

던 성과들 사이에 대한 연결고리를 체계적이고 시각적인 방법으로 제시해 준다. 즉, 프로그램의 실행에 있어서 투입된 자원들과 활동들을 통해서 어떠한 것들이 산출되었으며, 이것이 프로그램에서 의도한 변화와 어떻게 관련이 있는지를 도식적인 설명과 논리적인 연계를 통해서 보여 준다.

투입된 자원이라는 것은 프로그램을 위해 투자되는 모든 종류의 자원으로 시간, 비용, 교육교재 및 자료, 기자재, 시설 등을 의미하며, 이를 투입(input)이라고 칭한다. 프로그램 활동은 원하는 결과를 얻기 위해 투입된 자원을 운용하는 과정이라고도 정의할 수 있다(Alter & Egan, 1997). 즉, 활동(activity)이란 프로그램이 목표한 성과와 궁극적 목적을 달성하기 위해 투입된 자원들을 활용하는 것을 의미한다. 활동은 프로그램 실행의 의도적인 부분으로 개발, 서비스 제공, 정책 옹호, 지역사회 내 연계(네트워크)와 같은 인프라 구축 등이 있다(The United Way, 2009). 산출(output)이라는 것은 프로그램의 활동으로 얻어진 직접적인 결과물을 의미하는데, 일반적으로 프로그램을 통해 실행된 활동들로 봉사활동(활동시간과 참여인원) 이외에도 워크숍, 보고서 발간, 캠페인, 전시회 등 다양한 활동들이 포함되며, 프로그램에 대한 참여자 및 대상자의 만족도 또한 산출에 해당된다. 프로그램에 대한 결과 혹은 성과로는 프로그램 참여자를 대상으로 나타나는 지식, 기술, 태도, 동기, 지각 등 특정적이고 구체적인 변화를 의미하는 단기적 성과(혹은 결과)가 있는데 일반적으로 프로그램의 실행 이후 1년에서 3년 이내에 그 변화를 확인할 수 있어야 한다. 중기적인 성과(혹은 결과)는 개인의 행동적 변화나 조직이나 단체의 실천전략 및 정책의 변화를 유도하는 것을 의미하며 보통 4년에서 6년 정도의 시간을 담보함으로써 그 변화를 성취할 수 있다고 본다. 마지막으로 장기적인 성과(혹은 결과)는 조직이나 지역사회 혹은 시스템 전반의 환경적 · 사회적 · 정치적 · 경제적 · 문화적 변화를 일컫는데 프로그램이 실행된 이후 7년에서 10년 정도의 기간이 소요되며 이를 장기적 영향(long-term impact)이라고 칭하기도 한다([그림

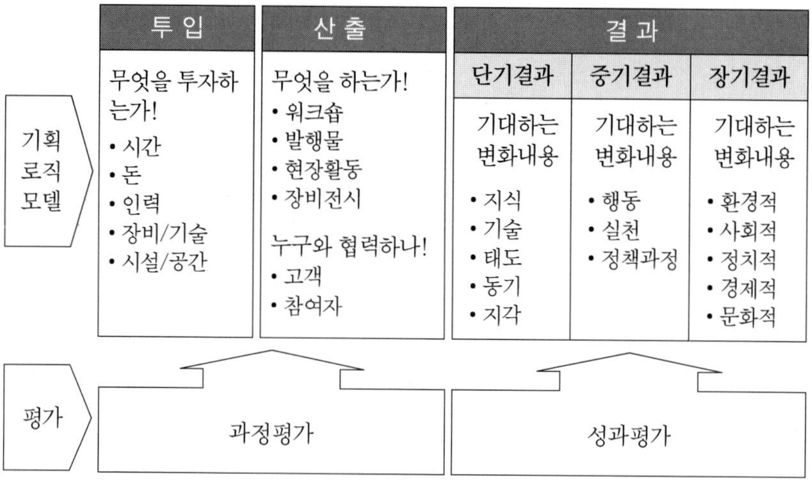

[그림 5-1] 로직 모델 내에서의 평가(Yvonne, Gabor, & Grinnell, Jr, 2007, p. 49)

5-1] 참고).

로직 모델을 바탕으로 한 평가에 있어서 투입과 산출은 과정평가로, 결과는 성과평가로 구분된다. 현장에 가장 부적절하게 활용되는 것이 프로그램에 대한 만족도를 성과평가로 인식하는 경우인데, 프로그램 만족도는 산출의 한 부분으로서 과정평가로 분류된다.

4) 과정평가

과정평가(progress evaluation)는 프로그램의 운영 및 활동이 기획된 과정과 얼마나 일치하고 있는지를 살펴보는 동시에 다양한 프로그램 활동들의 관계를 분석함으로써 프로그램의 효율성을 평가하는 것으로, 이러한 과정평가를 바탕으로 프로그램 내용을 수정 · 변경하거나, 프로그램의 중단, 축소, 유지, 확대 여부를 결정한다. 즉, 과정평가란 서비스나 전달방법의 개선, 프로그램 결과의 향상 그리고 서비스의 효율성을 증진시킬 목적으로 실시하는 평가다.

또한 과정평가는 프로그램을 통해 제공된 서비스의 질적 수준과 참여자들의 현황들을 자료화함으로써 기관 내의 혹은 경쟁기관의 유사프로그램들과 비교할 수 있게 하며, 새로운 프로그램을 기획할 경우 이를 바탕으로 성과목표기준(benchmarks)을 수립할 수 있게 한다. 특히, 지속적인 프로그램을 운영하거나, 해를 거듭할수록 프로그램 운영에 변화가 있거나, 프로그램에 관여한 참여자나 대상자들이 프로그램에 대해 불만을 나타낼 경우에 과정평가를 통해서 프로그램의 비효율성을 검토하여 기획, 예산배정 및 전반적인 운영과정의 영역에서 수정 · 보완이 이루어질 수 있게 한다.

과정평가의 측정은 서비스와 산출 그리고 활동의 양적인 결과(output) 등이 포함된다. 예를 들면, 프로그램에 참여한 사람들(참여자와 실무자)의 수와 참여시간, 금전적인 비용 등 프로그램을 통해 나타난 인적 · 물적 자원들의 현황을 제시함으로써 프로그램의 생산성과 효율성을 설명할 수 있도록 한다.

과정평가를 위해서는 다음과 같은 질문들을 바탕으로 평가작업을 진행해야 한다.

- 프로그램의 실행은 어떤 근거에 의해서 결정되었나?
- 프로그램을 실행하기 위해 실무자 혹은 기관에게 요구되는 것이 무엇이었는가?
- 프로그램을 실행하기 위해 실무자들은 어떤 교육이나 훈련이 필요했는가?
- 참여자들이나 대상자들이 프로그램에 어떻게 참여하게 되었는가?
- 참여자들이나 대상자들에게 요구되는 것은 무엇이었는가?
- 참여자들이나 대상자들이 프로그램에 참여하는 일반적인 과정은 무엇이었는가?

- 참여자들이나 대상자들은 프로그램의 강점을 무엇이라고 생각하였는가?
- 프로그램에 대해 참여자들이나 대상자들은 어떠한 불만사항들이 있었는가?
- 프로그램의 개선을 위해 참여자들이나 대상자 혹은 실무자들은 어떤 말을 하였는가?
- 어떤 근거에서 프로그램이 제공하는 일부의 서비스나 산출물이 더 이상 필요하지 않다고 결정하였는가?

5) 성과평가

성과평가(outcomes evaluation)는 프로그램의 성과목표를 얼마나 달성하였는지, 실행된 프로그램이 달성된 목표에 어느 정도 기여하였는지를 밝히는 것이다. 즉, 프로그램을 통해서 개인이나 가족, 조직, 혹은 지역사회에 진정으로 필요한 변화(혹은 혜택)를 가져오게 하였는지에 대한 평가이다. 이를 위해서는 제공된 프로그램이 개인이나 가족, 조직 그리고 지역사회의 긍정적인 변화에 어떻게 연결되었는지에 대한 이론적이고 경험적인 설명이 필요하며, 프로그램의 결과로 나타난 변화에 대한 객관적인 측정이 바탕이 되어야 한다. 이러한 성과평가는 프로그램의 효과성에 대한 재정부담자들의 관심이 높아짐에 따라, 복지관을 포함한 비영리기관의 프로그램을 평가하는 데 있어서 그 중요성이 증대되고 있다.

현장에서는 종종 성과평가를 과정평가의 일환인 프로그램의 산출(예, 프로그램의 만족도, 제공된 서비스의 시간, 참여자 수 등 양적 자료)과 혼동하는 경우가 있다. 특히, 프로그램 만족도의 경우는 프로그램 실행으로 인해 나타나는 참여자들의 긍정적인 변화를 나타내는 것이 아니라, 프로그램이 얼마나 성공적으로 실행되었는지를 참여자들의 만족도를 통해서 알아보는 과정평가의 일부분이다. 물론 이러한 프로그램의 만족도는 참여자들의 감성적 · 인지적 · 태도적 · 지식적 · 기술적 · 행동적 변화 등과 같이 성과평가에서 중요한 원인으로 분석된다.

성과평가는 다음과 같은 절차를 통해서 이루어지는 것이 바람직하다.

- 프로그램의 실행결과를 통해서 설명할 수 있거나 증명할 수 있는 중요한 개인적, 조직적 혹은 가족이나 지역사회의 변화들을 명확하게 정의하고 이를 정리한다. 물론 이러한 작업은 프로그램의 기획단계에서 이미 수립되어야 하는 것이지만, 평가과정에서 기획단계에서 미처 포함되지 못했던 결과의 가능성들에 대해서 다시 한 번 검토할 필요가 있다. 즉, 프로그램의 대상집단이 안고 있는 문제점들이 제대로 조사되고 파악되었는지, 프로그램을 통해 제공된 서비스나 활동이 이러한 문제점들을 어떻게 개선하였는지를 꼼꼼히 검토함으로써 대안적 결과의 가능성을 체크한다.
- 첫 번째 단계에서 정리된 프로그램 결과들이 많을 경우, 그중에서 가장 중요한 이슈를 두 개에서 다섯 개 정도 선정한다. 이때 프로그램의 서비스와 활동의 결과로 인해 나타난 변화들이 얼마나 프로그램과 직접적인 연관성을 가지고 있는지를 살펴보아야 하며, 표준화된 척도를 활용할 수 있는 변화들이나 객관적으로 측정하기 쉬운 결과들을 우선적으로 고려할 필요가 있다. 이외에도 기관의 관심 여부와 재정적 · 행정적 지원 여부, 실무자의 개인적인 여건(역량, 시간 등), 재정부담자의 관심사항 등 현실적인 상황들도 성과평가의 이슈를 선정하는 데 중요한 역할을 한다.
- 선정된 결과들에 대해 개별적으로 측정 가능한 척도나 지표가 수립되어야 한다. 이 과정은 성과평가에서 가장 중요한 작업인 동시에 현장에서 평가작업이 활성화되지 못하는 가장 큰 이유이기도 하다(〈표 5-

1〉 참고). 프로그램의 결과는 주로 개인적인 측면에서 감정, 동기, 인식, 태도, 지식, 기술 등의 향상이나 긍정적인 행동의 변화(예, 금연, 금주, 정기적인 운동, 가족관계의 변화 등), 조직적으로는 기관이나 단체의 실천전략이나 정책의 변화, 지역사회 차원으로는 환경이나 조건 등의 변화로 설명된다. 어떤 결과는 객관화되고 표준화된 척도나 지표를 통해서 구체적으로 변화 정도를 가늠할 수 있지만, 많은 경우는 개념적이고 추상적인 결과로 표현되기 때문에 이를 현실적으로 측정 가능하게 하기 위해서는 개념화 및 조작화 과정이 필요하다. 예를 들어, '프로그램을 통해 노인들의 삶의 질을 개선하고 노인에 대한 지역사회의 인식을 개선하는 것'을 목적으로 하는 노인자원봉사 프로그램의 경우, 노년기 삶의 질이나 노인에 대한 지역사회의 인식이 무엇을 의미하는 것인지를 규명하는 개념화 작업이 있어야 하고, 이를 구체적으로 어떻게 측정할 것인지에 대한 조작화 과정이 우선 이루어져야 프로그램을 통한 결과(혹은 변화)를 밝혀낼 수 있다. 이를 위해서는 전문학술지를 참고하는 것이 바람직하다. 사회복지나 노년학, 사회학, 심리학, 교육학 등 관련 학술지나 문헌자료를 통해서 개인, 조직, 가족, 지역사회 차원에서 기대되는 변화들에 대해 개념과 조작화 과정을 통한 표준화된 척도들에 대한 정보를 수집해야 한다. 학문적으로 이미 검증되어 있는 표준화된 척도나 지표를 활용하는 것이 가장 바람직하지만, 여의치 않을 경우 비표준화된 척도나 지표를 활용할 수도 있으며, 설문에 의한 양적 평가뿐 아니라, 다양한 질적 방법(개별 인터뷰, 초점집단 인터뷰, 관찰 등)을 통해서도 성과평가를 실시할 수 있다.

• 프로그램 실행으로 나타난 변화를 알아보기 위해서는 우선 프로그램의 실행 이전에 참여자 혹은 대상자들의 상황이 어떠한지를 조사한 후에 프로그램 실행 후의 결과를 이와 비교해 보아야 할 것이다. 이러한 평가방식으로 사전 · 사후평가가 있다. 프로그램 참여자 집단(실험집

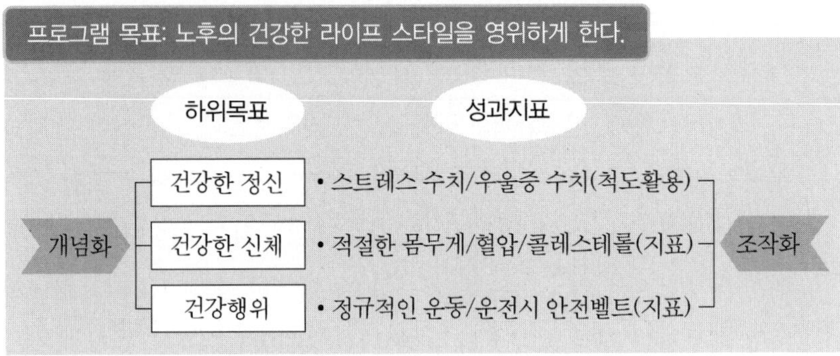

- **개념화:** 추상적인 개념의 의미를 정교화하고 구체화하는 과정
  예를 들어 이 프로그램의 최종목표가 "노후의 건강한 라이프 스타일을 영위하도록 한다."라고 할 때, 건강한 라이프 스타일이라는 추상적인 개념을 건강한 정신, 건강한 신체, 건강 행위 등 세 가지 하위개념으로 보다 더 구체적이고 정교하게 개념화할 필요가 있다.
- **조작화:** 실제 세계에서 추상적 개념들을 경험적 관찰을 통해서 나타낼 수 있도록 구체적인 조사절차와 방법을 발전시키는 과정
  건강한 라이프 스타일을 건강한 정신, 건강한 신체, 건강행위로 개념화하였다면, 각각의 개념들을 경험적으로 관찰할 수 있는 지표로 전환하는 조작화 과정이 필요하다. 즉, 스트레스 수치 혹은 우울증 수치 등의 건강한 정신에 대한 지표, 적절한 몸무게, 혈압, 콜레스테롤 수준 유지 등의 건강한 신체에 대한 지표, 일주일에 30분씩 3회 이상 운동 실시, 운전 시 안전벨트 착용 등의 건강행위에 대한 지표로 '건강한 라이프 스타일'을 조작화하여 측정한다.

[그림 5-2] 프로그램 목표 및 성과지표

단)과 비참여자 집단(통제집단)과의 사전 · 사후비교를 통한 평가가 가장 바람직하지만, 불가피할 경우에 참여자만을 대상으로 사전 · 사후평가를 실시하기도 한다. 이와 같이 프로그램의 결과를 통계적인 검증을 통해서 증가 혹은 향상된 것으로 제시할 수 있지만, 구체적인 성과목표기준(benchmarks)을 제시할 수도 있다. 이 경우에는 구체적인 성과목표의 기준을 설정하여 프로그램의 실시 이후에 참여자 혹은 대상자의 수나 퍼센트 혹은 척도의 수준이 이에 도달하였는지를 살펴보는

표적진술(target statement)방식과 이전 프로그램의 결과나 타 기관의 결과와 비교하여 상대적으로 몇 퍼센트를 더 향상시키거나 몇 명을 더 참여시키겠다고 하는 등의 비교진술(comparative statement)방식이 있다. 표적진술방식의 경우, 제시된 성과목표기준을 일방적으로 설정하는 것이 아니라 이를 위한 근거자료나 설명이 있어야 한다. 예를 들면, 프로그램 참여자들 중에서 향후 본 사업에 다시 참여하고자 하는 재참여의지를 80%로 한다고 했을 때, 80%의 기준이 어디에서 도출되었는지에 대한 근거를 제시해야 한다. 비교진술방식의 경우는 작년의 경우에 프로그램 재참여 의지 비율이 70%이었기 때문에 금년도 성과목표기준은 10% 향상시키는 것으로 하겠다는 식으로 척도기준을 설정하는 것이다. 중요한 것은 통계적 검증을 통한 사전 · 사후평가는 물론 성과목표기준에 의한 평가(표적진술과 비교진술)를 위해서 프로그램을 시작하는 시점에서 참여자 혹은 대상자들을 대상으로 한 측정(baseline)이 선행되어야 한다는 점이다.

- 프로그램의 활동과 서비스가 성과(혹은 변화)에 어떻게 영향을 미쳤는지에 대한 설명이 있어야 한다. 이는 프로그램의 효과성에 대한 검증을 의미한다. 이를 위해서는 프로그램의 활동과 성과에 대한 인과관계를 설명하는 이론적, 경험적 근거를 제시할 필요가 있으며, 이 과정에서 성과로 나타난 개인적, 조직적, 가족 및 지역사회의 변화에 대한 프로그램 활동의 직접적인 영향력뿐만 아니라 프로그램의 외재적인 요인에 의해 나타나는 변화의 개연성에 대해서도 설명해 줄 필요가 있다. 이는 객관적인 입장에서 프로그램의 한계를 명확히 제시하는 동시에 프로그램의 효과를 과장하지 않음으로써 오히려 평가결과에 대한 신뢰도를 높일 수 있다.
- 기관의 입장에서는 프로그램이 기관의 미션을 얼마나 반영하고 있는지를 살펴보아야 한다. 기관이 실행하는 모든 프로그램들은 그 기관의

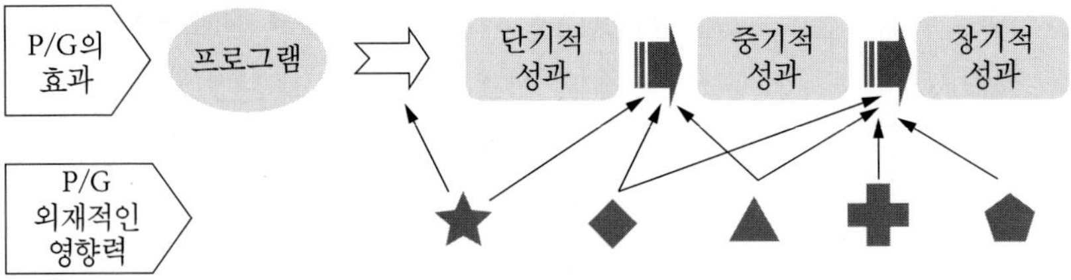

- P/G활동으로 인해 성과가 도출되었다는 인과성을 이론적, 경험적 근거를 바탕으로 제시
- 단기적 성과에서 중기적 성과로, 중기적 성과에서 장기적 성과로 이행되는 과정에서도 논리적, 경험적, 이론적 인과성이 제시되어야 할 필요가 있지만, 현실적으로 시간의 흐름과 프로그램의 효과가 확대되는 과정에서 P/G 활동 이외의 외재적인 영향력이 작용할 가능성이 높음
- 성과와 관련된 P/G의 영향력에 대한 한계를 명확히 제시하고, P/G의 효과를 과장하지 않음으로써 성과평가 결과에 대한 신뢰도를 높일 수 있음

[그림 5-3] 프로그램 효과 및 프로그램 외적인 효과의 상호작용

존재이유인 미션을 달성하기 위한 세부활동들이다. 하지만 프로그램이 기관의 미션과 무관하게 기획되고 실행된다면, 그 성과가 아무리 긍정적이고 성공적이라고 하더라도, 기관의 입장에서는 비효율적인 운영의 한 단면일 뿐이다. 결국, 기관의 미션을 잘 반영한 프로그램으로 인해 기관에 대한 지역사회의 인식과 이미지 개선 여부를 조사하거나, 기관 미션의 발전적인 재수립 여부 등도 성과평가의 일부분으로 평가되어야 할 것이다. 또한 프로그램 성과평가는 기관의 입장에서 새로운 실천전략이나 정책변화의 가능성을 제시하며, 기관의 대외홍보자료로 활용될 수 있다.

평가 시 가장 자주 지적되는 사항

- 문제원인과 프로그램 목표와의 관련성이 부족하다.
- 프로그램의 목표가 평가를 위해 조작화하는 과정이 부족하다.

• 프로그램 내용과 프로그램 수행방법 간에 혼돈이 있다.
• 하위목표와 프로그램 내용 간의 논리적인 연관성이 부족하다.
• 프로그램의 내용과 수행방법이 실무자의 의도적인 개입을 가이드할 만큼 구체적이지 않다.
• 목표와 프로그램 효과평가와의 관련성이 부족하다.

이와 같은 지적사항이 발생하는 것은 실제로 프로그램을 기획하는 많은 실무자들이 프로그램의 목표와 프로그램 기획 및 수행 그리고 평가와의 관계를 명확하게 이해하지 못하고 있다는 것을 시사한다.

3. 프로그램 평가방법

평가는 여러 가지 동기나 목적에 의하여 실시되는 것이기 때문에 이에 따른 평가방법 또한 다양하다. Carterm(1972)에 의하면, 평가란 단 하나의 방법으로 개념화될 수 없으며, 평가의 목적이 다양한 만큼 다양한 방법이 동원될 수 있다. 평가를 위한 자료를 수집하는 방법으로는 관찰(observation), 개별면담(in-depth interview), 초점집단면담(focus group interview), 사례연구(case study) 그리고 봉사일지, 회의록, 메모 등 관련 자료들의 내용을 분석하는 내용분석(contents analysis) 등 질적 조사방법이 있는 반면에 설문조사를 통해 정보를 수집하고 이를 다양한 통계적인 기법으로 분석하는 양적 조사방법을 활용할 수도 있다.

현장에서는 봉사활동의 관찰(22.7%)과 기관의 관리자 및 담당자들 간의 평가회의(20.6%) 등 질적 평가에 의해 주로 평가가 이루어지고 있으며, 설문조사에 의한 양적 평가는 16.5%로 그 뒤를 이었다(〈표 5-3〉 참고).

〈표 5-3〉 프로그램 평가방식에 대한 실무자 대상 설문결과

설문	내용	노인복지관 (%)	자원봉사센터(%)	전체 (%)
평가방법 (복수응답)	관리자와 슈퍼바이저 관련 직원과 평가회의를 통해	15(22.1)	5(17.2)	20(20.6)
	봉사활동 관찰을 통해	13(19.1)	9(31.0)	22(22.7)
	봉사자와의 개별면담을 통해	9(13.2)	6(20.7)	15(15.5)
	봉사일지를 통해	12(17.6)	3(10.3)	15(15.5)
	설문조사를 통해	13(19.1)	3(10.3)	16(16.5)
	평가 안 함	3(4.4)	3(10.3)	6(6.2)
	기타	3(4.4)	–	3(3.1)

1) 질적 조사

(1) 관찰

프로그램이 실제로 실행되고 있는 과정을 직접 관찰(observation)함으로써 프로그램의 운영과정에 대한 정확한 정보를 수집할 수 있다. 특히, 참여자의 활동내용이나 참여자와 참여자, 참여자와 대상자들 간의 상호작용의 과정들에 대한 정보들을 얻어 낼 수 있으며, 이러한 관찰은 프로그램 진행과정에서 주기적으로 실행하는 것이 바람직하다. 효과적이고 효율적인 관찰을 위해서는 누구를, 혹은 무엇을 관찰해야 하며, 얼마나 자주, 혹은 얼마 동안 관찰해야 하는지에 대한 명확한 규명이 우선되어야 한다. 봉사활동과 관련하여 봉사자들에게 영향을 미치는 물리적 환경은 무엇이고, 어떠한 영향(긍정적 혹은 부정적)을 미치는지를 관찰할 필요가 있다. 봉사활동과 참여자들 간의 관계를 관찰할 경우에는 그들의 개별적인 역할이 무엇이고, 이를 얼마나 성공적으로 수행하고 있는지, 참여자들 간의 관계는 어떻게 형성되고 있으며, 참여자들 간의 리더십은 어떻게 이루어지고 있는지, 이

러한 관계형성이 봉사활동 운영에 어떤 영향을 미치고 있는지 등에 대해 관찰해야 할 것이다. 또한 특정 행위가 발생했을 경우, 이것이 언제 발생했는지, 일회적인 것인지 아니면 지속적으로 나타나는 것인지 그리고 이것이 봉사활동 수행이나 프로그램 운영에 있어서 긍정적으로 작용하는지 아니면 부정적으로 작용하는지 등에 대한 관찰도 필요하다. 반면에, 관찰된 참여자들의 행동을 해석하는 것이 쉽지 않으며, 관찰된 내용들을 범주화하는 과정이 복잡하고, 관찰하는 것이 대상자들에게 노출될 경우 대상자들의 행위에 영향을 미칠 수 있으며, 이를 실행하기 위해서는 많은 시간과 비용이 소요된다.

다음 내용에서 자원봉사자들을 대상으로 한 리더십 교육 프로그램에 대한 관찰방법을 가상의 사례로 제시해 보았다.

관찰을 위한 가이드라인(사례 제시)

□ 관찰자 이름: 홍길동(P/G 담당자)　□ 날짜 및 시간 : 2008년 7월 7일 오후 2:00~4:00

□ 행사 프로그램 이름: 노인자원봉사활동을 위한 리더십 향상 교육 프로그램

□ 장소: 본 복지관 대강당

□ 참여자 수: 40명 / □ 참여 실무자 수: 2명(팀장, 봉사프로그램 담당자)

일반적인 사항	평가	코멘트/구체적인 설명
교육의 물리적 환경(음향, 공간 배치, 화장실 위치 등)에 대해 불편한 사항은 없었는가?	X	마이크에서 잡음이 들려서 강의의 집중도를 떨어뜨림. 교육 도중에 화장실을 가는 교육생이 있어서 강의의 집중도가 떨어졌음
교육 스케줄은 예정대로 진행되었는가?	X	40명 인원 중 10명이 지각하는 바람에 5분 정도 지연되어 강의가 진행되었음
교육시간의 구성은 적절하였는가?	○	50분 강의와 10분의 중간 휴식시간으로 구성된 2시간의 리더십 강의는 적절하게 구성되었음
교육내용은 적절하였는가?	○	○○○ 교수의 유머 있고 재치 있는 강의로 지루하지 않았으며, 강의내용 또한 본 프로그램을 효율적으로 진행하기 위해서는 필요한 내용이었음

참여자들의 수업태도는 긍정적이었는가?	△	전반적으로 교육내용을 재미있어하고 이해하는 것 같았으나, 호응이나 질문 등 적극적인 수업태도를 보이지는 않았음

평가: ○(긍정적), X(부정적), △(중립적)

■ 교육 프로그램의 관찰을 통해서 가장 인상적인 상황은 무엇이었는가?

■ 교육과정에서 긍정적인 면과 부정적인 면은 각각 무엇이었는가?

■ 차후의 교육과정을 기획할 경우, 개선되어야 할 사항은 무엇이고, 개선방안은 무엇인가?

(2) 인터뷰

① 개별심층면접법

개별심층면접법(individual in-depth interview)은 질문의 형식이나 순서가 정해져 있지 않기 때문에 피면접자(interviewee)들이 어떤 주제에 대한 느낌이나 생각을 자유롭고 깊이 있게 표현할 수 있으며, 피면접자의 의견이나 생각이 폭넓게 반영되어 기대하지 않았던 정보를 얻을 수 있다. 또한 인터뷰 과정에서 면접자와 피면접자와의 관계를 긍정적으로 발전시킬 수도 있다. 하지만 심층면접을 위해서는 많은 시간과 비용이 소요되기 때문에 소규모 집단에 한해서 가능하며, 만약 규모가 큰 집단의 경우에는 심층면접에 적절한 규모의 피면접자들을 선정하여 실시해야 한다. 면접자가 피면접자의 답변에 영향을 끼칠 수 있음을 유의해야 하며, 인터뷰 내용을 분석하기 위해서는 전문적인 지식이 필요하고, 특히 다른 피면접자의 인터뷰 내용과 비교하기가 쉽지 않다.

다음은 심층면접을 위한 몇 가지 전략에 대해 소개하고자 한다.

- **청취기술을 활발하게 활용하라**: 심층면접의 목적은 청취하는 것이지 말하는 것이 아니다. 될 수 있으면 피면접자가 많은 말을 할 수 있도록 유도해야 한다. 하지만 인터뷰 내용이 명확하지 않을 경우에는 인터뷰 내용을 요약하여 피면접자들에게 다시 질문하는 것이 필요하다. 예를 들면, "방금 선생님께서는 …라고 말씀하신 것 같은데, 제가 바르게 이해하고 있습니까?"
- **보디랭귀지를 활용하라**: 인터뷰 중에는 피면접자와 눈을 마주치거나, 고개를 끄덕이거나, 미소를 짓는 등 보디랭귀지(body language)를 통해서 인터뷰 내용에 관심을 기울이고 있다는 것을 표현해야 한다.
- **중립적인 입장을 취해야 한다**: 인터뷰 중에 면접자의 개인 의견이나 관점을 제시하거나 피면접자의 의견이나 주장에 대해 반론을 제시해서는 안 되며 중립적인 입장을 견지해야 한다. 만약 피면접자의 의견에 대해 좀 더 알고자 한다면, "방금 말씀하신 의견은 매우 흥미로운 것 같은데, 좀 더 말씀해 주시겠습니까?" 라는 식으로 인터뷰를 유도하는 질문을 할 수 있다.
- **복합적인 질문을 동시에 하지 말라**: 한 가지 질문에 다양한 대상들을 포함시키는 복합적인 질문은 피하는 것이 좋다. 예를 들면, "봉사활동을 하는 과정에서 실무자와 동료봉사자들에 대해 어떻게 생각하십니까?" 라는 질문은 실무자와의 관계, 동료봉사자들과의 관계를 복합적으로 동시에 질문하는 것이기 때문에 질문의 초점을 흐릴 수 있다.
- **유도질문 혹은 단정적인 질문을 하지 말라**: 피면접자들의 의견이 바탕이 되는 것이 아니라, 면접자들이 미리 단정하여 그 원인이나 과정을

질문하는 것은 회피해야 한다. 예를 들어, "이번 봉사활동이 선생님의 일상생활에 어떤 영향을 미쳤습니까?"라는 질문은 자원봉사활동이 참여자들에게 영향을 미쳤다는 것을 전제로 한 질문이다. 이럴 경우, 봉사활동이 아무런 영향을 미치지 못한 참여자들은 대답하기 곤란한 경우가 발생한다. 대신에 "이번 봉사활동이 선생님의 일상생활에 영향을 끼친 것이 있습니까? 만약 있다면 어떻게 영향을 끼쳤습니까?"라고 질문해야 한다.

- **피면접자에게 충분한 시간을 주라**: 종종 인터뷰 과정에서 피면접자가 생각하고 말할 시간을 주어야 할 필요가 있다. 피면접자가 두서없이 말하거나 질문내용과 무관한 말들을 하지 않는 이상에는 피면접자에게 생각을 정리할 여유를 주어야 한다. 어느 정도의 시간이 지나도 질문에 답하는 것이 어려운 경우에는 다음 질문으로 자연스럽게 넘어가면서 나중에 다시 질문을 하도록 한다.
- **Yes와 No로 답할 수 있는 질문을 회피하라**: 될 수 있으면 '예'와 '아니오' 등 간단하게 대답할 수 있는 질문은 하지 않는 것이 좋다. 어쩔 수 없이 이러한 질문을 하게 된다면, "왜 그렇습니까?" 혹은 "좀 더 자세하게 말씀해 주시겠습니까?"라고 추가적인 질문을 해야 한다.

② 초점집단면접

초점집단면접(focus group interview)은 6명에서 12명 정도의 피면접자들을 한자리에 모아 놓고 미리 정해 놓은 몇 가지 주제에 대해 자유스럽게 그들의 경험과 제안 및 불만사항 등을 토론함으로써 필요한 정보를 얻는 방법이다. 개별적인 심층면접보다는 짧은 시간 내에 신뢰성이 높은 정보들을 수집할 수 있다. 일반적으로 1회의 초점집단면접은 2시간 정도가 소요되며, 몇 회의 세션을 거치면서 진행된다. 초점집단면접을 통해 피면접자들의 토론을 통해서 가장 핵심적인 사안이 무엇인지를 파악할 수 있기 때문에 프로그램의 평가나 마케팅을 위해서 유용하게 활용할 수 있다. 하지만 6~12명의 피면접자들의 스케줄을 조정하는 데 어려움이 있으며, 면접과정을 매끄럽게 잘 이끌어 가기 위한 진행자의 역할이 매우 중요하다. 또한 인터뷰내용을 녹취하는 데 시간과 비용이 소요되며, 면접내용을 분석하는 것이 쉽지 않다. 초점집단면접의 진행방식은 다음과 같다.

- **초점집단 선정**: 6명에서 12명(초점집단의 적절한 규모는 6명에서 10명 혹은 8명에서 12명 등 다양한 의견이 있음) 사이에서 선정하되, 구성원들의 다양한 배경(예, 남녀비율, 나이, 경제상태, 퇴직 이전의 직업, 봉사활동의 경력, 봉사활동의 활동 정도 등)을 고려하여 가능한 한 다양한 의견들이 제시될 수 있도록 구성원들을 선정할 필요가 있다. 토론내용을 분석할 때에 참여자들의 배경을 제시해 주어야 한다(예, 남/67세/중상층/퇴직교사/봉사활동경력 3년/매우 적극적으로 봉사활동에 참여).
- **초점집단면접을 위한 지침사항 전달**: 초점집단면접을 진행하기 위해서는 몇 가지 지침사항들을 명시하고 이를 면접 이전에 참여자들에게 고지할 필요가 있다. 일반적인 지침사항은 다음과 같다. i) 한 번에 한 사람만 이야기한다. ii) 모든 사람이 균등하게 참여하는 것이 중요하다. iii) 면접목적과 면접내용, 면접시간 등에 대해 피면접자들에게 미리 주지시킨다. iv) 시간이 걸리더라도 참여한 피면접자들이 자신을 소개하는 시간을 갖게 함으로써 원활한 토론의 분위기를 조성할 필요가 있다. 초점집단면접은 서로 다른 입장에 있는 피면접자들이 특정 주제에 대해 자유롭게 토론하게 함으로써 필요한 정보를 수집하는 것이기 때문에 이러한 분위기를 만들어 주어야 하며, 참여한 피면접자들이 서로의 이름을 부를 수 있도록 이름표를 테이블에 놓아두는 것도 좋은 방법이다.
- **초점집단면접을 위한 진행**: 초점집단면접을 진행하기 위해서는 진행

자와 기록자가 필요하다. 진행자는 초점집단면접을 직접 진행하면서 원활한 토론을 유도하는 역할을 한다. 프로그램 평가에 필요한 몇 가지 질문들을 미리 준비해 두어야 하며, 이를 중심으로 참여한 모든 피면접자들이 자신의 의견을 제시할 수 있도록 진행하는 것이 중요하기 때문에, 주제에서 벗어나는 의견을 말하거나, 한 사람이 너무 오랫동안 의견을 제시하는 등 비생산적이고 산만한 상황에 대해서는 적절한 방법을 활용하여 이를 제지할 필요가 있다. 기록자는 토론내용을 녹취하는 역할을 담당한다. 이때 단순하게 토론내용만을 녹취하기보다는 토론의 분위기와 토론에서 보여 준 피면접자들 간의 상호작용 등 구체적인 상황까지도 기술할 필요가 있다. 일반적으로 초점집단면접은 사전에 양해를 구한 후에 오디오나 비디오로 녹취를 하지만 참여자의 요청에 의해 언제든지 녹취과정을 잠시 중단할 수 있음을 미리 알려 주어야 한다. 원활한 진행과 녹취를 위해서 면접은 조용하고 외부에 의해서 방해받지 않는 장소에서 실시되어야 한다.

초점집단면접을 위한 지침서

1. 초점집단면접의 취지 설명

오늘 여러분들이 여기에 모이신 이유는 여러분들이 참여하신 ○○○ 자원봉사 프로그램에 대한 평가를 위해 여러분들의 의견을 직접 듣기 위한 것입니다.

2. 초점집단의 지침사항

지금부터 질문하는 것에 대한 여러분들의 의견에는 옳고 그른 것이 없습니다. 모든 의견이 저희에게는 중요한 자료가 됩니다. 참여하신 모든 분들이 균등하게 의견을 제시할 수 있는 기회가 있으며, 진행과정에서 한 번에 한 분만이 의견을 제시해 주시고, 이에 대해 다른 의견이 있으신 분들은 손을 들고 진행자의 동의가 있은 후에 발언해 주시면 감사하겠습니다. 여러분들의 귀한 토론내용을 하나라도 놓치지 않기 위해서 오디오(혹은 비디오)로 녹취를 하고자 하니 양해해 주시고, 만약 자신의 발언이 녹취되지 않기를 바라는 부분이 있을 경우 진행자에게 요청을 해 주십시오. 여러분들의 토론내용은 단지 본 프로그램의 평가부분에서만 활용될 것이며, 외부에 실명으로 공개되지 않는다는 것을 약속드립니다.

3. 질문내용

[봉사활동 동기]

1. ○○○ 노인자원봉사 프로그램을 어떻게 알게 되셨나요?

2. 자원봉사를 하게 된 동기는 무엇입니까?

[프로그램 평가]

3. 본 ○○○ 노인자원봉사 프로그램은 귀하의 자원봉사 동기를 충족시켰습니까?
   만약 충족시키지 못했다면 어떤 점에서 그러합니까?

4. 기관이나 실무자들이 자원봉사활동을 수행하는 데 많은 도움을 주었습니까?
   만약 그렇지 않다면 어떤 점에서 도움을 받지 못했습니까?
   또한 만약 도움을 받았다면, 어떤 점에서 도움이 되었습니까?

5. 봉사활동을 하시면서 동료봉사자들과의 관계는 어떠하셨습니까?
   동료봉사자들 간에 갈등이나 사소한 다툼은 없었습니까?
   만약 있었다면, 어떤 문제 때문이었습니까?

6. 수혜 대상자들과의 관계는 어떠하셨습니까?
   – 어려운 점이 있었습니까? 있었다면 무엇입니까?
   – 수혜 대상자들과 대화는 어느 정도 하셨습니까?

7. 본 프로그램을 통해 자원봉사활동을 하면서 불편하셨던 점이나 건의할 내용이 있습니까?
   만약 있다면 무엇입니까?

8. 기존에 다른 봉사활동을 해 본 경험이 있으시다면, 다른 봉사활동과 비교하여 볼 때 본 ○○○ 노인자원봉사 프로그램에서의 봉사활동은 어떠한 점이 다르다고 생각하십니까?

9. 본 ○○○ 노인자원봉사 프로그램에 대한 전반적인 만족도는 어떠하십니까?
   만족스럽지 않다면 어떤 이유 때문입니까?
   만족스럽다면 어떤 이유 때문입니까?

[지속성]

10. 본 ○○○ 노인자원봉사 프로그램에서 봉사하시기 전과 봉사하신 후에 어떠한 변화가 있었나요?
    1) 어르신의 건강에는 어떠한 변화가 생겼나요?
    2) 어르신 자신에 대해 더 자랑스럽게 생각하게 되셨거나 혹은 더 실망하셨나요?
    3) 어르신의 생활 패턴이나 하루 일과에는 어떠한 변화가 생겼나요?
    4) 마음이 더 편안해지셨거나 또는 다른 심리적 변화가 생겼나요?

11. 본 ○○○ 노인자원봉사 프로그램에서 봉사하신 후 가족이나 주위에서는 어르신에 대해 뭐라고 말씀들을 하시던가요?

12. 본 ○○○ 노인자원봉사 프로그램이 종결되었는데, 다른 봉사활동을 계속하고 싶으십니까?
    1) 만약 계속 봉사하고 싶으시다면 그 이유는 무엇입니까?
    왜 계속하실 것 같으세요?
    2) 만약 계속 봉사하고 싶지 않으시다면 그 이유는 무엇입니까?

※오랜 시간 토론에 참여해 주셔서 감사합니다. 혹시 더 하시고 싶으신 말씀이 있으신지요? 만약에 없으시다면 오늘 면접을 여기서 마치도록 하겠습니다. 감사합니다.

(3) 사례연구

프로그램 참여자들의 성공 사례(예, 성공적으로 프로그램을 완수한 참여자)와 실패 사례(예, 프로그램 중도 탈락자 혹은 프로그램에 대해 비판적인 참여자) 등과 같이 프로그램의 특정 이슈에 따라 사례들을 분류하고, 사례에 해당되는 참여자들을 대상으로 프로그램의 투입(input), 과정(process) 그리고 결과(result) 등 전반적인 과정에서의 경험들을 사례 간의 비교를 통해 평가한다. 이때 설문조사, 관찰, 면접 등 폭넓은 방법을 활용할 수 있다. 다양한 사례들의 비교에 의해 프로그램 평가가 이루어짐으로써 외부인들에게 매우 설득력 있게 설명할 수 있다. 하지만 다양한 사례들을 정의하는 것이 모호할 경우가 있으며, 자료수집에 있어서 시간과 비용이 소요되며, 사례 간의 비교내용이나 이슈를 찾아내는 작업이 쉽지 않다.

(4) 내용분석

봉사일지, 회의록, 메모 등 의사소통의 기록물 내용에 대한 특성을 체계적으로 기술하는 동시에 질적 내용을 계량적 자료로 전환하여 측정 · 분석하는 분석기법을 의미한다. 이때 내용의 현재적 내용뿐만 아니라 잠재적으로 감추어진 내용까지도 분석 대상에 포함된다. 내용분석을 활용할 경우 많은 조사원이나 특별한 장비가 요구되지 않기 때문에 시간과 비용이 절감되며, 장기간에 걸쳐서 발생되는 일들을 기록하였기 때문에 프로그램의 시작과 종결 시점 모두를 파악할 수 있는 동시에 조사 대상자나 연구자의 개입이 원천적으로 차단되어 객관성을 담보할 수 있다. 반면에, 기록된 내용들에 국한되어 있기 때문에 기록에 남겨지지 않은 내용이나 의도적으로 삭제된 내용 등 현실을 그대로 반영할 수 없는 상황에서는 내용분석 결과의 타당성에 문제가 될 수 있다. 또한 현장 실무자들이 내용분석의 엄격한 자료수집 절차와 복잡한 분석과정을 수행하는 데 무리가 있기 때문에 분석결과에 대한 신뢰성을 담보하기 힘들다.

2) 양적 조사

(1) 사전-사후평가

사전-사후평가(T-test)는 두 개의 상호 관련된 집단 간의 평균차이가 통계적으로 유의미한지를 검증하는 방법이다. 흔히 동일집단에 대한 프로그램 효과를 측정하기 위한 사전-사후검증으로 많이 사용된다.

(2) 통제집단-실험집단 간 비교분석

통제집단–실험집단 간 비교분석(ANOVA)은 두 개 이상 집단의 평균이 동일한지를 통계적으로 검증하는 통계기법이다. 분산분석에는 연구 대상 집단에 영향을 주는 효과가 몇 개인지에 따라 일원배치분산분석(one-way ANOVA)과 단순요인분산분석(simple factorial ANOVA)으로 구분하는데, 전자는 효과변수가 하나일 때이고, 후자는 두 개 이상일 경우에 적용한다. 단순요인분산분석에서는 두 개의 효과변수들 간의 상호작용을 검증하기도 하고, 특정변수의 효과를 파악하기 위해 다른 변수를 통제변수(외생변수)로 하여 분석하는 공분산분석(ANCOVA)을 실시하기도 한다.

(3) 상관관계

상관관계(correlation)는 두 개 이상의 연속변수들 간의 관련성을 측정하는 것으로, 두 변량 사이에 한쪽이 증가하면 다른 쪽도 증가(또는 감소)하는 경향이 있을 때, 이 두 변량 사이에는 상관관계가 있다고 한다.

상관관계계수의 범위는 $-1.00 \leq r \leq +1.00$을 나타내며, 음의 값을 가질 경우, 한 변수가 증가하면 다른 변수는 감소하는 관계, 즉 부적인 관계로 해석되는 반면에 양의 값을 가질 경우, 한 변수가 증가함에 따라 다른 변수도 함께 증가하는 관계, 즉 정적인 관계가 있다고 해석한다. 주로 두 변인 간의 관련성만을 측정하기 때문에 다른 변수들을 통제할 수 없다는 단점이 있지만, 과정평가에서 평가항목들 간의 관련성을 측정하거나(예, 교육과정과 보상 및 인정과의 관련성 측정), 프로그램의 만족도와 일련의 운영과정들과의 관련성을 개별적으로 검토할 수 있다. 만약 프로그램 만족도에 영향을 주는 운영과정 요인들을 알고자 할 때는 회귀분석을 활용하는 것이 바람직하다.

(4) 회귀분석

회귀분석(regression)은 두 개 이상의 연속변수 사이에 인과관계가 어느 정도 존재하는가를 설명할 뿐 아니라 원인에 따라 결과를 예측하기 위해 사용하는 통계기법으로, 평가에 있어서는 과정평가에 제시된 척도들(혹은 변인들)이 프로그램의 성과에 미치는 영향에 대한 평가에 활용할 수 있다. 예를 들면, 과정평가에서 일련의 운영과정(모집 및 홍보, 배치, 교육 및 훈련, 보상 및 인정 등)의 만족도 중에서 어떠한 요인이 프로그램의 전반적인 만족도에 영향을 미쳤는지를 조사할 수 있으며, 성과평가에 있어서 프로그램 만족도가 참여자들의 변화의 정도에 미친 영향력을 밝힐 수 있다.

(5) 중요도-실행도 분석

심리학, 광고학, 관광학 등의 분야에서 주로 활용되는 중요도-실행도 분석(importance-performance analysis: IPA)은 응답자가 어떤 속성을 얼마나 중요하게 생각하는지를 나타내는 중요도와 실제로 어떻게 실행(행동)하는지를 나타내는 실행도를 측정하여 이차원 도면상에 표시함으로써 동시에 비교·분석하는 기법이다.

흔히 실행도 대신에 만족도를 측정하여 고객들이 특정 항목들에 대해 어느 정도 만족하느냐와 어느 정도 중요하게 인식하느냐를 비교·분석하는 식으로 활용되기도 한다. 복잡하고 어려운 통계기법과는 달리 주어진 항목들에 대한 중요도와 실행도(혹은 만족도)의 평균점수들을 바탕으로 비교하는 것이기 때문에 통계학적 지식이 없어도 충분히 활용할 수 있는 분석기법이다(1장의 [그림 1-2], 2장의 [그림 2-3] 참고).

4. 평가를 위한 측정

프로그램을 통해 달성하고자 하는 목표와 실행성과를 비교하기 위해서는 객관적이고 정확한 측정(measurement)이 매우 중요하다. 하지만 현장에서 평가가 이루어지지 않는 가장 큰 이유가 적절한 측정방법(예, 평가척도)을 알지 못하기 때문으로 조사되었으며, 그나마 활용하고 있는 측정방법 역시 기존의 프로그램이나 타 기관의 유사 프로그램에서 사용된 평가척도를 그대로 적용하고 있었다. 즉, 실무자들은 프로그램 평가를 위한 측정방법의 활용을 어려운 작업으로 인식하고 있었으며, 기존에 활용되는 측정방법들을 무비판적으로 수용하고 있는 실정이다. 지금부터 측정의 개념과 유형이 무엇이며, 이들을 어떻게 활용하는지에 대해 살펴보도록 한다.

1) 측정의 개념

측정은 일정한 규칙에 따라 대상이나 사건에 수치를 부여하는 것이다. 평가를 통해 프로그램에 대한 합리적이고 객관적인 정보를 제공하기 위해서는 분석하는 대상들의 현 상태를 비교할 수 있어야 하며, 수치는 이러한 현상들을 비교하기에 용이하도록 한다. 따라서 모든 분석 대상의 현상은 수치로 전환되어야 하며, 이를 측정(measurement)이라고 한다. 과학적 연구에서 측정이란 사물의 속성을 나타낼 수 있도록 지배하는 법칙에 따라서 숫자를 배분하는 것이나 연구하고자 하는 대상이나 사물에 대하여 일정한 규칙적 방법에 따라 숫자나 기호와 같은 상징적인 수치를 부여하는 과정으로 정의된다.

여기서 수치라는 개념은 단순히 수량적인 표현에만 국한시킬 것이 아니라 질적인 표현까지 포함하는 광의의 차원에서 정의를 내릴 수 있다. 즉,

측정이란 특정한 조사대상의 속성에 대한 질적 또는 양적인 값을 규정하는 과정이므로 측정에는 양적 측정과 질적 측정이 있다.

- **지표**: 지표(indicator)란 개념 속에 내재된 속성들이 표출되어 나타난 결과들을 말하는 것으로 지능을 측정하기 위해 IQ 테스트라는 지표를 사용하는 것이나 공동체 의식을 측정하기 위해 헌혈 참여율 등을 지표로 삼기도 한다.
- **지수**: 지수(index)란 두 개 이상의 항목이나 지표들이 모여 만들어진 측정도구다. 어떤 개념들은 단일한 지표를 통해 쉽사리 측정될 수 있지만, 어떤 개념들은 복수의 지표들을 합성하여 측정되기도 한다. 예를 들면, 가정생활만족도와 같은 것은 부부관계, 자녀관계, 소득수준 등 다양한 지표들을 합성한 지수를 통해 측정이 가능한 변수다.
- **척도**: 지수(index)와 척도(scale)는 복합적인 지표(indicator)의 결합을 통해 만들어진 측정도구로서, 혼용되어 사용된다. 즉, 경험적으로 쉽게 인식할 수 있는 지표들로 구성된 것을 지수라고 하고, 사람들의 인식, 감정, 태도 등과 관련된 변수들을 측정할 때는 척도라고 한다. 지수가 비교적 객관적인 지표들을 다루는 반면에, 척도는 추상적이고 내면적인 사항들을 다루기 때문에 척도는 구성단계에서 지수보다는 엄격성이 더 요구된다.

2) 측정의 전제조건

(1) 객관성

올바른 측정을 위해서는 측정대상에 대한 연구자의 개인적인 배경, 지식, 감정, 편견 등에서 벗어나 중립적인 태도를 견지해야 한다. 또한 측정이 이루어지기 이전까지 측정 대상에 대한 외부의 견해에 영향을 받지 않아야 한다. 예를 들어, 설문조사를 실행할 경우 설문을 구성하는 문구의 표현이나 선택항목을 제시하는 과정에서 주의를 기울여야 하며, 특히 관찰, 인터뷰 등 질적 조사를 실시할 경우, 대상자에 대한 객관적이고 중립적인 입장을 유지해야 한다.

(2) 정확성

측정을 위한 또 다른 전제조건은 정확성이다. 어떠한 시점에서도 모든 사람들에게 동일한 해석이 가능하게 하는 것이다. 모호함이란 정확성의 반대적인 개념으로 '코에 걸면 코걸이, 귀에 걸면 귀걸이'의 해석이 가능한 경우다. 현장의 평가보고서에는 이렇듯 모호한 평가진술이 많이 나타난다. 예를 들면, '봉사자들이 약속을 지키지 않는 경우가 잦아지면서 봉사자들 간의 갈등이 자주 나타난다.'라는 평가진술에 있어서, '잦아지면서'와 '자주'라는 개념이 모호하게 표현되어 있다. '잦아진다'는 표현 대신에 '10번의 약속에서 3번을 어겼으며'라고 표현하는 것이 정확하며, '자주'라는 표현 대신에 '봉사자들 간에 2~3회의 말다툼을 하는 것이 목격되었다.' 등으로 갈등이 목격된 횟수를 서술하는 것이 정확한 측정이라고 할 수 있다.

3) 측정절차

측정절차는 개념화와 조작화 과정을 통해서 구체화된다. 개념화와 조작화는 둘 다 변수와 변수를 구성하는 속성들을 구체화하는 작업들이지만, 개념화는 추상적인 상태의 구체화이고, 조작화는 경험적인 구체화라는 점에서 차이가 난다. 변수와 속성들을 구체화하는 개념화와 조작화의 과정에서는 포괄성의 원칙과 상호 배타성의 원칙이 충족되어야 한다.

(1) 포괄성의 원칙

한 변수의 측정을 위해서는 그 안에 포함된 모든 속성들이 포괄적으로 나타날 수 있어야 한다. 한 변수가 내포하고 있는 모든 범주 혹은 속성들이 측정에 포함될 수 있도록 개념화와 조작화가 이루어져야 한다.

(2) 상호 배타성의 원칙

한 변수를 나타내는 속성들은 상호 배타적이어야 한다. 상호 배타적이라는 것은 각기 다른 속성들은 서로가 엄격하게 구분되어야 한다는 뜻이다. 측정을 위한 개념화와 조작화의 과정에서는, 포괄성의 원칙과 함께 상호 배타성의 원칙도 반드시 고려되어야 한다.

4) 표준화된 측정도구와 비표준화된 측정도구

표준화된 측정도구는 주로 클라이언트의 지식수준, 태도 혹은 감정 행위 등을 측정하는 척도를 의미하며, 일관된 지표들과 채점방식으로 구성되어 있다. 엄격한 수준의 타당성과 신뢰성을 바탕으로 하고 있기 때문에 다른 대상집단들과의 비교, 혹은 한 집단의 서로 다른 시점(예, 프로그램 실행 전과 후) 간의 비교가 가능하다. 하지만 표준화된 측정도구를 사용하고자 할 때, 원척도의 연구 대상 집단의 특성(예, 연령대, 성별, 문화적 특성 등)에 대한 확인작업이 필요하다. 예를 들면, 외로움(loneliness)에 대한 원척도가 대학생들을 대상으로 개발된 것이라면, 이를 노인들에게 적용하는 것이 무리일 수도 있다. 즉, 아무리 표준화된 척도라고 하더라도 서로 다른 집단을 비교하고자 할 때에는, 각 집단의 문화적, 규범적 특성을 고려해야 한다. 예를 들어, 표준화된 측정도구인 자아존중감척도를 활용하여 노인자원봉사자들을 청소년 봉사자들과 비교하고자 할 때, 자원봉사활동과는 무관하게 노인과 청소년이라는 연령집단에서 발생할 수 있는 문화적, 규범적 차이나 특정 연령대에게는 부적절한 설문문항으로 인한 오류 등으로 자아존중감의 측정에 편차가 발생할 수 있기 때문이다. 이를 고려한다면, 일반 노인과 일반 청소년들의 자아존중감의 측정결과를 노인자원봉사자 및 청소년자원봉사자와 각각 비교하여 문화적 · 규범적 차이를 통제할 수 있다. 이와 같은 이유로, 표준화된 척도를 활용할 경우 원작자, 논문제목, 연도, 논문의 출처 등 원척도의 출처에 대한 설명이 제시되어야 한다.

일반적으로 표준화된 척도에 대한 채점방식으로는 지표의 값을 모두 합하는 방식, 지표들의 평균값을 구하는 방식 그리고 이 장에서 설명된 고객만족도 척도(CSI-SF)와 같이 백분율(%)로 나타내는 방식 등이 있으며, 이에 대한 해석은 지표값의 합을 토대로 상한선과 하한선의 경계를 설정하여 해석하기도 하며, 단순하게 점수가 높고 낮음으로 해석하는 등 측정도구에 따라 다양하다.

프로그램 평가에 있어서 표준화된 측정도구만을 사용할 수는 없다. 표준화된 측정도구는 인지, 태도, 감정, 지식수준 등 개인의 심리적 상태를 측정하기 위해 개발된 경우가 많기 때문에 적절한 표준화된 측정도구가 없을 경우, 실무자 스스로가 측정도구를 개발할 필요가 있으며, 관찰이나 인터뷰 등의 질적 조사방법을 실시할 경우에도 설문조사를 토대로 하는 표준화된 측정도구를 활용하지 않아도 된다. 특히, 프로그램의 과정평가나 중장기적인 성과평가에 있어서는 단순한 지표, 혹은 지수를 활용하여 수나 퍼센트를 중심으로 측정하는 경우가 많다. 예를 들어, 모집과정에서 자원봉사자를 50명 모집하는 것을 목표로 세웠다면, 모집인원이 50명이 되었는지만을 확인하면 된다. 성과평가에 있어서도 노인자원봉사활동을 통해서 방과 후 학습 아동들 중에서 80% 이상의 학업성적 향상을 목적으로 하였다면, 학업성적이 향상된 아동들이 전체 80%가 되었는지 확인하면 된다. 다만, 방과 후 학습 아동들의 성적 향상에 노인자원봉사자들의 학습지도가 직접적인 영향을 미쳤다는 것을 다른 방식으로 증명해야 할 것이다(예, 아동들을 대상으로 한 인터뷰나 설문조사 등).

5) 프로그램 과정평가의 측정

과정평가를 위한 척도는 다음과 같은 사항들이 고려되어야 한다.

- 시간, 비용, 인원 등 질적, 양적 투입(input)이 계획대로 실행되었는가?
- 내용, 시간, 장소, 형식 등 프로그램 활동들이 계획대로 실행되었는가?
- 참여 대상자나 참여인원 등 의도했던 참여수준을 달성하였는가?
- 참여자 혹은 대상자들이 프로그램에 대해 어느 정도 만족하였는가?

즉, 과정평가를 통해서 일련의 프로그램 운영과정에서 투입(input)과 활동(activities) 그리고 산출(output)을 중심으로 기획된 것과 실행된 것을 비교할 수 있으며, 프로그램에 대한 만족도를 참여자 및 대상자들 대상으로 조사할 수 있어야 한다.

〈표 5-4〉는 홍보/모집, 면접/배치, 교육, 봉사활동 실행 그리고 보상/인정 등의 운영과정 전반에 걸쳐 투입과 산출의 기획된 목표기준과 실행결과 간의 차이를 보여 준다. 이때 프로그램 만족도는 산출의 일부분으로 과

〈표 5-4〉 자원봉사 프로그램 운영과정과 투입, 활동, 산출에 따른 과정평가

프로그램 운영과정 / 투입 · 활동 · 산출	홍보/모집		면접/배치		교육/훈련		봉사활동		보상/인정	
	목표 기준	실행 결과	목표 기준	실행 결과	목표 기준	실행 결과	목표 기준	실행 결과	목표 기준	실행 결과
투입	●	◎	●	◎	●	◎	●	◎	●	◎
활동 및 산출	●	◎	●	◎	●	◎	●	◎	●	◎
만족도	●		●		●		●		●	
중요도	◎		◎		◎		◎		◎	

정평가에 해당되며, 만족도 이외에 중요도까지 파악함으로써 참여자 혹은 대상자들이 프로그램의 전반적인 운영과정에서 무엇을 중요하게 인식하고 있는지도 평가에 반영할 수 있게 한다. 예를 들면, 프로그램을 홍보하고 봉사자를 모집하는 단계에서 어느 정도의 시간과 비용, 인적 투입 그리고 시설 등의 투입요소들이 목표기준으로 기획되었으며, 실제 진행과정에서 이들 투입요소가 목표기준에 비해 어느 정도 달성되었는지를 파악하여야 한다. 또한 홍보와 모집과정에서 목표로 한 기준들(예를 들면, 홍보를 위한 파트너십 형성, 의도된 봉사 대상자의 특성, 봉사자의 목표인원 등)이 실행결과 어느 정도 충족되었는지 살펴보아야 한다. 이처럼 기획된 목표기준과 실행결과에 대한 차이를 명확하게 제시하고, 그 원인을 분석하는 것이 과정평가의 측정에서 핵심적인 요소다.

프로그램 만족도의 경우, 일반적으로 프로그램 전반에 대한 만족도 조사에 그치는 경우가 많으며, 봉사자나 대상자들이 프로그램에 대해 높은 만족도를 나타내는 경향(주로 '매우 만족'이나 '만족'에 응답이 치우쳐 있음)이 있기 때문에 프로그램 만족도 조사결과를 평가에 활용하는 것이 때로는 무의미한 경우가 많다. 이를 보완하기 위해서 일련의 프로그램 운영과정별로 만족도를 측정하는 동시에 중요도를 조사함으로써 프로그램의 운영과정별로 참여자들의 만족도를 조사할 수 있으며, 회귀분석이나 상관관계 분석을 통해서 프로그램 전반에 대한 만족도에 영향을 미치는 개별과정이 무엇인지를 파악할 수 있다. 또한 중요도-실행도 분석(IPA)에 의해 참여자들이 만족하는 것과 중요하게 인식하는 것을 구분함으로써 중요하게 인식함에도 불구하고 만족도가 상대적으로 낮은 영역이 무엇인지를 밝혀냄으로써 프로그램 운영의 효율성과 효과성을 높일 수 있다.

(1) 마케팅 믹스의 적용

과정평가에 사용될 수 있는 문항들은 마케팅 분야에서 널리 활용되고 있는 마케팅 믹스(marketing mix)에서 7P's(promotion, product, price, place, people, process, physical evidence)의 기초개념을 활용할 수 있다. 마케팅 믹스란 기업이 마케팅 목표에 따라 설정한 시장표적에 마케팅 활동을 집중시키기 위해 사용하는 모든 투입요인들의 배합을 해당 기업의 환경과 상황에 맞게 구사함으로써 마케팅 효과를 최대화하는 마케팅 전략을 의미한다. 전통적인 마케팅 믹스의 요소는 상품(product), 판매장소(place), 가격(price), 판매촉진의 형태(promotion)로 흔히 4P's라고 한다. 하지만 서비스 마케팅 분야에서는 4P's 이외에 고객의 관점에서 서비스 증거(service evidence)에 중점을 두어 사람(people), 과정(process) 그리고 물리적 증거(physical evidence) 등 3P's를 더하여 이른바 7P's의 마케팅 믹스 전략을 구성하고 있다(이유재, 2006).

마케팅 믹스의 7P's

① 촉진활동(promotion): 광고, 인적 판매, 판매 촉진, 홍보, 대중관계 등
② 실무자(people): 실무자의 태도, 다른 봉사자의 행동과 관여 정도, 봉사자 간의 관계
③ 운영과정(process): 정책, 절차, 기계화, 종업원 재량, 고객 관여, 활동의 흐름
④ 제품 및 서비스(product): 다양한 프로그램과 수요처 개발
⑤ 이용가격(price): 입회비 수준, 할인제도, 품질/가격의 차별화
⑥ 장소 및 입지(place): 위치, 접근성, 유통경로, 유통지역
⑦ 물리적 증거(physical evidence): 물리적 환경(가구, 색채, 배치, 소음), 편의용품

이러한 7P's의 개념을 자원봉사 프로그램에 적용하면 다음과 같은 항목 및 지표들을 도출해 낼 수 있다.

① 촉진활동(promotion)

- 기관의 인지도
- 봉사활동 개념에 대한 이해
- 봉사활동 프로그램에 대한 이해

② 실무자 및 프로그램 참여자(people)

- 담당자의 친절도
- 담당자의 노력
- 봉사자에 대한 담당자의 인지능력(이름, 활동내용 등)
- 담당자의 신속한 대응 혹은 반응
- 다른 봉사자와의 관계
- 대상자와의 관계

③ 운영과정(process)

- 면접절차의 편의성/간편성
- 배치과정의 신속성
- 교육 및 훈련과정의 편의성
- 봉사활동 참여의 유연성(예, 봉사활동 시간대가 자유로운가?)

④ 제품 및 서비스(product)

- 적절한 봉사 프로그램 연계(맞춤식 봉사 프로그램 여부)
- 다양한 봉사 프로그램 개발
- 교육 및 훈련의 질(적절성, 재미, 효과성 등)

• 프로그램에 대한 전반적인 만족도

⑤ 이용가격(price)

상품이나 서비스의 구매와는 반대개념으로 봉사활동에서 얻을 수 있는 혜택을 price의 개념으로 설정

• 다양한 인정 및 보상
• 활동비 지급 여부 및 이에 대한 만족도
• 봉사활동에 따른 기관 부설시설의 이용 가능성

⑥ 장소 및 입지(place)

• 기관과의 물리적 거리
• 기관까지의 교통편
• 봉사지역과의 물리적 거리
• 봉사지역까지의 교통편

⑦ 물리적 증거(physical evidence)

• 기관의 청결 정도
• 자원봉사실 구비 여부

위에서 제시된 운영과정이나 마케팅 믹스 7P's의 개별항목들을 질적 방법을 통해 평가할 수도 있으나, 양적 평가(설문조사)를 통해서 실시할 경우 개별항목 간의 평균값의 비교, 개별항목에 대해 실무담당자 및 기관의 중요도-실행도 분석(IPA) 기법, 실무자와 자원봉사자의 만족도에 대한 비교 등을 통해서 평가할 수 있다.

프로그램 운영과정별 만족도 설문조사 및 분석

서울 소재 노인종합복지관에서 실시한 프로그램 평가보고서를 사례로 제시하고자 한다. 본 설문은 마케팅 믹스의 7P's(promotion, people, process, product, price, place, physical evidence)의 기초개념을 활용하여, 과정평가에 해당되는 부분들을 제시하였으며, 특정 교육 프로그램의 이름 대신에 A, B, C 형태로 제시하였다.

〈설문지〉

1. 귀하는 어떤 경로로 본 프로그램의 교육을 받게 되었습니까?

① 대중매체를 통해서 ② 교육기관의 권유로

③ 지역신문을 통해서 ④ 소속 단체의 권유로

⑤ 이웃 및 친구의 소개로 ⑥ 기타( )

※ 다음은 입학과정에 관한 질문입니다. 해당 사항에 ∨표 해 주십시오.

		매우 그렇다	그렇다	보통이다	그렇지 않다	매우 그렇지 않다
홍보	2. 본 프로그램에 관한 정보 및 홍보(대중매체, 각종 신문 등)는 충분하셨습니까?					
참여과정	3. 본 프로그램 참여를 위한 정보를 충분히 제공받으셨습니까? (내방 및 전화상담)					
	4. 본 프로그램에 참여하기 위한 서류접수는 원활하셨습니까?					
	5. 본 프로그램 참여에 앞서 예비소집은 잘 이루어졌습니까?					

※ 다음은 교육과정에 관한 질문입니다. 해당 사항에 V표 해 주십시오.

		매우 만족스럽다	만족스럽다	보통이다	만족스럽지 못하다	전혀 만족스럽지 못하다
장소	6-1. 위치					
	6-2. 공간배치					
	6-3. 청결					
	6-4. 음향					
	6-5. 편의시설(화장실)					
7. 교육기간						
8. 교육시간						
담당 직원	9-1. 전문성					
	9-2. 책임성					
	9-3. 열정					
	9-4. 친절					
10. 간식 및 식사						
11. 참여자 구성원						

※ 다음은 교육내용에 관한 질문입니다. 해당 사항에 V표 해 주십시오.

		매우 만족스럽다	만족스럽다	보통이다	만족스럽지 못하다	전혀 만족스럽지 못하다
교육내용	12-1. 교육 A					
	12-2. 교육 B					
	12-3. 교육 C					

13. 귀하는 본 프로그램에 참여하신 것이 만족스럽습니까?

① 매우 만족스럽다. ② 만족스럽다. ③ 보통이다.
④ 만족스럽지 못하다. ⑤ 전혀 만족스럽지 못하다.

14. 귀하가 본 프로그램에 참여하기 전의 기대치와 비교하여, 참여 후 그 기대치가 충족되었습니까?

① 기대치가 매우 충족되었다. ② 기대치가 충족되었다. ③ 보통이다.
④ 기대치가 충족되지 못했다. ⑤ 기대치가 전혀 충족되지 못했다.

15. 귀하는 본 프로그램과 유사한 프로그램을 실행한다면 계속 참여하실 의향이 있으십니까?
① 참여하겠다. ② 참여하지 않겠다.(☞15-1로 이동)

15-1. 15번 문항에서 유사한 프로그램에 참여하고 싶지 않은 이유는 무엇입니까?
( )

16. 귀하는 다른 어르신들에게 본 프로그램에 대한 참여를 권해 주시고 싶으십니까?
① 권해 주겠다. ② 권해 주지 않겠다.(☞16-1로 이동)
③ 생각해 보겠다.

16-1. 16번 문항에서 다른 어르신들에게 본 프로그램의 참여를 권해 주고 싶지 않은 이유는 무엇입니까?
( )

[분석결과]

1. 각 항목에 대해 만족도 평균값을 측정하여 항목별로 비교한다.

(1점: 매우 만족~5점: 매우 불만족)

평가항목		개별항목별 평균(SD)	과정항목별 평균(SD)
홍보	본 프로그램에 관한 정보 및 홍보(대중매체, 각종 신문 등)는 충분하셨습니까?	1.85(.95)	1.85(.95)
참여과정	본 프로그램에 참여하기 위한 정보를 충분히 제공받으셨습니까? (내방 및 전화상담)	1.60(.68)	1.48(.50)
	본 프로그램에 참여하기 위한 서류접수는 원활하셨습니까?	1.45(.51)	
	본 프로그램 참여에 앞서 예비소집은 잘 이루어졌습니까?	1.40(.50)	
교육장소	공간배치	1.70(.08)	1.63(.70)
	청결	1.60(.68)	
	음향	1.65(.81)	
	편의시설(화장실)	1.50(.61)	
교육기간	교육기간은 적절하였습니까?	1.90(.85)	1.90(.85)
교육시간	교육시간은 적절하였습니까?	1.65(.75)	1.90(.85)

담당 직원	전문성: 담당 직원이 전문성이 있다고 생각하십니까?	1.50(.76)	1.36(.52)
	책임성: 담당 직원이 책임성이 있다고 생각하십니까?	1.40(.60)	
	열정: 담당 직원이 열정적이라고 생각하십니까?	1.30(.47)	
	친절: 담당 직원이 친절하다고 생각하십니까?	1.25(.44)	
간식 및 식사	제공된 간식과 식사에 대해 만족하십니까?	1.30(.57)	1.30(.57)
참여자 구성원	함께 참여하신 구성원에 대해서는 만족하십니까?	1.65(.75)	1.65(.75)
교육내용	교육 A	1.50(.89)	1.87(.59)
	교육 B	2.20(.83)	
	교육 C	1.90(.85)	
만족도	전반적인 만족도	1.25(.44)	1.19(.33)
	기대충족도	1.30(.47)	
	계속 참여	1.10(.31)	
	교육 권유	1.10(.45)	

마케팅 믹스의 7P's에 해당되는 영역으로는 홍보(promotion), 참여과정(process), 교육장소(physical evidence), 담당 직원들 및 참여자 구성원(people), 교육내용(product) 등이 있으며, 가장 만족도가 큰 영역은 간식 및 식사(mean=1.30)였고, 그다음으로는 담당 직원(mean=1.36), 참여과정(mean=1.48) 등으로 나타났다. 특히 담당 직원에 대한 만족도 세부 항목에서는 담당 직원의 '친절'(mean=1.25)에서 가장 만족도가 높았던 반면에, 전문성(mean=1.50)에서는 상대적으로 만족도가 떨어지는 것으로 나타났다. 하지만 평균점수인 1.50은 5점 척도의 중간값인 3보다는 훨씬 더 만족도가 높아서 절대적인 만족도에서는 높은 점수다. 한편, 상대적으로 만족도가 낮은 항목은 교육시간과 교육기간으로 평균점수가 1.90이었고, 그다음으로는 교육내용(mean=1.87)이었다. 특히 교육내용에 따른 편차가 상대적으로 많이 나타나나는 것으로 조사되었다(교육 A의 만족도 점수=1.50, 교육 B의 만족도 점수=2.20). 또한 홍보에 있어서도 만족도 평균점수가 1.85로서 다른 항목들과 비교해 볼 때 상대적으로 낮은 점수를 보이고 있다.

한편, 프로그램에 대한 만족도를 '전반적인 프로그램 만족도', '기대충족도', '지속적인 참여 여부' 그리고 '타인에게 본 프로그램 권유 여부' 등으로 구분하여 조사한 결과, '지속적인 참여 여부'와 '타인에게 본 프로그램 권유 여부'에서 각각 평균점수가 1.10으로 가장 높았고, 그 다음으로 '전반적인 프로그램 만족도'(mean=1.25), '기대충족도'(mean=1.30)로 나타났다.

결론적으로, 본 프로그램의 전반적인 운영과정에서는 간식 및 식사 그리고 담당 직원에 대한 만족도가 높은 반면에 교육기간이나 교육시간에 있어서는 상대적으로 낮은 만족도를 보임으로써 향후 프로그램을 진행하는 데 있어서 다소 수정 · 보완이 필요한 것으로 조사되었다. 또한 교육내용에 있어서도 개별 교육 프로그램들 간의 편차가 심하게 나타남으로써 향후 교육 강사 및 교육 프로그램의 선정에 있어서 이러한 점을 고려할 필요가 있다.

2. 프로그램의 만족도와 운영과정의 개별항목들 간의 상관관계를 밝힘으로써 프로그램 만족도에 영향을 미치는 운영과정 요소들을 조사한다.

본 설문의 결과에서 만족도가 너무 한쪽으로 치우쳐 있어서 정규분포를 이루지 못하고 있고, 전체 조사대상이 20명밖에 되지 않기 때문에 회귀분석은 불가능하며, 상관관계 분석 또한 통계학적으로 엄밀하게 말하면 가능하지 않다. 그럼에도 불구하고, 대략적으로나마 전반적인 운영과정에서의 만족도와 프로그램 만족도와의 관련성을 짐작하기 위해서 상관관계 분석을 실시하였다.

상관관계 분석결과에 따르면, 프로그램 만족도는 '홍보', '예비소집', '편의시설', '교육기간', '담당 직원의 친절' 그리고 '교육 C'에 대한 만족도와 유의미한 상관관계를 보이고 있다. 즉, 본 프로그램에 참여한 노인들의 프로그램에 대한 전반적인 만족도는 홍보, 예비소집과정, 교육공간의 편의시설(화장실), 교육기간, 담당 직원의 친절, 교육 C의 만족도와 관련이 있다고 할 수 있다. 비록 통계적으로는 이러한 결과를 활용하기에 부적절하지만, 이러한 결과를 바탕으로 참여 노인들의 개별 인터뷰를 기획하여 보다 더 심층적으로 조사할 수 있으며, 프로그램의 만족도를 향상시키기 위해서는 이러한 요인들에 대해 주의를 기울일 필요가 있다.

노인자원봉사 프로그램 과정평가를 위한 IPA 설문분석

〈설문지〉

	①	②	③	④	⑤	⑥	⑦
현재 상태 (A)	전혀 그렇지 않음	그렇지 않음	조금 그렇지 않음	보통	조금 그러함	그러함	매우 그러함
	①	②	③	④	⑤	⑥	⑦
중요성 (B)	전혀 중요하지 않음	상당히 중요하지 않음	약간 중요하지 않음	보통	약간 중요함	상당히 중요함	매우 중요함

설문내용	현재 상태에 대한 평가 (A)	프로그램 수행에 있어서의 중요성 (B)
A. 촉진활동(promotion)		
1. 본 기관에 대해 귀하는 잘 알고 계십니까?	( )	( )
2. 귀하는 봉사활동에 대해 전반적으로 잘 이해하고 계십니까?	( )	( )
3. 귀하는 참여하시는 본 프로그램에 대해 잘 숙지하고 계십니까?	( )	( )
B. 실무자 및 프로그램 참여자(people)		
4. 실무자들은 귀하 및 동료봉사자들에게 친절하게 응대하였습니까?	( )	( )
5. 실무자들은 본 프로그램을 위해 열심히 노력하는 모습을 보였습니까?	( )	( )
6. 실무자들은 귀하나 동료봉사자들을 개인적으로 잘 알고 있었습니까?(이름이나 활동내용)	( )	( )
7. 실무자들은 귀하의 요구사항에 대해 신속하게 대응하였습니까?	( )	( )
8. 귀하는 본 프로그램을 수행하시면서 동료봉사자들과 좋은 관계를 유지하셨습니까?		
9. 귀하는 봉사활동의 대상자와 좋은 관계를 유지하셨습니까?		
C. 운영과정(process)		
10. 귀하는 별다른 불편 없이 간편하게 면접을 실행하셨습니까?	( )	( )
11. 귀하는 신속하게 현재의 봉사활동 프로그램에 배치받으셨습니까?	( )	( )
12. 교육이나 훈련과정에서 시간적으로 불편함이 없었습니까?	( )	( )
13. 봉사활동에 참여하시는 과정에서 시간적으로 불편하신 점은 없었습니까?	( )	( )

D. 제품 및 서비스(product)		
14. 본 프로그램은 귀하께서 원하시던 유형의 봉사활동이었습니까?	(　　)	(　　)
15. 프로그램 실행과정에서 수행했던 봉사활동에 대해 만족하십니까?	(　　)	(　　)
16. 프로그램의 운영과정(면접, 배치, 교육, 보상 등)에 대해 전반적으로 만족하십니까?	(　　)	(　　)
E. 보상 및 인정(price)		
17. 기관에서 제공하는 보상 및 인정에 대해 만족하셨습니까?	(　　)	(　　)
18. 봉사활동에 대한 금전적인 혜택(활동비 명목)이 있었다면 이에 대해 만족하셨습니까?	(　　)	(　　)
F. 장소 및 입지(place)		
19. 봉사지역과 귀하의 댁과의 교통편은 편리하셨습니까?	(　　)	(　　)
20. 기관과 귀하의 댁과의 교통편은 편리하셨습니까?	(　　)	(　　)
G. 물리적 증거(physical evidence)		
21. 기관에서는 자원봉사실이 따로 구비되어 있어서 봉사활동 진행을 위해 요긴하게 활용하셨습니까?	(　　)	(　　)
22. 교육이나 훈련을 받으실 때 교육장소가 시끄럽지 않고 쾌적하였습니까?	(　　)	(　　)

[분석결과]

1. 각 항목에 대해 만족도 평균값을 측정하여 항목별로 비교한다.

설문내용	현재 상태에 대한 평가(A)		프로그램 수행에 있어서의 중요성(B)	
	평균값		평균값	
A. 촉진활동(promotion)				
1. 본 기관에 대해 귀하는 잘 알고 계십니까?	5.45		5.72	
2. 귀하는 봉사활동에 대해 전반적으로 잘 이해하고 계십니까?	5.72	5.47	5.22	5.23
3. 귀하는 참여하시는 본 프로그램에 대해 잘 숙지하고 계십니까?	5.23		5.15	
B. 실무자 및 프로그램 참여자(people)				
4. 실무자들은 귀하 및 동료봉사자들에게 친절하게 응대하였습니까?	5.98		6.23	
5. 실무자들은 본 프로그램을 위해 열심히 노력하는 모습을 보였습니까?	6.01		6.41	
6. 실무자들은 귀하나 동료봉사자들을 개인적으로 잘 알고 있었습니까?(이름이나 활동내용)	5.79		6.66	
7. 실무자들은 귀하의 요구사항에 대해 신속하게 대응하였습니까?	5.46	5.71	6.08	6.27
8. 귀하는 본 프로그램을 수행하시면서 동료봉사자들과 좋은 관계를 유지하셨습니까?	5.55		6.25	
9. 귀하는 봉사활동의 대상자와 좋은 관계를 유지하셨습니까?	5.46		5.97	

C. 운영과정(process)				
10. 귀하는 별다른 불편 없이 간편하게 면접을 실행하셨습니까?	5.46	5.31	5.88	5.96
11. 귀하는 신속하게 현재의 봉사활동 프로그램에 배치받으셨습니까?	5.23		6.15	
12. 교육이나 훈련과정에서 시간적으로 불편함이 없었습니까?	5.17		6.02	
13. 봉사활동에 참여하시는 과정에서 시간적으로 불편하신 점은 없었습니까?	5.36		5.77	
D. 제품 및 서비스(product)				
14. 본 프로그램은 귀하께서 원하시던 유형의 봉사활동이었습니까?	5.68	5.87	6.23	6.13
15. 프로그램 실행과정에서 수행했던 봉사활동에 대해 만족하십니까?	6.06		6.18	
16. 프로그램의 운영과정(면접, 배치, 교육, 보상 등)에 대해 전반적으로 만족하십니까?	5.88		6.00	
E. 보상 및 인정(price)				
17. 기관에서 제공하는 보상 및 인정에 대해 만족하셨습니까?	6.13	6.02	6.54	6.27
18. 봉사활동에 대한 금전적인 혜택(활동비 명목)이 있었다면 이에 대해 만족하셨습니까?	5.91		5.99	
F. 장소 및 입지(place)				
19. 봉사지역과 귀하의 댁과의 교통편은 편리하셨습니까?	5.21	5.20	5.30	5.27
20. 기관과 귀하의 댁과의 교통편은 편리하셨습니까?	5.18		5.23	
G. 물리적 증거(physical evidence)				
21. 기관에서는 자원봉사실이 따로 구비되어 있어서 봉사활동 진행을 위해 요긴하게 활용하셨습니까?	5.60	5.64	5.37	5.12
22. 교육이나 훈련을 받으실 때 교육장소가 시끄럽지 않고 쾌적하였습니까?	5.68		4.87	
전체 평균값	5.60		5.75	

현재 상태에 대한 평가(혹은 현재 만족도)에서 가장 높은 점수를 보인 항목은 '보상 및 인정'(mean=6.02)과 '제품 및 서비스'(mean=5.87)인 반면에 가장 낮은 점수를 보인 항목은 '장소 및 입지'(mean=5.20)와 '운영과정'(mean=5.31)으로 나타났다. 즉, 참여 노인들은 자원봉사활동을 통해서 보상과 인정영역과 봉사활동의 유형이나 봉사활동 수행 자체에 대한 만족도는 상대적으로 높지만, 교통편이나 면접 및 배치, 교육 및 훈련과정에서는 상대적으로 만족도가 떨어지는 것으로 조사되었다.

개별항목으로 살펴보면, '보상과 인정'(mean=6.13), '수행한 봉사활동에 대한 만족도'(mean=6.06) 그리고 '실무자들의 열정 및 노력'(mean=6.01) 등에서 높은 점수를 보였으나, '교통편'(각각 mean=5.18과 5.21), '교육 및 훈련'(mean=5.17), '신속한 배치'

(mean=5.23) 그리고 '본 프로그램에 대한 숙지 여부'(mean=5.23)에 대해서는 상대적으로 낮은 평가를 보여 주었다.

한편, 노인자원봉사자들이 중요하게 생각하는 항목을 살펴보면, '실무자와 참여자', '보상 및 인정'이 각각 6.27의 평균점수로 가장 높게 나타났으며, 그다음으로 '운영과정'(mean=5.96) 등이고, 가장 낮게 나타난 요인항목으로는 '물리적 증거'(mean=5.12), '장소 및 입지'(mean=5.27)과 '촉진활동'(mean=5.23)으로 조사되었다. 즉, 노인자원봉사자들은 실무자들의 친절과 동료참여자들과의 관계를 중요하게 생각하고 있으며, 봉사활동에 대한 다양하고 적절한 보상 및 인정 또한 중요한 사안으로 여기고 있었다. 반면에, 봉사활동을 위한 편의시설이나 기관 및 봉사처와의 교통편은 상대적으로 그다지 중요하지 않은 것으로 생각하고 있었고, 기관이나 봉사활동의 의미 혹은 본 프로그램에 대한 이해 정도 또한 그다지 중요하지 않은 것으로 생각하고 있었다.

2. IPA(중요도-실행도 분석)를 활용하여 개별항목 및 개별요인들 간의 입체적인 분석을 실시한다.

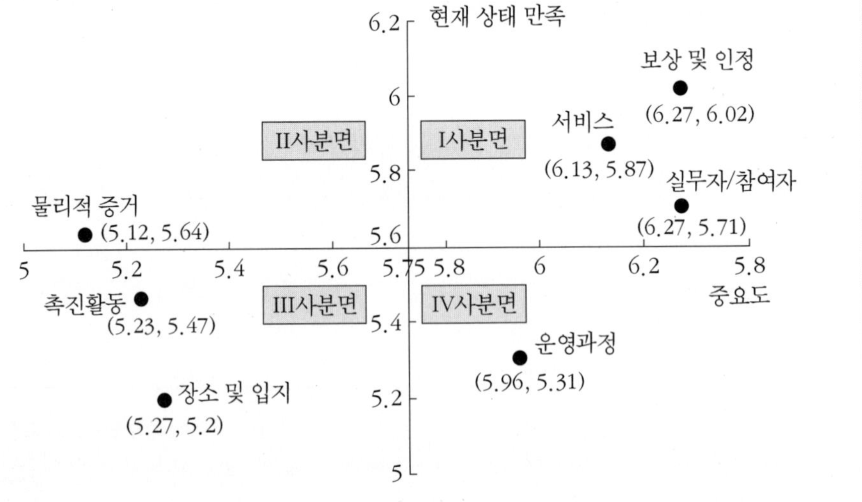

[그림 5-4] 프로그램 운영과정에 대한 노인자원봉사자들의 현재 만족도와 중요도 분석

앞의 그림에서 Y축은 프로그램의 전반적인 운영과정별로 노인자원봉사자들이 평가한 현재의 상태 혹은 만족도를 의미하고, X축은 노인자원봉사자들이 얼마나 중요하게 인식하고 있는지를 평가한 것이다. 설문지에서는 1점에서 7점까지 Likert 척도로 설문하였고 중간값은 4점이다. 즉, 4점 이상이면 만족도나 중요도에서 평균 이상의 긍정적인 의미를 가지고 있다고 할 수 있다. 하지만 만족도나 중요도에 대한 노인응답자의 평균값이 각각 5.60과 5.75로 나타나 전반적으로는 만족도나 중요도에서는 중간값 4를 훨씬 상회하는 것으로 조사되었다. Y축과 X축의 교차지점은 중간값 4가 아닌 각각의 평균값(5.60과 5.75)으로 하여 4사분면을 구성하였으며, 설문지에 구성된 일곱 가지 요인들(7P's)의 값을 중심으로 각 요인들의 위치를 설정하였다.

I사분면의 경우, 노인자원봉사자들이 중요하게 생각하면서도 현재의 상태(혹은 만족도) 역시 평균 이상의 점수를 보이는 요인들로서 운영과정에서 잘 수행되고 있다고 판단할 수 있다. II사분면은 중요도는 평균값 이하로 상대적으로 낮은 점수를 나타내지만, 현재의 상태나 만족도에서는 평균 이상의 점수를 보이는 요인들로서 이른바 '필요 이상의 노력'을 보인 요인들이라고 할 수 있다. III사분면은 중요도나 현재 상태(혹은 만족도) 모두에서 상대적으로 낮은 점수를 보이는 요인들이며, 노인자원봉사자들이 그다지 중요하게 생각하지 않을뿐더러 그다지 만족하지도 않는 요인들이다. 이러한 요인들은 이론적으로는 중요하지만, 현장에서 노인자원봉사자들이 왜 중요하게 인식하지 않는지에 대한 근본적인 조사가 필요한 부분이기도 하다. 마지막으로 IV사분면은 노인자원봉사자들이 중요하게 인식하는데도 불구하고 그에 대한 현재 상태의 만족도는 상대적으로 낮게 나타나는 요인들이다. 이러한 요인들은 이른바 '즉각적인 개선이 요구'되는 사항이며, 노인자원봉사자들의 프로그램에 대한 만족도와 지속성에 부정적인 영향을 미칠 가능성이 크다고 볼 수 있다.

이러한 분석틀을 바탕으로 본 설문의 결과를 분석해 보면, I사분면에 위치한 '보상 및 인정', '서비스' 그리고 '실무자 및 참여자' 영역에서는 중요도와 만족도가 평균 이상의 값을 보임으로써 잘 수행되고 있는 요인들이라고 할 수 있다. II사분면의 '물리적 증거'는 노인자원봉사자들의 중요도 인식 정도에 비해 현재 상태에 대한 만족도가 상대적으로 높게 나타났는데, 봉사활동을 수행하기 위한 편의시설 등에 대해서는 그다지 중요하지 않게 생각하지만, 현재 기관에서는 이러한 편의시설이나 환경에 대해 기대 이상으로 제공되고 있다고 분석된다. III사분면은 다른 요인들에 비해 상대적으로 중요하지도 만족하지도 않은 영역인 '촉진활동'과 '장소나 입지'로 나타났다. 즉, 기관이나 봉사활동의 이해에 대해서는 노인봉사자들이 그다지 중요하게 인식하지 않을뿐더러 이에 대한 만족도 역시 상대적으로 낮았으며, 기관이나 봉사처와의 교통편에 대해서도 중요도와 만족도 모두 다른 요인들과 비교해 볼 때 가장 낮게 나타남으로써 실무자의 입장에서는 노인봉사자들의 교통편의에 대해서는 다른 요인들에 비해 더 이상의 노력을 기울이지 않아도 무방한 것으로 보여진다. 중요한 것은 IV사분면인데, '운영과정'은 노인봉사자들이 중요하게 인식하지만 만족하지 못한 것으로 드러났다. 즉, 면접, 배치, 교육 및 훈련에서의 시간적 불편함 등 운영과정 전반에 있어서 노인봉사자들이 중요하게 인식하는 데에 비해 기관 및 실무자들의 노력이 미흡했으며, 이에 대한 즉각적인 개선이 요구된다.

프로그램 만족도에 대한 표준화된 척도

자원봉사자들을 대상으로 프로그램에 대한 만족도를 참여만족도, 기대충족도, 구전효과 그리고 재참여 여부(brand loyalty) 등으로 구분하여 설문

[원척도의 출처]

Attkisson & Zwick(1982). Client Satisfaction Questionnaire: Psychometric properties and Correlations with Service Utilization and Psychotheraphy Outcomes. *Evaluation and Planning, 5*(3), 233-237.

클라이언트의 만족도 설문(CSQ-8)의 응용

1. 귀하는 본 자원봉사활동을 통해서 도움을 준 것에 대하여 어떻게 평가하십니까?

4	3	2	1
매우 좋았다	좋았다	그저 그렇다	빈약했다

2. 본 자원봉사활동은 귀하가 원했던 것이었습니까?

1	2	3	4
전혀 그렇지 않다	그렇지 않다	그렇다	명백하게 그렇다

3. 본 자원봉사활동은 귀하가 처음 시작할 때의 기대를 어느 정도 만족시켰습니까?

4	3	2	1
거의 모두	대부분	조금	전혀

4. 귀하는 주변사람들에게 본 자원봉사활동을 추천하시겠습니까?

1	2	3	4
전혀 그렇지 않다	그렇지 않다	그렇다	명백하게 그렇다

5. 횟수나 시간 등 양적인 측면에서 귀하가 참여하신 자원봉사활동에 대해 얼마나 만족하십니까?

1	2	3	4
매우 불만족	조금 불만족	대부분 만족	매우 만족

6. 본 자원봉사활동이 생각이나 활동 면에서 오히려 귀하에게 긍정적인 영향을 끼쳤습니까?

4	3	2	1
매우 많이	다소	도움이 안 됨	더 악화됨

7. 전반적으로 볼 때, 귀하가 참여하신 자원봉사활동에 만족하십니까?

4	3	2	1
매우 만족	대부분 만족	조금 불만족	매우 불만족

8. 만약 기회가 된다면, 또다시 자원봉사활동에 기꺼이 참여하시겠습니까?

1	2	3	4
전혀 그렇지 않다	그렇지 않다	그렇다	명백하게 그렇다

고객만족도척도(CSI-SF)

CSI(client satisfaction inventory)는 서비스 이용자와 실무자와의 관계, 문제해결과 도움의 정도, 구전효과(추천 여부)와 재이용 여부 등 총 스물다섯 개의 항목으로 구성되어 있다. 문항들이 초등학교 5학년 학생들의 읽기 수준에 맞추어 쉽게 표현되었다. 본 척도는 사회복지영역의 여러 실천 현장에서 사용될 수 있으며, 타당도와 신뢰도에서 매우 엄격한 방법을 통해서 검증되었다. 현장에 간편하게 활용할 수 있도록 하기 위해 총 스물다섯 개 항목들 가운데 아홉 개 항목만으로 구성된 '간편형 척도'(CSI-SF)를 제공하고 있다.

McMurtry & Hudson(2000). The Client Satisfaction Inventory: Results of an Initial Validation Study. Research on Social Work, 10(5): 644-633.

*응답범주

1=전혀 그렇지 않다	2=많이 그렇지 않다	3=약간 그렇지 않다
4=보통이다	5=조금 그렇다	6=대체로 그렇다
7=매우 그렇다	χ=해당사항 없음	

1. ___ 이곳의 직원은 진심으로 나를 도와주는 것 같다.
2. ___ 만일 다시 도움이 필요하면 이곳을 이용할 것이다.
3. ___ 내가 이곳에서 도움을 받았기 때문에 다른 사람에게도 추천해 주고 싶다.
4. ___ 이곳의 직원은 자신들의 일을 성의껏 한다.
5. ___ 나는 이곳에서 진정으로 내가 필요로 하는 도움을 받았다.
6. ___ 이곳의 직원은 나의 모습을 있는 그대로 받아 준다.
7. ___ 이곳의 직원은 내 심정을 이해하는 것 같다.
8. ___ 내가 여기서 받은 도움은 기대 이상이었다.
9. ___ 나는 이곳의 직원에게 속마음을 털어놓을 수 있을 것 같다.

간편형 척도(CSI-SF)는 모두 9개의 항목으로 구성되어 있으며, 부정적으로 표현된 항목은 없다. 1점의 경우는 7점, 2점은 6점, 3점은 5점으로 그리고 4점은 중립이기 때문에 변하지 않는다. 채점공식은 다음과 같다.

총점=(Sum(Y)−N)(100)/[(N)(6)]

Y=각 항목의 점수　　N=정확하게 응답한 문항 수들

각 항목의 점수들을 모두 합한 값에 응답자들이 응답한 문항 수를 뺀다. 만약 모든 문항에 대해 응답했다면 9를 빼면 되고, 두 개 문항을 빠뜨린 경우에는 7을 빼면 된다. 그리고 이 값에 100을 곱하고, 응답자들이 정확하게 응답한 문항 수에 6을 곱한 숫자로 나누어 주면 총점이 나온다. 만약 모든 항목에 대해 7점으로 응답했다면 총점은 100이 되며, 반대로 1점으로 응답했다면 총점은 0이 된다. 만약 빠뜨린 문항이 다섯 개 이상일 경우, 그 응답자는 분석에서 제외되어야 하지만, 아홉 개 항목으로 구성된 간편형 척도(CSI-SF)에는 이를 적용하지 않는다.

자원봉사자 만족도 조사에 대한 CSI-SF의 응용 및 채점방식

1. _6_ 이곳의 직원은 진심으로 나를 지원해 주는 것 같다.
2. _5_ 만일 다시 자원봉사를 한다면 이곳에서 할 것이다.
3. _6_ 이 기관(혹은 자원봉사 프로그램)을 다른 사람에게도 추천해 주고 싶다.
4. _5_ 이곳의 직원은 자신들의 일을 성의껏 한다.
5. _5_ 나는 이곳에서 진정으로 내가 필요로 하는 것을 얻었다(자원봉사활동의 동기를 충족).
6. _4_ 이곳의 직원은 나의 모습을 있는 그대로 받아 준다.
7. _5_ 이곳의 직원은 내 심정을 이해하는 것 같다.
8. _6_ 내가 여기서 받은 보상은 기대 이상이었다.
9. _X_ 나는 이곳의 직원에게 속마음을 털어놓을 수 있을 것 같다.

[채점과정]

step 1. 유효한 응답문항의 값을 모두 합하시오(무응답이나 X로 응답한 경우는 '0'으로 처리).

☞ 6+5+6+5+5+4+5+6+0=42 SUM=42

step 2. 유의한 응답을 한 문항들의 개수를 합하시오(무응답이나 X로 응답한 경우는 제외).

☞ 유의한 응답을 한 문한 개수는 총 8개. N=8

step 3. 총합(SUM)에서 문항 개수(N)를 빼시오.

☞ SUM−N=42−8=34

step 4. 총합에서 문항 개수를 뺀 값에 100을 곱하시오.

☞ (SUM−N)×100=34×100=3400

step 5. 유의한 응답을 한 문항 개수에 6을 곱한 후에 step 4의 값을 이것으로 나누시오.
☞ (SUM−N)×100/(N×6)=(42−8)×100/(8×6)=3400/48=70.83

결국, 위 응답자의 경우 프로그램에 대한 만족도는 100점 기준에 70.83점 혹은 70.83%의 만족도를 나타내고 있다고 해석할 수 있다.

※이때 문항 개수에 6을 곱한 이유는 문항이 7점 Likert 척도(1~7점까지)를 사용했기 때문이다. 만약 문항이 5점 Likert 척도(1~5점까지)였다면 6 대신에 4를 곱해야 한다.

6) 프로그램 성과평가의 측정

일반적으로 프로그램의 성과평가를 위한 척도에는 다음과 같은 사항들이 고려되어야 한다.

- 프로그램 참여자 혹은 대상자들이 지식이나 기술의 증가, 인식이나 태도 혹은 감정의 향상 등에서 의도된 긍정적인 변화를 보였는가?
- 프로그램 실행으로 인해 참여자 혹은 대상자들의 행동에 긍정적인 변화가 있었는가?
- 관련 기관이나 조직에서 실천전략이나 정책에 있어서 기대했던 긍정적인 변화가 있었는가?
- 프로그램이 사회적, 경제적, 정치적, 혹은 환경적인 조건들에 대해 어느 정도 영향을 미쳤는가?

이를 위해서 성과평가척도는 구체적(specific)이어야 하고 관찰 가능한(observable) 것이어야 하며 다음과 같은 사항들을 만족시켜야 한다.

- 프로그램 성과의 특성을 구체적으로 정의하려는 시도가 있어야 한다.
- 프로그램 성과에 대한 예측이나 2차적인 성과를 의미하는 것이 아니라 프로그램 활동으로 인한 직접적인 성과를 제시할 수 있어야 한다.

• 추상적인 성과(목표)에 대해서는 개념화와 조작화 과정을 통해 관찰 가능하고 측정 가능한 형식으로 제시할 수 있어야 한다.

이와 같은 성과평가는 단기, 중기, 장기적인 관점에서 살펴볼 필요가 있다.

(1) 단기적 성과측정

기술이나 지식의 향상 여부를 성과로 측정하는 것은 노인자원봉사자들의 전문성 제고가 성과목표일 경우에 주로 활용될 수 있는데, 봉사활동 영역(예, 문화재, 환경, 교통, 학습, 상담 등)의 전문가를 통해서 전문성을 측정할 수 있는 질문지를 활용하거나, 전문가와의 개별 인터뷰를 통해서 이를 측정할 수도 있다. 한편, 대상자들의 기술이나 지식의 향상(예, 방과 후 교실에서 저소득층 아동들에게 학습지도)을 검증하고자 할 경우에도 전문가를 통해 측정하거나, 아동들의 학교성적(시험점수 혹은 학급등수)을 통해서 향상 여부를 측정할 수 있을 것이다.

반면에 태도, 인식, 감정 등 개인의 심리적 변화를 측정하기 위해서는 객관화되고 표준화된 척도를 활용할 필요가 있다. 이는 척도를 신뢰할 수 있다는 점 이외에도 표준화된 척도를 활용한 기존의 연구결과나 타 기관의 성과평가와의 비교가 가능하기 때문에 성과평가의 결과로 나타난 척도의 점수가 전반적으로 어느 수준인지를 판단할 수 있게 한다. 자원봉사활동의 목적이 무엇이고, 대상이 누구인가에 따라 성과를 측정하는 척도는 달라질 수 있지만, 노인자원봉사자들이 봉사활동을 한 이후의 심리적 변화를 측정하기 위해서는 '자아존중감', '자아통제감', '자기효능감' 등 자아에 대한 척도를 활용하거나, 노인자원봉사자는 물론 대상자들의 '노인에 대한 태도' 혹은 '노인 이미지' 척도를 이용하기도 한다. 또한 자원봉사활동의 가치와 특성을 바탕으로 '생성감' 등을 성과목표로 하여 이를 측정할 수 있다. 이외에도 정신건강의 차원에서 '우울증' 척도를 활용하거나, 봉사활동을 통해 자신이 더욱 젊어졌다고 인지하는지를 측정하기 위해서는 '인지연령' 척도를 활용할 수 있다.

〈표 5-5〉는 저소득층 아동들을 대상으로 학습을 지도하는 노인자원봉사활동을 사례로 하여 이에 대한 성과를 노인자원봉사자와 대상 아동으로 구분하여 정리한 것이다. 노인자원봉사자들은 봉사활동을 통해 자아존중감이 향상되는 동시에 봉사활동을 통한 전문성을 제고시키는 것이 성과목표이며, 대상 아동들은 정서적 안정과 학업성적(혹은 학급등수)의 향상 그

〈표 5-5〉 **프로그램 성과평가 제시표**

성과 (outcomes)	측정대상 (target population)	성과지표 (indicators)	성과목표기준 (benchmarks)	자료수집절차 (data source)	평가방법 (methods)
1. 노인봉사자의 자아존중감 향상	참여 노인 20명	자아존중감 척도 점수 (Rosenberg, 1979)	전년도 대비 참여자의 자아존중감 점수 10% 향상	설문조사	사전 · 사후 비교분석
2. 노인봉사자의 전문성 제고	참여 노인 20명	강사활동에 대한 교수법 습득과 학습내용의 이해 정도	노인봉사자 전체의 80% 전문성 향상	• 전문가가 제공한 질문지 조사 • 전문가 인터뷰	• 사전 · 사후 비교분석 • 개별 인터뷰
3. 참여 아동의 정서적 안정	참여 아동 15명	• 청소년 자기행동 평가척도 점수 • 교사용 아동행동 조사표 점수	안정적인 교내 생활태도 변화 및 유지	• 설문조사(아동 대상 및 교사 대상)	사전 · 사후 비교분석
4. 참여 아동들의 학업성적 향상	참여 아동 15명	아동들의 학업성적 및 학급등수	프로그램 수행 후 학업성적 및 등수 5% 향상	학교 담임선생과의 연계를 통해 해당 학생의 학업성적 및 학급등수 수집	사전 · 사후 학업성적 및 등수 차이 비교
5. 참여 아동의 노인에 대한 이미지 개선	참여 아동 15명	• Sanders 등(1984)의 노인 이미지 척도 점수 • 주관적 노인 이미지	프로그램 종결 이후 통계적으로 유의미한 노인 이미지 개선	• 설문조사 • 인터뷰	• 사전 · 사후 분석 • 포커스 그룹 인터뷰

리고 노인에 대한 이미지 개선이 성과목표로 설정되었다. 이러한 성과들을 측정하기 위해서는 측정 대상, 성과지표 및 성과목표기준이 제시되어야 하며, 이들을 어떠한 절차를 통해서 수집하고, 어떻게 평가할 것인지를 설명할 필요가 있다.

자아존중감척도

질문내용	전혀 그렇지 않다	그렇지 않다	보통이다	그렇다	매우 그렇다
1. 나는 가치 있는 사람이라고 생각한다.	①	②	③	④	⑤
2. 나에게는 좋은 점이 많다고 생각한다.	①	②	③	④	⑤
3. 대체로 나는 실패한 사람이라는 느낌이 든다(R).	①	②	③	④	⑤
4. 나는 무슨 일이든 다른 사람만큼 잘할 수 있다.	①	②	③	④	⑤
5. 나에게는 자랑할 만한 것이 별로 없는 것 같다(R).	①	②	③	④	⑤
6. 나는 나 자신에 대해 긍정적인 태도를 가지고 있다.	①	②	③	④	⑤
7. 나는 나 자신에 대해 만족한다.	①	②	③	④	⑤
8. 나는 내가 나 자신을 지금보다 좀 더 존중할 수 있게 되기를 바란다.	①	②	③	④	⑤
9. 나는 가끔 내가 쓸모없는 사람이라는 생각이 든다(R).	①	②	③	④	⑤
10. 나는 가끔 잘하는 것이 아무것도 없다는 생각이 들 때가 있다(R).	①	②	③	④	⑤

*(R): 역부호화

Rosenberg(1979)가 개발한 자아존중감척도는 현재 노년기 연구에서 가장 많이 활용되고 있는 척도 중 하나다. 총 열 개의 문항으로 구성되어 있으며, '전혀 그렇지 않다' −1점에서 '매우 그렇다' −5점까지 5점 척도의 리커트 응답방식이다. 부정적으로 묻는 4개의 문항의 응답을 역부호화(R)하여 계산하며, 점수가 높을수록 자아존중감이 높다는 의미다. 척도의 범주를 10점에서 40점으로 계산한 김주현과 한경혜(2001)의 연구에서는 신뢰도 계수값(Cronbach's α)이 .78로 나타났으며, 봉사활동 참여 노인의 자아존중감은 36.53(SD=5.02), 봉사활동에 참여하지 않는 노인들은 33.33(SD=5.02)으로 조사되었다.

자아통제감척도

질문내용	전혀 그렇지 않다	그렇지 않다	그렇다	매우 그렇다
1. 주변에서 일어나는 일들 중에 나의 의지대로 할 수 있는 일이 거의 없다(R).	①	②	③	④
2. 내가 가지고 있는 문제들을 해결할 수 있는 방법이 정말 없다(R).	①	②	③	④
3. 인생의 중요한 일 중에서 내 스스로 변화시킬 수 있는 일은 거의 없다(R).	①	②	③	④
4. 살면서 발생하는 문제들을 해결하려 할 때 나는 종종 무기력감을 느낀다(R).	①	②	③	④
5. 나는 무엇인가에 의해 쫓기는 듯한 느낌을 때때로 받는다(R).	①	②	③	④
6. 나에게 일어날 일들의 대부분은 내가 하기 나름이다.	①	②	③	④
7. 내가 마음먹은 일은 무엇이든지 할 수 있다.	①	②	③	④

*(R): 역부호화

자아통제감(sense of control)을 측정하기 위해서 Pearlin과 그의 동료들(1981)이 사용한 통제력 측정도구(mastery scale)를 번안한 것이다. 통제력 척도는 총 일곱 가지의 하위질문으로 구성되어 있는데, 처음 다섯 개의 질문은 무력감에 대한 질문이고, 나머지 두 개는 자아통제감에 관한 질문이었다. 각 질문에 대해 '매우 그렇다'에서 '전혀 그렇지 않다'까지 1점에서 4점의 점수를 주었다. 1번에서 5번 문항은 점수를 역으로 하여 총점을 계산한다. 해석은 점수가 높을수록 자아통제력이 높으며, 반대로 점수가 낮을수록 자아통제감이 낮다. 김미혜, 이금룡 그리고 정순둘(2000)의 연구에서 본 척도에 대한 신뢰도는 Cronbach's α = .746으로 나타났다.

자기효능감척도

질문내용	전혀 그렇지 않다	그렇지 않다	보통 이다	그렇다	매우 그렇다
1. 나는 때때로 어려운 과업을 하는 것을 피한다(R).	①	②	③	④	⑤
2. 나는 매우 과단성이 있다.	①	②	③	④	⑤
3. 나는 한번 마음먹은 일은 꼭 해야 직성이 풀린다.	①	②	③	④	⑤
4. 나는 자신감이 아주 많다.	①	②	③	④	⑤
5. 나는 도전을 받을 때 더 잘한다.	①	②	③	④	⑤
6. 나는 보통 일을 스스로 결정해서 처리한다.	①	②	③	④	⑤
7. 나는 때때로 노력해도 소용이 없는 일이 있다고 생각한다(R).	①	②	③	④	⑤
8. 나는 다른 사람들보다 두려움을 많이 느낀다(R).	①	②	③	④	⑤
9. 나는 많은 문제를 갖고 있지만 결국에는 모두 해결될 것이다.	①	②	③	④	⑤
10. 나는 결심한 일에 관해서는 어떠한 노력이라도 계속할 수 있다.	①	②	③	④	⑤
11. 나는 결심한 것을 실행하려고 노력한다면 불가능한 것은 없다고 생각한다.	①	②	③	④	⑤
12. 나는 상황이 어렵게 보일 때, 노력하면 나아질 것이라고 느낀다.	①	②	③	④	⑤
13. 나는 일을 시작할 때 내 생각이 실현될 것이라고 생각한다.	①	②	③	④	⑤
14. "처음 시도해서 성공하지 못했다면, 다시 시도하면 될 것이다."라는 문장에 동의한다.	①	②	③	④	⑤
15. 내가 원하는 것이 어려운 것일 때, 나는 더 열심히 노력한다.	①	②	③	④	⑤
16. 나는 몇 가지 일에서 아주 뛰어나다.	①	②	③	④	⑤
17. 나는 다른 사람들보다 의지력이 강하다.	①	②	③	④	⑤
18. 나는 과업을 완수하기 위해서 신체적인 불편함을 견딘다. 왜냐하면 포기하는 것이 싫기 때문이다.	①	②	③	④	⑤

*(R): 역부호화

Tipton과 Worthington(1984)에 의해 개발된 본 척도는 현재의 상황을 효과적으로 다룰 수 있는 자신의 능력을 사정하기 위해 활용할 수 있다. 본 척도를 통해서 자원봉사활동을 통해 노인 참여자의 상황대처 능력에 대한 인식의 변화를 살펴볼 수 있다. 이 척도는 과업효능감, 대처효능감, 정서통제효능감이라는 세 부분으로 구성되어 있으며 총 18문항으로 이루어졌다. 내적 신뢰도 Cronbach's α값이 .88로 보고되고 있으며 점수가 높을수록 효능감이 높음을 의미한다(서초구립 반포종합사회복지관, 서울대학교실천사회복지연구회, 2007).

노인에 대한 태도척도

질문내용	전혀 그렇지 않다	조금 그렇지 않다	조금 그렇다	매우 그렇다
1. 나는 노인이 되는 것에 대해 늘 부정적으로 생각한다(R).	①	②	③	④
2. 나는 항상 젊게 살 것 같다.	①	②	③	④
3. 늙는다는 것이 두렵다(R).	①	②	③	④
4. 나이가 들어도 건강하게 오래 살고 싶다.	①	②	③	④
5. 어떤 노인들을 보면, 나는 저렇게 늙지 말아야지 생각한다(R).	①	②	③	④
6. 노인은 나하고 상관없이 멀게만 생각된다(R).	①	②	③	④
7. 노인들을 보면 그분들의 지나온 삶의 경험에 존경이 간다.	①	②	③	④
8. 노인은 포근하고 따뜻한 느낌을 준다.	①	②	③	④
9. 노인이라도 다른 사람에게 모범을 보여야 존경이 간다.	①	②	③	④
10. 노인들은 외롭고 불쌍해 보인다(R).	①	②	③	④
11. 노인들도 사는 날까지 즐거운 인생을 가져야 한다.	①	②	③	④
12. 노인들은 집안을 초라하고 지저분하게 만드는 것 같다(R).	①	②	③	④
13. 노인들도 다른 사람들과 특별히 다른 점이 없고, 다른 사람들처럼 이해하기 쉽다.	①	②	③	④
14. 노인들은 누구나 좋지 않은 느낌을 준다(R).	①	②	③	④

*(R): 역부호화

조성희(2003)와 이선자(1989) 등의 연구에서 사용된 노인에 대한 고정관념 및 태도척도다. 총 14문항으로 이루어졌으며 4점 척도로 측정하도록 한다. 최저 14점에서 최고 56점의 점수분포를 나타내며, 점수가 높을수록 노인에 대한 긍정적인 인식을 가지고 있다는 의미다. 조성희(2003)의 연구에서는 평균 51.67점(SD=4.75)의 점수를 보였으며, 이선자(1989)의 연령단계별로 살펴본 노인에 대한 인식에서는 중년기 중반 이후 부정적인 것으로 조사되었고, 노인 응답자들의 노인에 대한 태도가 가장 부정적으로 나타났다.

노인 이미지 척도

번호		①	②	③	④	⑤	⑥	⑦	
1	믿을 수 있다								믿을 수 없다
2	너그럽다								이기적이다
3	착하다								나쁘다
4	참을성 있다								참을성 없다
5	현명하다								어리석다
6	친절하다								불친절하다
7	낙천적이다								비관적이다
8	우호적이다								우호적이지 않다
9	유식하다								무식하다
10	깨끗하다								지저분하다
11	적극적이다								소극적이다
12	즐겁다								우울하다
13	불평불만 없다								불평불만 많다
14	독립적이다								의존적이다
15	생산적이다								비생산적이다
16	융통성 있다								고지식하다
17	재미있다								지루하다
18	진보적이다								보수적이다
19	건강하다								쇠약하다
20	매력적이다								매력이 없다

Sanders 등(1984)은 노인에 대한 태도 혹은 이미지를 알아보기 위해 20문항으로 구성된 노인에 대한 의미분화 태도척도(aging semantic differential scaling)를 개발하였다. 각 문항은 형용사 쌍으로 구성되었는데 7점 척도(1: 매우 긍정적-7: 매우 부정적)로 응답하게 하였다. 점수가 높을수록 노인에 대한 이미지는 부정적인 것을 의미한다. 3.5에서 4.5까지의 평가점수는 중립적인 태도의 범위로 분류할 수 있다. 이금룡(2004)의 논문에서 노인 이미지 척도의 Cronbach's alpha는 0.916으로 매우 높은 내적 신뢰도를 보여 주고 있으며, 세대별로 나타난 노인 이미지는 다음과 같다. 중학생(3.66), 고등학생(4.18), 대학생(4.33), 30대(4.10), 40대(3.88), 50대(4.08), 60대 이상(3.54).

생성감척도

질문내용	전혀 그렇지 않다	조금 그렇지 않다	조금 그렇다	매우 그렇다
1. 다른 사람들은 우리 사회에 나름대로 기여를 했다고 생각한다.	①	②	③	④
2. 내가 느끼기에 살아오면서 나는 많은 사람들에게 변화를 일으켰던 것 같다.	①	②	③	④
3. 내가 죽은 후에도 내가 공헌한 것들이 계속 존재할 것이다.	①	②	③	④
4. 나는 다른 사람들에게 영향을 주는 일들을 해 왔다.	①	②	③	④
5. 나는 우리 사회가 노숙자에게 음식과 숙소를 제공할 책임이 없다고 생각한다(R).	①	②	③	④
6. 나는 다른 사람에게 가르쳐 주고 싶은 중요한 기술을 가지고 있다.	①	②	③	④
7. 다른 사람들은 내가 매우 생산적(활동을 통해 성과를 이끌어 내는)인 사람이라고 말한다.	①	②	③	④
8. 나는 내 생애 동안 다양한 사람, 집단 그리고 활동에 헌신을 하였다.	①	②	③	④
9. 나는 생활해 오면서 얻은 지식을 다른 사람에게 알려 주려 노력한다.	①	②	③	④
10. 나는 내가 하는 대부분의 일에서 창조적(새로운 일이나 방법을 시도)이고자 노력한다.	①	②	③	④
11. 나는 내가 살고 있는 이웃을 좀 더 나은 곳으로 만들 책임이 있다고 생각한다.	①	②	③	④
12. 사람들이 나에게 조언을 얻기 위하여 온다.	①	②	③	④
13. 나는 내가 다른 사람에게 기여할 가치가 있는 일을 아무것도 하지 못한 것처럼 느낀다(R).	①	②	③	④
14. 내가 죽은 후에도 남길 만한 일을 아무것도 하지 못한 것 같다(R).	①	②	③	④
15. 일반적으로 내 행동은 다른 사람에게 좋은 영향을 주지 못한다(R).	①	②	③	④
16. 나는 다른 사람들이 나를 필요로 한다고 느끼지 않는다(R).	①	②	③	④
17. 나는 남을 가르치는 일, 즉 선생님 같은 일을 좋아한다.	①	②	③	④
18. 나는 불우한 사람들을 돕는 일을 자발적으로 참여하지 않는다(R).	①	②	③	④
19. 나는 내가 죽은 후에도 오랫동안 기억될 것이라고 생각한다.	①	②	③	④

*(R): 역부호화

McAdams와 de St. Aubin(1992)의 Loyola Generativity Scale을 이은희 등(2004)이 재구성하여 생성감척도로 활용하였다. 생성감이란 개인의 여러 사회활동을 통해 다양한 형태로 표출되는 심리사회적인 구인으로 자원봉사활동 및 지역사회활동 등을 통해 나타나는데, 개인과 사회의 연결의 결과로서 노인이 자원봉사활동에 참여하는 동기에 대한 변인이자 자원봉사활동을 통해 경험할 수 있는 변화 중의 하나라고 볼 수 있다(McAdams & de St. Aubin, 1992).

노인의 경우에 부적합하다고 여겨지는 20번째 마지막 문항(만일 내 아이를 낳을 수 없다면 양자를 들이고 싶다)을 제외하였으며, 4점 척도(전혀 그렇지 않다-1점에서부터 매우 그렇다-4점)로 점수가 높을수록 생성감 수준이 높은 것을 의미한다. 조윤주(2008)의 연구에서는 Cronbach α값이 .609로 비교적 내적 신뢰도가 높게 나타났다.

우울증척도

	내용	예(1)	아니오(0)
1	쓸데없는 생각들이 자꾸 떠올라 괴롭다.		
2	아무것도 할 수 없을 것처럼 무기력하게 느낀다.		
3	안절부절하고 초조한 때가 자주 있다.		
4	밖에 나가기보다는 주로 집에 있으려 한다.		
5	앞날에 대해 걱정할 때가 많다.		
6	지금 내가 살아 있는 것이 참 기쁘다(R).		
7	인생은 즐거운 것이다(R).		
8	아침에 기분 좋게 일어난다(R).		
9	예전처럼 정신이 맑다(R).		
10	건강에 대해서 걱정하는 일이 별로 없다(R).		
11	내 판단력은 여전히 좋다(R).		
12	내 나이의 다른 사람들 못지않게 건강하다(R).		
13	사람들과 잘 어울린다(R).		
14	정말 자신이 없다		
15	즐겁고 행복하다(R).		
16	내 기억력은 괜찮은 것 같다(R).		
17	미쳐 버리지나 않을까 걱정된다.		
18	별일 없이 얼굴이 화끈거리고 진땀이 날 때가 있다.		
19	농담을 들어도 재미가 없다.		
20	예전에 좋아하던 일들을 여전히 즐긴다(R).		
21	기분이 좋은 편이다(R).		
22	앞날에 대해 희망적으로 느낀다(R).		
23	사람들이 나를 싫어한다고 느낀다.		
24	나의 잘못에 대하여 항상 나 자신을 탓한다.		
25	전보다 화가 나고 짜증이 날 때가 많다.		
26	전보다 내 모습(용모)이 추해졌다고 생각한다.		
27	어떤 일을 시작하려면 예전보다 힘이 많이 든다.		
28	나는 무슨 일을 하든지 곧 피곤해진다.		
29	요즈음 몸무게가 많이 줄었다.		
30	이성에 대해 여전히 관심이 있다(R).		

*(R): 역부호화

먼저, 지표값의 합을 토대로 상한성과 하한성의 해석이 가능한 예로는 정인과 등(1997)에 의해 개발된 한국형 노인우울검사도구(Korean Geriatric Depression Scale: KGDS)가 있는데, 이는 정서적 불편감, 비관적 사고 및 불행감, 신체적 약화 및 기력쇠퇴, 비관적 사고 및 불행감 그리고 인지기능의 저하 등 다섯 개 요인의 총 서른 개의 질문으로 구성되어 있다. 각 질문에 대해 '예', '아니오'로 응답하게 되어 있으며, 우울증 증세와 관련된 응답은 '1', 그렇지 않은 경우는 '0'으로 코딩된다. 총 0~30점의 우울증 점수 분포상에서 측정점수의 14~18점 사이가 경계선 수준 및 경도의 우울증, 19~21점 사이는 중등도의 우울증 그리고 22점 이상은 심도의 우울증으로 분류된다. 김미혜, 이금룡 그리고 정순둘(2000)의 연구에서 우울증척도로 사용된 서른 개 문항의 신뢰도는 Cronbach's α=.833으로 높은 신뢰성을 나타냈다.

인지연령척도

1. 자신이 지금 몇 세인 것처럼 느껴지는가? (감성연령: feel age)
   ① 30~34세 ② 35~39세 ③ 40~44세 ④ 45~49세 ⑤ 50~54세 ⑥ 55~59세
   ⑦ 60~64세 ⑧ 65~69세 ⑨ 70~74세 ⑩ 75~79세 ⑪ 80~84세 ⑫ 85~89세
   ⑬ 90세 이상

2. 본인이 몇 세로 보이는가? (외모연령: look age)
   ① 30~34세 ② 35~39세 ③ 40~44세 ④ 45~49세 ⑤ 50~54세 ⑥ 55~59세
   ⑦ 60~64세 ⑧ 65~69세 ⑨ 70~74세 ⑩ 75~79세 ⑪ 80~84세 ⑫ 85~89세
   ⑬ 90세 이상

3. 본인이 현재 하고 있는 대부분의 활동은 어느 연령대와 비슷한가? (행동연령: do age)
   ① 30~34세 ② 35~39세 ③ 40~44세 ④ 45~49세 ⑤ 50~54세 ⑥ 55~59세
   ⑦ 60~64세 ⑧ 65~69세 ⑨ 70~74세 ⑩ 75~79세 ⑪ 80~84세 ⑫ 85~89세
   ⑬ 90세 이상

4. 본인이 평소에 관심을 가지는 분야는 주로 어느 연령대의 관심사인가? (관심사 연령: interest age)
   ① 30~34세 ② 35~39세 ③ 40~44세 ④ 45~49세 ⑤ 50~54세 ⑥ 55~59세
   ⑦ 60~64세 ⑧ 65~69세 ⑨ 70~74세 ⑩ 75~79세 ⑪ 80~84세 ⑫ 85~89세
   ⑬ 90세 이상

※ 설문계산
인지연령: 각 범주의 중간값(예, 60~64세의 중간값은 62세, 65~69세의 중간값은 67세로 계산하여 4개 하위범주의 인지연령의 평균값을 구하면 응답자의 인지연령이 나옴
차이연령: 인지연령과 실제연령(주민등록상의 연령)과의 차이를 구하면 됨

Kastenbaum 등(1972)이 제안한 자아형성의 기능적 영역인 감성(심리적), 외모(신체적), 행동(사회적), 관심사(인지적) 등 네 가지 차원을 바탕으로 Barak과 Schiffman(1981)이 10년 단위로 응답하게 하여 새롭게 개발한 인지연령 척도를 활용하였다. 네 가지 영역의 질문에 대해 각 문항은 1번 '30대', 2번 '40대', 3번 '50대', 4번 '60대', 5번 '70대', 6번 '80대'로 10년 단위로 객관식화하여 응답하기 쉽도록 구성하였으며, 응답자의 개별 인지연령은 문항 연령대의 중간값(예, 60대의 경우 64.5세)으로 대체하였다. 본 척도를 활용하여 한국 노인들의 인지연령과 차이연령을 조사한 이금룡(2008)의 연구에서 인지연령척도의 Cronbach's α값은 .866으로 비교적 높게 나타났으며, 인지연령과 실제연령과의 차이를 의미하는 차이연령이 6.22세로 조사되었다.

(2) 중 · 장기적 성과측정

다양한 척도를 통해서 측정이 가능한 심리적 변화를 포함하고 있는 단기적 성과와는 달리 중기적 혹은 장기적 성과는 단일항목의 지표(indicator)나 몇 개의 지표들로 구성된 지수(index)로 측정되는 경우가 대부분이다. 또한 이러한 지표나 지수는 수(number), 비율(rate), 백분율(%) 등의 증감으로 표현된다. 예를 들면, 중기적 성과로 '행동의 변화'를 들 수 있는데 지역사회 청소년들의 금연 캠페인 자원봉사활동을 실시할 경우, 해당 청소년들의 흡연에 대한 인식변화가 단기적 성과라고 한다면 중 · 장기적인 성과는 지역사회 청소년들의 흡연율 감소가 될 것이다. 이와 같이, 청소년의 흡연율 감소라는 성과를 측정하기 위한 지표는 지역사회 내 청소년 흡연자의 수 혹은 비율이 되며, 이는 관련 기관(예, 질병관리본부나 한국금연운동협의회)의 통계와 비교하여 지역사회 내 청소년들을 대상으로 한 기존의 통계자료를 활용하거나, 만약 여의치 않는 경우에는 무작위 추출을 통한 설문조사를 실시할 수도 있다.

참고문헌

고양곤, 모선희, 원영희, 이금룡(2003). 노인과 자원봉사활동. 서울: 학지사.

구자순(1994). 가정복지활동과 노인참여. 한국노년학회, 14(1). 219-234.

김동배(2005). 시민사회와 자원봉사. 서울: 학지사.

김동배, 원영희, 이금룡(2000). 노인의 자원봉사활동 및 여가교육 프로그램 개발 연구. 교육부 연구과제보고서.

김미혜, 이금룡, 정순둘(2000). 노년기 우울증 원인에 대한 경로분석. 한국 노년학회지, 20(3), 211-226.

김범수, 권선진, 신승연, 이종복, 손영희, 정옥희, 정용충, 최은숙(2007). 자원봉사론. 서울: 학지사.

김영민(1996). 자원봉사란 무엇인가?. 서울: 어진벗.

김영호(1997). 노인여가활동과 노인자원복지(자원봉사)프로그램. 노인복지정책연구, 15, 91-130.

김영호, 오정옥, 김상조, 문혜숙, 이은경(2007). 자원봉사의 이론과 실제. 서울: 창지사.

김주현, 한경혜(2001). 노년기 자원봉사활동과 자아존중감, 한국노년학회지, 21(2), 209-224.

김형수, 모선희, 유성호, 윤경아(2009). 현대노인복지론(3판). 서울: 학지사.

미국사회사업가협회(1977). 미국사회사업백과사전(Encyclopedia of Social Work).

서초구립 반포종합사회복지관, 서울대학교실천사회복지연구회(2007). 실천가와 연구자를 위한 사회복지척도집. 서울: 나눔의 집.

원영희, 김동배, 이금룡, 한정란(2002). 노인의 자원봉사활동이 중학생의 노인에 대한 태도에 미치는 영향. 한국노년학, 22(2), 131-146.

원영희, 이금룡, 한정란(2006). 청소년과 노년세대간의 태도분석. 한국노년학, 26(2), 381-402.

이금룡(1999). 노인자원봉사활성화에 대한 담론. 한국노인의 전화/밝은 노후모임. 노인과 자원봉사활동. 서울: 동인출판사.

이금룡(2001). 전문직 퇴직단체를 통한 노인자원봉사 활성화 방안. 노인복지연구, 16, 219-243.

이금룡(2002). 한국노인의 사회활동: 노년기 여가활동과 자원봉사활동을 중심으로. *Androgogy Today, 5*(2), 1-22.

이금룡(2003). 노인자원봉사 활성화를 위한 모집전략 방안: 자원봉사경험이 없는 노인들에 대한 분석을 바탕으로. 한국노년학, 23(3), 79-94.

이금룡(2004). 연령별 노인에 대한 태도 비교를 통한 세대통합 프로그램의 전략적 방안모색. 한국노인복지연구, 26, 143-164.

이금룡(2008). 나이는 숫자에 불과한가?: 인지연령과 차이연령 분석에 근거한 한국사회의 노년기 연령정체성 연구. 한국노년학, 28(2), 251-267.

이선자(1989). 각 연령군별로 본 노인에 대한 태도의 심리학적 고찰. 한국노년학, 9, 79-91.

이성록(2005). 자원봉사 활동관리 이론과 실제. 서울특별시 자원봉사센터.

이유재(2006). 서비스마케팅. 서울: 학현사.

이은희, 김금운, 한규석, 주리애(2004). 노인의 안녕감에 미치는 생성감의 역할. 한국노년학, 24(3), 131-152.

정경희, 오영희, 석재은, 도세록, 김찬우, 이윤경, 김희경(2005). 2004년 전국 노인생활실태 및 복지욕구조사. 한국보건사회연구원.

정무성, 정진모(2001). 사회복지프로그램 개발과 평가. 서울: 양서원.

정민정, 강우진, 문혜숙, 김옥녀(2003). 이론과 실천을 위한 사회복지프로그램 개발과 평가. 서울: 창지사.

정인과, 곽동일, 조숙행, 이현수(1997). 한국형 노인우울검사 표준화 연구. **노인정신의학**, 1(1), 61-72.

조성희(2003). 대학생의 노인부양의식에 관한 연구. 숭실대학교 대학원 석사학위논문.

조윤주(2008). 자원봉사를 하는 노인의 심리적 안녕감: 참여 노인의 생성감과 가족의 지지를 중심으로. **한국생활과학회지**, 17(2), 191-204.

통계청. 사회통계조사. 1991년, 1999년, 2003년, 2006년 재구성.

한국도시연구소(2001). 현장에서 배우는 주민조직방법론. 서울: 한국도시연구소.

한정란, 이금룡, 김동배, 원영희(2001). 노인자원봉사의 노년교육학적 의미. **한국성인교육학회지**, 3(3), 45-67.

현외성(2004). **자원봉사론 강해**. 서울: 학지사.

황성철(2005). **사회복지 프로그램 개발과 평가**. 서울: 공동체

Alter, C., & Egan, M. (1997). Logic Modeling: A Tool for Teaching Critical Thinking in Social Work Practice. *Journal of Social Work Education, 33*(1), 85-102.

Arnold, J. A., Arad, S., Rhoades, J. A., & Drasgow, F. (2000). The empowering leadership questionnaire: The construction and validation of a new scale for measuring leader behaviors. *Journal of Organizational Behavior, 21*, 249-269.

Attkisson, C. C., & Zwick, R. J. (1982). Client Satisfaction Questionnaire: Psychometric properties and Correlations with Service Utilization and Psychotheraphy Outcomes. *Evaluation and Planning, 5*(3), 233-237.

Barak, B., & Schiffman, L. G. (1981). Cognitive age: A nonchronological age variable. *Advanced in Consumer Research, 32*, 602-606.

Barker, R. (Ed). (1999). *The social work dictionary* (4th ed.). Washington, DC: NASW press.

Caro, F. G., & Bass, S. A. (1993). Increasing volunterring among older people. In S. A. Bass, F. G. Caro, & Y. Chen, (Eds.). *Achieving a productive aging society*. Westport Connecticut: Auburn House.

Caterm, N. A. (1972). *Evaluating Social Development Programs*. Ottawa: Canadian Council for Social Development.

Clary, E. G., & Snyder, M. (1999). The motivations to volunteer: theoretical and practical considerations. *Current Directions in Psychological Science, 8*, 156-159.

Corporation for National & Community. (2009). Reaching Our Goals: An Overview of Research in Support of the Strategic Initiatives (http://www.nationalservice.gov/pdf/08_1113_rpd_reachingourgoals.pdf).

Dunn, P. C. (1995). Volunteer Management. In *Encyclopedia of Social Work* (19th ed.). Washington, DC: NASW Press.

Hooyman, N. R., & Kiyak, H. A. (2007). *Social Gerontology: A multidisciplinary perspective* (7th ed.). Boston: Allyn and Bacon.

Kastenbaum, K. G., Derbin, V., Sabatini, P., & Artt, S. (1972). "The ages of me": Toward personal and interpersonal definitions of functional aging. *Aging and Human Development, 3*, 197-211.

Lipnack, J., & Stamps, J. (1996). *The Age of the Network: Organization Principles for the 21st Century* (4th ed.). London: John Wiley & Sons.

Lynch, R. (1990). Targeted Volunteer Recruiting. *Volunteer Action Leadership*, Fall, 24-33.

McAdams, D. P., & de St. Aubin, E. (1992). A theory of generativity and its assessment through self-report, behavioral acts, and narrative themes in autobiography. *Journal of Personality and Social Psychology, 62*, 1003-1015.

McMurtry, S. L., & Hudson, W. W. (2000). The Client Satisfaction Inventory: Results of an Initial Validation Study. *Research on Social Work, 10*(5), 644-633.

Parker, S. (1976). *The Future of Work and Leisure*. New York: International

Publishers Service.

Patti, R. J. (1988). Managing for Service Effectiveness in Social Welfare: Toward a performance model. *Administration in Social Work, 11*(3), 7-21.

Pearlin, L., Lieberman, M., Menaghan, E., & Mullan, J. (1981). The Stress Process. *Journal of Health and Social Behavior, 22*, 337-356.

Rapp, C. A., & Poertner, J. (1992). Social Administration: A Client-Centered Approach. New York: Allyn and Ba.

Rosenberg, M. (1979). *Conceiving the self.* New York: Basic Books.

Rowe, J., & Kahn, R. L. (1997). Successful aging. *The Gerontologist, 37*(4), 433-440.

Royse, D., Thyer, B. A., & Padgett, D. K. (2006). *Program Evaluation: An Introduction* (4th ed.). Chicago: Nelson.

Sanders, G. F., Montgomery, J. E., Pittman, Jr. J. F., & Balkwell, C. (1984). Youth's Attitudes Toward the Elderly. *Journal of Applied Gerontology, 3*(1), 59-70.

The United Way (2009). *Agenda for Community Impact Executive Brief, Version 2.0.* United Way of Greater Cincinnati (http://www.uwgc.org/index.cfm?page_id=561D3920-CF1C-2465-147B273ADEC999E6).

Tipton, R. M., & Worthington, E. L. (1984). The measurement of generalized self-efficacy: a study of construct validity. *Journal of Personality Assessment, 48*(5), 545-548.

Van Duzer, E., & McMartin, F. (2000). Methods to improve the validity and sensitivity of a self/peer assessment instrument. *IEEE Transactions on Education, 43*(2), 153-158.

Yvonne A. U., Gabor, P. A., & Grinnell, Jr. R. M. (2007). *Evaluation in Social Work: The Art and Science of Practice* (4th ed.). Oxford University Press.

찾아보기

인 명

내용

〈저자 후기 · 소개〉

이금룡

이 책은 나에게 두 가지 큰 감동을 준다. 하나는 지난 10여 년 동안 노인자원봉사를 꾸준히 연구해 왔던 나의 학문적 여정을 점검하게 함으로써 새로운 도전과제를 나에게 던져 주었다는 것이다. 또 하나는 동료학자들과의 공저가 아니라 현장의 경험과 목소리를 대변하는 실무자 선생님들과 오랜 기간 동안 함께 토론하고 고민하여 만들어 낸 산물이라는 것이다. 당시 현장 경험이 미천했던 나에게 스승이자 친구이며 조력자였던 공동저자들에게 이 지면을 빌려 감사의 마음을 전한다. '혼자일 때는 빨리 갈 수 있지만, 함께하면 멀리 갈 수 있다.'는 명언이 더욱 절실하게 다가온다.

전) 저출산 고령사회위원회 노후생활팀 전문위원
현) 상명대학교 가족복지학과 교수
한국노년학회 이사 및 학술부회장
한국노인복지학회 이사 및 편집위원

강은경

노인복지 현장에서 노인사회참여의 한 장을 만들어 가기 위해 모두 밤새워 토론하며 고민했던 시간들 …… 어느새 6년여의 시간이 지나갔다. 교수님과 현장의 실무자가 함께한 시간이라 더 의미가 있었다. 이러한 노력들이 많이 모여 노인복지 현장이 행복한 현장이 되기를 바란다.

오랜 시간 지치지 않고 함께했던 드림팀(노인자원봉사실천론 공동저자) 모두에게 박수를 보내며 특별히 현장의 소리를 너무나 소중히 들어 주셨던 이금룡 교수님께 감사를 드린다. 또한 작업 초기에 많은 현장의 얘기를 전해 주었던 노인복지 현장의 실무자 여러분께도 감사를 드린다. 작업을 마치며 행복한 동행을 느낀다. 함께하며 느끼는 이 기쁨을 모든 현장가들에게 전해 주고 싶다. 이 책이 노인자원봉사 실무담당자들에게, 그리고 많은 후배들에게 좋은 벗으로 자리하기를 바란다.

현) 서초노인종합복지관 부장
사회복지공동모금회 평가지원단
서초구 지역사회복지실무협의체 위원장

박준기

현장에서 수고하는 자원봉사관리자들을 위한 가이드북이 필요하다는 점에 의기투합하여 머리를 맞대고 연구하며 공부하는 재미에 푹 빠져 지냈던 행복한 시간들이었다. 밤늦도록 함께했던 순간들이 주마등처럼 스쳐 지나간다. 그 시간들이 헛되지 않아 이렇듯 결실을 맺게 되었다. 부디 자원봉사 실무자들의 길잡이로서의 역할을 잘 감당해 주었으면 하는 소박한 바람이다.

현) 용산노인종합복지관 부장
사회복지공동모금회 평가지원단
용산구 지역사회복지실무협의체 위원장

구재관

실천 현장에서 자원봉사관리자로서의 역할확립과 관리운영의 발전을 위해 밤낮으로 함께 고민하며 슈퍼바이저의 역할에 충실했던 동료들께 감사드린다. 무엇보다 큰 틀에서 책에 담아야 할 방향을 제시하고 지도했던 이금룡 교수님께 진심으로 감사를 드린다. 비록 이 책에서 다룬 영역이 제한적이기는 하지만 자원봉사를 담당하는 실천 현장의 전문가들에게 안내서가 되었으면 하는 마음이다.

현) 안양과학대학 사회복지과 교수
대한케어복지학회 이사 및 편집위원
한국사회복지협의회 자격분과위원
서울시 사회복지사협회 정책자문위원

조봉실

노인자원봉사관리자로서 일하면서 노인자원봉사에 대해 집중적으로 다룬 책이 없다는 점이 늘 아쉬웠다. 현장에서 고민하던 문제를 교수님을 비롯한 여러 노인전문가들과 함께 풀어 가는 값진 여정에 부족한 내가 함께할 수 있었다는 것은 큰 영광이었다. 실천과 학문의 결합을 통한 발견과 배움의 기쁨을 맛보게 해 주신 이금룡 교수님께 진심으로 감사와 존경을 표한다. 한 팀이 되어 의지가 되고 힘이 되어 주셨던 모든 공동집필자들께도 감사드린다. 이 책은 기존의 자원봉사관리 서적과는 달리 새로운 내용과 방향으로 접근한 책이라고 생각한다. 부디 자원봉사관리자들에게 도움이 되기를 바란다. 또한 지금도 보람 있는 노후를 보내기 위해 성실하게 봉사하고 계실 어르신 자원봉사자들께도 응원을 보낸다.

전) 부천시 자원봉사센터 노인자원봉사팀장
현) 서울시 자원봉사센터 조직지원부 간사
가톨릭대학교 사회복지대학원 노인복지학과 석사과정

이기백

기나긴 여정 끝에 드디어 목적지에 도달한 기분이다. 실천 현장에 필요한 가이드라인을 만든다는 것이 이렇게 고행의 길이 될 줄은 몰랐다. 이 책이 현장관리자들의 갈증 해소와 어르신들이 신명 나게 활동하시는 데 도움이 되는 안내서로 활용되기를 기대한다.

현) 서울시 자원봉사센터 협력사업부장
상명대학교 가족복지학과 겸임교수

이권일

자원봉사활동의 실천가들이나 사회복지학을 공부하는 학생들이 자원봉사실천에 대해 포괄적이고 체계적으로 이해할 수 있도록 하기 위하여, 여러 차례의 의견 교환과 실천가들의 인터뷰 그리고 원고 교정을 통해 이 책을 만들었으나 미흡한 부분이 많다. 독자 여러분의 지속적인 조언을 부탁드리며 그 조언을 토대로 보완하고자 한다. 이 책을 완성할 수 있었던 것은 장기간 동안 사회복지실천 현장에서 자신의 역량을 충실히 발휘하고 있는 동료 저자들과 이금룡 교수의 노력 덕분이라 생각하며 지면을 빌려 감사를 드린다. 모쪼록 이 책으로 공부하고 실천하는 모든 분들이 우리나라 노인자원봉사의 발전에 큰 역할을 담당하며 존귀하게 쓰임받기를 기원한다.

전) 강서방화자활후견기관장, 방화6종합사회복지관장
　　숭의여자대학 가족복지과 겸임교수
현) 한국케어매니지먼트학회 이사
　　강서구 건강가정지원센터 소장

박상욱

상당히 긴 시간이었다. 사회복지 현장에서 자원봉사에 관해 함께 고민하고 필요한 자료를 만들어 보고자 시작했던 일이 이렇게 오랜 시간이 걸릴 줄은 아무도 몰랐다. 밤이 늦도록 토론하고 공부하며 마치 대학원생들처럼 눈빛을 반짝이던 그때가 즐겁고 행복했다. 이제 그 노력의 결과물이 한 권의 책으로 출간된다. 결코 쉽고 편한 길은 아니었지만 이렇게 완주할 수 있었음에 진심으로 우리 모두에게 감사한다. 이 한 권의 책이 자원봉사를 관리하고 추진하는 많은 현장가들에게 도움이 될 수 있기를 바란다.

전) 버드내노인복지관, 서울시니어스연구원, 영등포노인종합복지관 근무
현) 복지환경디자인연구소 사무국장
　　상명대학교 대학원 사회복지 박사과정

노인자원봉사실천론

2009년 9월 14일 1판 1쇄 인쇄
2009년 9월 21일 1판 1쇄 발행

지은이 • 이금룡 · 강은경 · 박준기 · 구재관
조봉실 · 이기백 · 이권일 · 박상욱
펴낸이 • 김진환
펴낸곳 • (주) 학지사
121-837 서울시 마포구 서교동 352-29 마인드월드빌딩 5층
대표전화 • 02-330-5114 팩스 • 02-324-2345
등록번호 • 제313-2006-000265호

홈페이지 • http://www.hakjisa.co.kr
커뮤니티 • http://cafe.naver.com/hakjisa

ISBN 978-89-6330-188-4 93330

정가 15,000원

저자와의 협약으로 인지는 생략합니다.
파본은 구입처에서 교환해 드립니다.

일본의 고령자 보건복지 제도와 정책

황경성 저

2004년 · 신국판 · 반양장 · 284면

노년기 정신건강

Dan Blazer 저
김동배 · 김유심 · 문수경 · 박인아 · 손의성 · 채수진 · 홍은진 공역

2007년 · 크라운판 · 양장 · 336면

노인상담

이호선 저

2005년 · 크라운판 · 양장 · 368면

케어복지론

박차상 · 정상양 · 임희경 · 유용식 · 이현주 공저

2006년 · 크라운판 · 반양장 · 440면

장기요양 케어자를 위한
케어기술

김현숙 저

2008년 · 4×6배판변형 · 반양장 · 480면

2판
치매노인과 사회복지서비스

이윤로 · 김수진 공저

2007년 · 신국판 · 반양장 · 300면